奥地利学派的大师们

Randall G. Holcombe 编
李杨 王敬敬 董子云 译
熊 越 校

清华大学出版社
北京

图书在版编目（CIP）数据

奥地利学派的大师们 /（美）霍尔库姆（Holcombe，R.G.）编；李杨，王敬敬，董子云译. —北京：清华大学出版社，2014（2024.1 重印）

书名原文：15 great Austrian economists

ISBN 978-7-302-37991-1

Ⅰ. ①奥… Ⅱ. ①霍… ②李… ③王… ④董… Ⅲ. ①奥地利学派—经济学家—生平事迹 Ⅳ. ①K815.31

中国版本图书馆CIP数据核字（2014）第217203号

责任编辑：刘志英
封面设计：王文莹
责任校对：王荣静
责任印制：丛怀宇

出版发行：清华大学出版社
网　　址：https://www.tup.com.cn，https ://www.wqxuetang.com
地　　址：北京清华大学学研大厦A座　　邮　编：100084
社 总 机：010-83470000　　邮　购：010-62786544
投稿与读者服务：010-62776969，c-service@tup. tsinghua. edu. cn
质量反馈：010-62772015，zhiliang@tup. tsinghua. edu. cn
印 装 者：涿州市般润文化传播有限公司
经　　销：全国新华书店
开　　本：170mm × 240mm　　印　张：15.25　　字　数：255千字
版　　次：2015年2月第1版　　印　次：2024年1月第9次印刷
定　　价：48.00元

产品编号：061465-01

感　谢

路德维希·冯·米塞斯研究所

作 者 简 介

托马斯·J. 迪诺伦佐（Thomas J. Dilorenzo），罗耀拉学院经济学教授。

约翰·B. 艾格（John B. Egger），州立陶森大学经济学教授。

罗杰·G. 加里森（Roger W.Garrison），奥本大学经济学教授。

杰弗里·M. 赫伯纳（Jeffrey M.Herbener），格洛夫城市学院经济学教授和经济学系主任。

兰德尔·G. 霍尔库姆（Randall G.Holcombe），佛罗里达州立大学DeVoeMoore经济学教授。

汉斯-赫尔曼·霍普（Hans-Hermann Hoppe），内华达大学拉斯维加斯分校经济学教授。

伊斯雷尔·M. 科兹纳（Israel M. Kirzner），纽约大学经济学教授。

彼得·G. 克莱因（Peter G. Klein），佐治亚大学经济学副教授。

肖恩·莱特诺（Shawn Ritenour），密苏里西南浸会大学罗德里奇经济学副教授。

穆瑞·N. 罗斯巴德（Murray N.Rothbard，1921—1995），奥地利学派领军人物，曾是内华达大学拉斯维加斯分校S. J. 霍尔经济学杰出教授和路德维希·冯·米塞斯研究所学术副总裁。

约瑟夫·T. 萨勒诺（Joseph T. Salerno），佩斯大学经济学教授和《奥地利学派经济学季刊》联合编辑。

拉里·J. 塞赫雷斯特（Larry J. Sechrest），沙罗斯大学经济学教授。

赫苏斯·韦尔塔·德索托（Jesús Huerta de Soto），马德里康普顿斯大学经济学名誉教授。

马克·桑顿（Mark Thornton），路德维希·冯·米塞斯研究所O.P.奥尔福德三世讲席持有者，哥伦布州立大学经济学副教授。

杰弗里·塔克（Jeffrey Tucker），路德维希·冯·米塞斯研究所研究总监。

中　文　序

探索“看不见的力量”

朱海就

奥地利学派经济学（以下简称“奥派经济学”）是一个历史久远的传统，在本书记叙的这15位伟大的奥派经济学家中，最早的一位是马里亚纳，他生活的年代可以追溯到16世纪，他是西班牙经院哲学家的代表人物。从马里亚纳到罗斯巴德，这15位大师为什么会在这本书中“聚会”，不是因为后来者有意地要建立某个经济学派（如奥地利学派），而是因为他们都“不约而同”地认可了主观价值论、方法论个人主义和市场过程学说等基本思想。

奥派经济学被冠以“奥地利”之名，被认为起源于奥地利的卡尔·门格尔，但是其思想却并不是发源于奥地利，而是西班牙、法国等欧洲国家，因此奥派经济学被看作是“大陆传统”，如德索托教授在本书中提到的，早于门格尔的马里亚纳、杜尔哥、巴斯夏、萨伊和坎蒂隆实际上都不是奥地利人，门格尔和后来的奥派学者们实际上是“复苏”了这一“大陆传统”。

尽管门格尔严格意义上说不是奥派经济学的创立者，但是他却毫无疑问地可以被称为古典经济学的革命者。在门格尔之前，从亚当·斯密一直到穆勒的几百年间，英国古典经济学占据着经济学界的主导地位，这一学说把市场中行动的个体排除在外，分析的是没有行动人参与的商品类别，如面包、钢铁、钻石和水等的价值，简言之是“商品的价值”，而非行动人在特定的环境下对某一商品价值的评价。由于没有行动人的思想，古典经济学在经济学最重要的价值理论问题上陷入了“客观价值论”的误区，古典经济学从斯密到李嘉图再到马克思，都信奉“劳动价值论”。劳动价值论不能解释为什么一些商品没有花多少生产时间但价值却很高的现象，还有比如“水和钻石的悖论”等问题，它的缺陷是很显然的，但古典经济学家没有找到解决办法，劳动价值论实际上与多数古典经济学家自己宣言的“自由主义”背道而驰，且古典经济学家没有认识到这一点，“主张”和“学说”的不一致性，很大程度上要为人类在20世纪遭受的重大苦难负责。

门格尔在中世纪的经院哲学家、萨伊、杜尔哥、坎蒂隆等人的基础上，从人的需求出发，借助边际效用规律，对他们早先提出的主观价值理论进行了全面的阐述，较为完整地建立了主观价值论及相关的价格理论，证明了“价格正好是人们有目的地满足欲望的因果过程的客观反映”（萨勒诺）①，在门格尔之前，没人对主观价值理论和价格的形成作出如此系统的论述。由于是主观价值论对客观价值论的替代，19世纪末门格尔、杰文斯和瓦尔拉斯等人共同发起的“边际革命”也被称为“主观主义”革命，但尽管他们都是边际革命的发起者，门格尔与后两者还是有明显的区别，如德索托教授所说，杰文斯、瓦尔拉斯提出边际效用规律只是对数学均衡模型（对杰文斯是局部均衡，而对瓦尔拉斯是一般均衡）的补充，在这个模型中，人的行为过程是被有意识忽略的，有没有边际效用规律不会改变任何东西。相反，对门格尔来说，边际效用规律在本体论上是不可缺少的，或者说是门格尔自己“作为动态过程的人类行为”②之思想的必然结果。因此，门格尔真正独特的贡献精确地说，是把行动的个体引入了经济学，而不仅仅是提出了主观主义价值学说。

从门格尔对古典经济学价值理论的颠覆以及对个体行动的引入来说，门格尔是当之无愧的“革命者”，但门格尔同时也是一位“综合者”，不仅是因为他综合了前辈的奥派思想，尤其是主观主义思想，还因为他综合了由苏格兰思想家曼德维尔、弗格森和斯密等人首先提出，后来被哈耶克发扬光大的“自发秩序”思想，从其巨量的藏书中我们有理由认为他对苏格兰传统有了解，可

① 见《奥地利学派的大师们》，第6部分。

② 赫苏斯·韦尔塔·德索托. 奥地利学派：市场秩序与企业家创造性［M］. 杭州：浙江大学出版社，2010：47.

见，门格尔在颠覆了古典经济学的同时，也接续了古典经济学。因此，门格尔的综合是广泛的、跨越性的，后来的奥派经济学家大多只是在不同的方向上拓展了门格尔业已提出的思想。

门格尔的两个学生，维塞尔和庞巴维克分别在价值理论和资本（利息）理论上发展了门格尔的思想。维塞尔从主观价值理论的角度对“成本”和“价值”关系进行了探讨，把成本设想为间接效用，即机会成本，并且创造性地指出“对产品的价值起着决定作用的需求和特定的产品并无什么关联，而是通过生产这些产品的生产要素建立起关联的”[①]。奥派后来的分歧，尤其是在方法论上的分歧，在作为第二代奥派经济学家的维塞尔和庞巴维克身上就体现出分野来了，他们几乎可以说代表了两种不同的风格。维塞尔追求理论的现实性，“让理论符合现实”。相反，庞巴维克更多地追求逻辑的一致性和理论体系的完整性，维塞尔的学生哈耶克和庞巴维克的学生米塞斯之间在思想风格上所体现的差异，似乎表明他们在一定程度上都分别受到了其自身导师的影响。

庞巴维克尽管开创了资本理论，也提出了生产结构理论，但用他自己的话说，“从未以学者的身份思考或者研究过货币”[②]，这导致他未能提出商业周期理论。他的学生，现代奥派经济学的领军人物，也是第三代奥派经济学家的代表人物米塞斯弥补了庞巴维克的这一不足，他把货币理论和奥地利学派的价值、价格理论结合到一起，改造了原来的货币理论，开创性地建立了奥派的商业周期理论，自李嘉图之后，他于1912年出版的《货币与信用理论》第一次将宏观和微观再次统一起来，使经济学成为一个整体性的学科，并且也是第一次使经济学能够以个体的行为为基础，运用逻辑一步一步地展开分析。但货币理论还只是他创立的“人类行为学”的一个初步应用，1922年出版的《社会主义》可以视为第二个具体应用，但是直到1949年出版的《人的行动》一书中，我们才看到他对自己先前在分析具体的货币、信用和社会主义等问题时已经使用的“人类行为学”方法进行系统性的阐述。“人类行为学”的特征是在最基本的个体行为逻辑上构造经济学理论大厦，它已被视为奥派经济学最独特、最具代表性的方法，尽管这一方法在门格尔的著作中已初露端倪，但是真正把它

① F.A.Hayek. The Fortunes of Liberalism：Essays on Austrian Economics and the Ideal of Freedom［M］. Harnpshire，U.K.：Liberty Fund，Inc，1992：129.

② 见《奥地利学派的大师们》，第8部分。

发扬光大，使之成为一个完整体系的是米塞斯。

米塞斯的人类行为学是把“理性”作为分析起点的，相比之下，第四代奥派经济学家哈耶克是把“无知”或“理性不及”作为分析的起点的。他对“无知”的重视和强调主要体现在他1937年发表《经济学与知识》之后的研究生涯中，在此之前，不能说他是一个“无知主义者”。基于对人类社会知识的分散性、隐含性、情境性和主观性等的认识，哈耶克认为借助于市场本身的价格机制才能实现知识的有效协调，任何全盘的计划经济都是“致命的自负”，必将“通向奴役之路”。哈耶克从这一角度对计划经济所作的批判不同于米塞斯从他的人类行为学角度对计划经济所作的批判，米塞斯认为假如没有私有产权，没有货币和发挥企业家才能的自由，那么做出理性计划所需要的信息根本就不会出现，也不会得到传递，这也意味着不能进行“经济计算”，其结果是不能实现个体行动的协调。尽管存在着这种差异，但这种差异不能被视作是根本性的，因为它们都是基于对个体行动的“主观性”的认识。因此，我们同意唐·拉沃伊的看法，即哈耶克的理论和米塞斯的理论不存在矛盾，哈耶克只是进一步地阐释了中央计划经济面临的挑战[①]。

在哈耶克看来，市场会“自发地”对人的知识或人的行动计划进行协调，这比任何的中央计划都更有效。哈耶克称具有自发性的市场为“自发秩序”，这是对市场特征的绝好概括，也是对市场的绝好理解。哈耶克进一步考察了维持自发秩序，使之具有扩展性的条件，这样他自然就进入法律和立法等政治哲学的领域。实际上，哈耶克在政治哲学领域对“制度”和“规则”所做的研究可以看作是对亚当·斯密“看不见的手”思想的发展。“看不见的手”与“自发秩序”的含义相近，而且亚当·斯密在《道德情操论》和《国富论》中都阐述了“看不见的手”得以运转的制度条件，这些论述为哈耶克后来的研究做好了铺垫。哈耶克在政治哲学领域的探讨，也让人看到奥派经济学也有接近亚当·斯密的一面，尽管在门格尔的思想中可以觅到这一踪迹，但很大程度上这方面的思想被后来的奥派经济学家忽视了。

对奥派经济学缺乏了解的人往往会认为奥派经济学不过是意识形态的宣传，言下之意是奥派经济学没有什么理论。然而，事实刚好相反，从上面的论述中，我们其实已经可以看到，奥派经济学有完整的理论体系，它涵盖了方法

---

①见《奥地利学派的大师们》，第12部分。

论、经济理论、政治哲学等诸多领域，它既有理论，也有政策，是真正的跨学科，其完整性和跨度是其他学派难以匹敌的。具体地说，奥派经济学理论体系的大厦至少由以下7个方面构成：

1. 由主观主义、个人主义、过程思想和“人类行为学”构成的方法论，这是奥派经济学的认识论基础。奥派经济学的方法论思想远不止刚才提到的这些方面，它还包括“理论”与“历史”方法的区分、复杂现象与简单现象的区分，以及对历史主义方法、实证主义方法、自然科学方法的滥用等的批判等。

2. 由交换理论、价格理论、机会成本概念以及垄断与竞争理论构成的市场经济的一般理论，这些理论都是以个体需求和边际思想为基础的。

3. 由货币与银行理论，资本、利息与时间理论和生产结构理论构成的商业周期理论。

4. 由企业家才能概念、主观主义方法和知识问题构成的市场过程理论。

5. 由法律、自由伦理、演化思想和自发秩序思想构成的政治哲学。

6. 由产权理论、经济计算思想和企业家才能概念构成的经济制度理论。

7. 由福利国家批判、宪政和无政府资本主义思想构成的国家理论和政治理论。

在奥派经济学家看来，经济学是理解社会，探求人类社会那些“看不见的力量”的手段，经济学家对社会规律的探索就相当于自然科学家对自然规律的探索，只是使用的工具不同。尽管，其他社会科学也有他们探寻人类世界的“工具”，但相对来说，“经济学”这一“工具”更为犀利，这是维塞尔和米塞斯等人为什么从学历史学转到学经济学的原因。

正因为奥派经济学家清楚他们研究的是社会现象，而非自然现象，所以他们从一开始就从真正的人出发来研究社会，他们的经济概念也都与人的行动相关，这应该是个“正确的常识”。有些经济学派在奥派经济学家看来是背离了这一常识，如勒普克在批评凯恩斯时就说凯恩斯和他的支持者最为危险的观念之一就是“把经济体系看作是数理—机械化的宇宙的一部分，经济活动是可计量的种种总量（如消费和投资）的产物，而不是个人行动的结果”①，凯恩斯及其支持者把“人的行动”从理论中抽离了之后，不可避免地就会将经济政策变成工程设计，从而抹杀精神价值，而代之以宏观经济总量。但是，正如奥派

① 见《奥地利学派的大师们》，第14部分。

经济学家克里斯托弗·林格尔（Christopher Lingle）在和笔者交流时所说的，人不是生活在总供给或总需求中，这些概念是虚构的幻象。构成分析社会现象之基础的，是那些和人的行动相关的概念，而非宏观经济变量，并且，经济学的基本概念，如价值、货币、资本和产权等，都包含了人的行动之内涵（这是这些概念发明者的初衷），在现代的经济学中，这些内涵很大程度上被抛弃，这些概念也退化成了一个个的数学符号，其理论价值已大打折扣。

奥派经济学家在一些基本的方面，如主观主义、方法论个人主义和市场过程等立场上是基本一致的，但他们在很多其他方面并不一致，如米塞斯和哈耶克两人之间就有一定的分歧，罗斯巴德批评了米塞斯和哈耶克，但他自己也受其他奥派经济学家的广泛批评，但是这种分歧并非坏事，有分歧和张力，一个学派才有生命力和成长的可能性。

在前面提到的奥派经济学理论体系的7个构成中，后面三个方面，即政治哲学、经济制度理论和国家理论是以前面四个为基础的，简言之，奥派经济学的社会制度理论和经济理论是一个整体，由于其经济理论部分非常坚实，如具有现实的假设和严密的逻辑，这就为奥派倡导自由主义制度，批判干预主义、福利国家提供了切实的支撑。相比其他的政治学说或社会学说，奥派有更为扎实的经济学理论基础，这不能不说是奥派的一个优势。

奥派经济学反对政府干预，因为他们的经济理论告诉他们干预于事无补。奥派经济学家认识到，干预主义者的理论基础是错误的，他们把经济设想为一架可以随意调节的机器，可以根据干预主义者自己的需要，来达到某个他们心目中的理想状态。而实际经济由人的活动构成，人有自己的想法，不是机器上的齿轮，可以由他人任意调节，人的想法决定人的行动，无数人的行动所产生的结果是“无意识的”，不能事先预测和控制，经济学作为研究“有意识的行动产生的无意识的结果”的科学，考察影响经济与社会的“看不见的力量”，以及支撑经济正常运行的制度、法则及其特征，干预主义忽视了这些重要的方面，当他们人为地调节经济的时候，他们的行动就损害了无形的力量和上述那些制度和法则，这样，对经济将产生他们意想不到的危害，其危害的严重程度往往要超出他们当初想要解决的那个问题。

经济学是关于“看不见的力量”的学问，这一思想其实源远流长，在亚当·斯密众所周知的“看不见的手”思想和巴斯夏的名篇《看得见的与看不见的》中都有体现，相比较而言，奥派经济学在这方面作了更加深入的思考，奥派经济学家认识到，对人类社会来说，重要的是那些看不见的因素，如人头脑中的知识和观念等。维塞尔对“看不见的力量”作了较为精确的阐述，他说“这是每个个体都要服从的力量，它们并不遵从个人的意志，而且不可避免地会产生并非人们欲求的甚或任何人可以预见的事件”①。在奥派经济学看来，我们不可能计算“看不见的力量”，因为我们不可能知道每个人头脑中的知识和想法，以及他们相互之间发挥作用的形式，所以只能进行哈耶克说的“模式预测”。正因为人们之间互动的形式具有很大的偶然性，难以根据某一既有的理论精确地确定，所以，哈耶克说，社会科学的问题很大程度上是个“经验问题”。

但是，不可否认，社会科学的问题同时也是“理论问题”。比如，对于什么才是“好”的制度（规则）这个问题，具体的经验并不能为我们提供一个可靠的答案，但是奥派经济学的理论一定程度上却提供了制度优劣的基本判断，可以分别来看米塞斯、哈耶克和罗斯巴德对这一问题的回答。米塞斯认为好的制度应是能促进人类合作的制度，哈耶克认为好的制度应有助于充分地发挥每个人的才能，罗斯巴德认为好的制度应符合自然法则，显然，三者角度不同，但表达的是同一个意思，因为发挥人的才能是实现更好合作的前提，而发挥人的才能也是人与生俱来的自然权利。奥派经济学把“看不见的力量”和“制度”联系了起来，认为要使“看不见的力量”造福人类，人类的制度就应该满足一定的要求，而这个要求是建立在经济学的基础上的，能够通过经济学理论检验的制度才可能是好的制度，这也正是经济理论的魅力所在。根据经济理论，预测和判断某一制度或政策将会出现的结果也是奥派经济学一项重要的研究内容。

奥派经济学边缘化，一个重要的原因是经济学教育和科研是政府垄断的，政府喜欢的当然是支持干预，为它的干预出谋划策的学说，而不是相反的学说，这样，在政府垄断教育和科研的情况下，关于“政府怎么干预才会更好”的主流经济学说自然就比关于“政府不应该干预”的奥派学说更容易“发展壮大”。当前，经济学论文重形式而忽视思想的扭曲状况，本身就是政府干预导致（经济学教育和科研）失败的例子，是背离经济学理论的科研体制的必然产

① F.A.Hayek. The Fortunes of Liberalism：Essays on Austrian Economics and the Ideal of Freedom［M］.Harnpshire，U.K.：Liberty Fund，Inc.，1992：136.

物。如拉赫曼所说，“这是经济学的黑暗年代”，无疑，奥派经济学可以看作是这个“黑暗年代”中的一缕曙光。

奥派经济学的魅力不仅在于理论本身，还在于那些研究和传播奥派经济学思想的大师的人格。他们是知行合一的一群人，他们的“行动”和他们的“信念”是高度一致的，这非常难能可贵，比如米塞斯就是一个鲜明的例子，他不愿意为了获得教授职位或其他好处而做出妥协，不愿意在原则问题上做出让步。有信念已属不易，把信念坚定地付诸行动更属不易，对此，米塞斯本人曾说“直到今天，我还是没有失去勇气。我会尽到作为经济学家的职责。为了传达心中的真理，我永远不会感到疲劳”①，而黑兹利特在70多岁的时候，也无法忍受片刻的休息，或在佛罗里达州的阳光下打瞌睡度过余生，因为他认为“还有什么事情比人类未来的自由更为重要？比整个人类文明的未来更为重要”②。在华人奥派经济学家中，也有这样的人物，如第一次把米塞斯的《人的行动》翻译成中文的夏道平先生，也是不顾个人安危，多年来不辞辛劳地译介奥派经济学的著作，传播自由主义的理念。上面提到的这些人以及很多其他的奥派经济学家都不是把经济学当作是谋取稻粱与功名的敲门砖，而是捍卫文明的工具。

20世纪，很多国家，包括中国采用了不能通过经济学检验的计划经济体制而走了弯路，甚至遭受了巨大的灾难，在今天，人们已经普遍接受了全盘计划经济的不可行性，但是各种干预主义仍然在迷惑着大众，现代奥地利学派的学者们仍然要像他们的先辈米塞斯、哈耶克、罗斯巴德和黑兹利特等人一样，拿起经济学的武器，去戳穿各种干预主义的幻象，比如中央银行制度和部分资本金的银行制度。

奥派经济学是自由市场的护花使者，因为奥派经济学家相信，自由市场不仅是有效率的，也是正义的，效率和正义是一个硬币的两面，自由市场带来的不仅是一个繁荣的社会，而且也是一个道德的社会。因此，我们真正应该关心的“经济问题”不是宏观经济指标，如增长或就业，而是经济制度是否正当。对于生活在干预时代的人们来说，我们需要的不应是额外的干预，而是纠正不正当制度的道德勇气。

---

①见《奥地利学派的大师们》，第10部分。

②同上书，第11部分。

这些奥派前辈的思想不仅没有过时，相反，它们仍然熠熠生辉，焕发光彩，并在不断地启发着我们的思考。这本书值得任何一位对经济学，对自由主义思想感兴趣的读者拥有，翻开这本书的任何一页，你都会感受到那些经济思想的震撼性力量，这些思想是奥派经济学大师留给我们的珍贵财产，也是经济学的真正精髓，人类智慧的瑰宝。

2014年3月16日于杭州

（作者系浙江工商大学经济学教授）

奥地利学派的大师们：中文版序

兰德尔·G. 霍尔库姆

奥地利学派经济学与对市场配置资源的有力支持紧密相连。与此同时，很多它的最知名成员都论述过中央计划经济不可能理性地配置经济资源，如路德维希·冯·米塞斯、弗里德里希·哈耶克和穆瑞·罗斯巴德等。人们围绕着这个问题几乎辩论了20世纪的大部分时间，随着世界上大多数中央计划的经济体纷纷朝着市场配置资源的方向转变，辩论转向支持奥地利学派的观点。中国为印证奥地利学派的观点提供了非常有趣的例证。随着中国从中央计划经济向市场配置资源转变，中国的人均收入大幅上涨，同时中国从一个非常贫穷的国家发展成为了一个经济大国。

在中国朝着更加市场化的方向努力之际，政府依然起着很大的作用，同时关于政府监管在中国经济中如何担当适当角色的讨论依然在继续。因此，奥地利学派经济学的观点对于中国经济政策未来的方向非常重要。这本书的文章并没有直接强调这些政策问题，而是给出了一些最重要的学者们在推动奥地利学派经济学发展过程的背景。这本书包括经济思想史和奥地利学派发展史方面的文章。

由于奥地利学派的观点与中国当代的经济政策相关，中国的学者们和对经济学感兴趣的人们会对这本书介绍的奥地利学派发展的背景非常感兴趣。看到这本书被翻译成中文，我感到很高兴，相信奥地利学派的观点能在中国读者中得到更广泛的传播。

目　　录

引言：奥地利学派的过去和现在

兰德尔·G. 霍尔库姆

20世纪末，奥地利学派经济学对理论经济学的发展和经济理论在公共政策上的应用都产生了重大影响。越来越多的经济学教授开始赞同奥地利学派经济学的基本理念，同时学术期刊也在更多地重视起奥地利学派[①]。半个世纪以前，理论经济学界几乎没有学者熟悉奥地利学派，只有少数人对奥地利学派有粗浅的了解，且他们当中大多数并不同意奥地利学派的研究方法和结论。现如今，奥地利学派经济学的理念与主流经济学的思想越来越接近，但这不是因为奥地利学派经济学发生了改变，而是因为主流经济学已向奥地利学派的观点靠拢。公共政策领域也发生了类似的转变。奥地利学派经济学的政策含义曾因太极端而遭到排斥，在现在却被拥护为真理。在这个过程中，奥地利学派的思想魅力越来越显而易见。

尽管奥地利学派经济学取得了重大的进展，但是它在经济学界仍只是次要角色，同时只有少数理论经济学家认为自己是奥地利学派成员。奥地利学派经济学正在发展，但它尚未成为主流经济学的一部分。由于奥地利学派与其他一

① 两个最近的例子是伊斯雷尔·科兹纳和舍温·罗斯的综述性文章。Israel M. Kirzner. Entrepreneurial Discovery and the Competitive Market Process: An Austrian Approach［J］. Journal of Economic Literature，1997，35（1）：60–85.以及 Sherwin Rosen. Austrian and Neoclassical Economics: Any Gains FromTrade? ［J］. Journal of Economic Perspectives，1997，11（4）：139–152.这两本学术期刊都是美国经济学协会的出版物，这意味着奥地利学派的观点如果没有得到学术主流的拥护的话，至少一定程度上也得到了他们的认可。

些学派在很多政策领域得出的结论是相似的，所以更难判断它对公共政策的影响。例如，由米尔顿·弗里德曼（Milton Friedman）的观点所引领的芝加哥学派（Chicago School），他们支持的公共政策常常与奥地利学派经济学一致，所以这些学派的观点彼此是相互强化的。很多不同学派的思想都能作为一些政策措施的思想基础，但显然，人们在20世纪末比20世纪中期更容易接受奥地利学派在公共政策领域推行的自由放任（laissez-faire）的方法。思想确实还是有影响的，作为奥地利学派的标志，对市场体系运转的欣赏已经渗透到公共政策的辩论中。

如果奥地利学派经济学的思想能够取得如此的进展，那我们可能会想为什么奥地利学派经济学在学术圈没能起到更大的作用呢？部分原因与学术机构本身有关，大多数大学教员在公立机构教书，因此他们会有偏向地倾向于支持国家而怀疑自由放任的观点。大多数大学教员都取得了终身教职，这降低了人员流动，或许也阻碍了思想的传播。此外，学术观点的卖场主要是学术期刊，同时往往学术主流控制着这些期刊的编委会，从而进一步促使主流观点胜过其他思想流派[①]。在大学中，发表学术论文是获得晋升和取得终身教职的先决条件，因而学术界的生存压力迫使年轻学者们朝着所在学科主流方法和观点的方向努力。

种种原因，奥地利学派经济学为了得到认可经历了艰苦的奋战，但与此同时，奥地利学派自身逐渐强大，也越来越被学术界所接受。越来越多的经济学教授把自己视为奥地利学派的一员，同时即使在奥地利学派之外，它的观点也赢得了越来越多的认可和尊重。非常有趣的是，20世纪晚期，对奥地利学派的关注集中在美国复兴领域。这主要是归功于路德维希·冯·米塞斯（Ludwig von Mises）的移民和他在纽约大学奥地利学派经济学的研讨班。我们甚至可以说如果没有米塞斯对其美国学生们的影响，现代奥地利学派是不存在的。[②]

当然，米塞斯之前的经济学家们的理论奠定了他思想的基础。同时，米塞斯和与他志同道合的同辈一起影响了奥地利学派经济学的发展方向。在20世纪

---

① 参考Leland B. Yeager. Austrian Economics，Neoclassicism，and the Market Test［J］. Journal of Economic Perspectives，1997，11（4）：153-165。这篇文章是一个富有洞察力的讨论，它涉及学术上其他学派观点面临哪些主流观点的挑战。

② 参考Karen I. Vaughn. Austrian Economics in America：The Migration of a Tradition［M］. New York：Cambridge University Press，1994. for a good discussion of the development of the moden Austrian School. Murray N. Rothbard. The Logic of Action：Method，Money and the Austrian School（Vol.I）［M］. Chelten-ham：Edward Elgar Publishing，1997.

40年代晚期，奥地利学派几乎仅仅局限于米塞斯和他在纽约大学直接指导的学生们。此后，米塞斯的学生们找到了他们自己的学生，到了20世纪70年代，奥地利学派经济学开始走向兴旺。

1950年前的奥地利学派经济学

卡尔·门格尔（Carl Menger）被公认为奥地利学派的创始人，然而在1920年之前，奥地利学派经济学并没有表现出特别不同于一般意义上的经济学。在19世纪70年代，里昂·瓦尔拉斯（Léon Walras）、威廉·斯坦利·杰文斯（William Stanley Jevons）和卡尔·门格尔独立地发现了边际效用（marginal utility）的概念，这使得经济学理论取得了飞跃[①]。尽管他们三个人各自在不同的方向推进这个概念，但是经济学自身由于整合了价值的边际理论而取得了飞跃。欧根·冯·庞巴维克（Eugen von Böhm-Bawerk）的资本理论在19世纪80年代至90年代发表时，曾被广泛地认为是经济学的一部分，而现在被视作奥地利学派；路德维希·冯·米塞斯1912年发表的《货币与信用原理》[②]（*Theory of Money and Credit*），使他成为货币经济学的泰斗。

尽管奥地利学派有自己可识别的、独有的特征，但它也是当时主流经济学的一部分，就像凯恩斯学派和通币学派是20世纪70年代的两个主流学派一样。学术界对《货币与信用原理》是主流作品的鉴定，与对发表于1949年的《人的行动》（*Human Action*）的学术评价形成了鲜明对比。1947年，保罗·萨缪尔森（Paul Samuelson）发表的《经济学分析基础》（*Foundations of Economic Analysis*）定义了那个时期主流经济学的前沿所在。对比这两本书，我们可以发现米塞斯对经济学的定义是多么不同于20世纪中期的主流经济学。

20世纪上半叶，两个主要因素使得奥地利学派经济学区别于主流经济学。第一个因素涉及经济学作为一个学科的发展。经济学家和政策制定者们希望把兴起于世纪之交的科学管理延伸到管理整个经济体上面，这使得经济学家需要

---

① 门格尔第一版德语的《国民经济学原理》发表于1871年。虽然它被公认为是对经济学一个里程碑式的贡献，但是英文翻译版直到1950年才被发表。

② 穆瑞·N. 罗斯巴德写到米塞斯早期在货币理论方面的作品，虽然有争议，但是仍发表在当时顶级的主流经济学期刊《经济学季刊》中，详见Murray N. Rothbard. Ludwig von Mises：Scholar，Creator，Hero [M]. Auburn，Ala.：Ludwig von Mises Institute，1988：13.

采用更为复杂的数学和统计学方法。遵循着物理学家们发展出的模型，经济学模型越发开始关注均衡的数学特征，忽视作为奥地利学派经济学核心的市场过程分析。通过关注均衡，经济利润的作用变得次要，企业家活动也完全被忽视。简言之，随着经济理论的发展，它强调的问题越来越窄，同时把奥地利学派认为核心的经济问题排除在外。

随着1936年约翰·梅纳德·凯恩斯（John Maynard Keynes）《就业、利息和货币通论》（*The General Theory of Employment, Interest, and Money*）的发表，宏观经济学的发展使得主流经济学进一步背离奥地利学派经济学的根本信条。奥地利学派经济学总是以把个体作为分析单位开始，然而凯恩斯的宏观经济学建立在经济总量的基础之上，很难追溯到个体行为。另外，米塞斯和F.A.哈耶克（F.A. Hayek）发展起来的奥地利学派商业周期理论强调不当投资是形成商业周期的根本原因。然而即使现今的大多数宏观经济学模型仍然简化假设资本是同质的，并把奥地利学派宏观经济模型中的不当投资排除在外。在20世纪30年代，米塞斯和哈耶克跻身于世界顶级宏观经济理论家之列（尽管当时宏观经济一词尚未启用）。但到了20世纪40年代，凯恩斯革命横扫了他们的观点。

主流经济学和奥地利学派经济学的不同也存在于对政府政策的问题上。经济体可以被更科学管理的观点赢得政府政策制定者的支持，他们相信通过使用更好的经济模型，政府政策可以更加出色地引领经济体。经济学理论的进展被看作创造更有效政府的工具，可以使得政府更好地控制一个国家的经济。

高级模型的应用需要收集充分的经济数据来测量经济绩效和政策影响。20世纪20年代早期，为了使经济理论更科学、更有效收集经济数据来应用这些理论，在政府部门、学术结构和私有部门的共同支持下成立了美国国家经济研究局（National Bureau of Economic Research，NBER）。在联邦政府的鼓励下，通过使用更好的数据和更精确的模型，20世纪20年代开始开发国民收入核算，此方法在20世纪30年代得以执行。因而，通过许诺给经济学家更多的权力来控制公共政策，并资助旨在为通过政府干预来控制经济设计更好方法的研究，政府政策进一步拉开了主流经济学和奥地利学派核心理念的差距。配合政府议程的经济学家享受到了金钱、权力和威望带来的利益，但是政府议程与米塞斯和哈耶克这些当时奥地利学派领军人物的观点是非常不一致的。

赫伯特·胡佛（Herbert Hoover），工程师出身，在他成为美国总统之前，于1921—1929年间担任商务部部长，贯穿了哈丁和柯立芝总统的任期。胡佛是把经济学变得更像工程，使用数学模型，并收集更充分的数据以供分析之用的关键人物之一。在大萧条伊始，运用经济学来重振经济的需求更加强烈，也越发受到政府政策制定者的鼓励。这对经济学家的诱惑是巨大的，为他们提供了从经济活动消极的观察者转变为积极的政策制定者的机会，这一诱惑推动着经济学界朝着发展最优政府干预模型的方向努力。同时，强调政府干预危害的奥地利学派经济学也就被置之不理了。

因此，越来越强调数学和统计方法是推动主流经济学远离奥地利学派理念的主要因素。理论的着眼点在于均衡的数学特征，政策的着眼点在于设计创造繁荣的干预政策。奥地利学派对市场过程的强调对主流分析来说并不重要，同时奥地利学派经济学的政策启示是更少而不是更多干预，这些都使得奥地利学派经济学异于主流。

另外一个使得奥地利学派经济学远离主流的因素是社会主义计算大辩论。1919年，苏联刚刚成立不久后，路德维希·冯·米塞斯在一个学术会议中论述了中央集权的经济注定失败的观点。米塞斯在他后来的著作中继续坚持并捍卫这个观点直到1973年去世。哈耶克旗帜鲜明地加入辩论中米塞斯一方，但是大多数其他经济学家以压倒性的态势加入到另一方，从而开启了被后人称之为社会主义计算大辩论的活动。经济学界一致认为米塞斯是错的，同时认为中央计划不仅是可行的，而且是优于市场配置经济资源的方法。米塞斯作为著名的奥地利学派发言人，其在社会主义计算大辩论中的立场与奥地利学派是息息相关的，这给奥地利学派经济学蒙上了阴影。直到1950年，任何拥护奥地利学派的经济学家依旧通常被认为是辩论的失败方。因而，几乎没有理论经济学家愿意支持米塞斯的观点。

直到20世纪中期，经济学理论关注均衡的数学条件，而经济政策关注创造繁荣的政府干预方法。奥地利学派经济学强调市场过程而非均衡条件，关注市场中的企业家精神而非零利润的竞争均衡，关注市场配置而非政府计划，然而正是这些使得它从经济思想的主力沦落到了经济学的边缘。

1950年后的奥地利学派经济学

到了1950年，奥地利学派仅存的就是米塞斯和他在纽约大学的学生了。米塞斯和哈耶克这两位最著名的奥地利学派学者，常常被与他们对社会主义经济注定失败的坚持联系起来，在大多数的经济学家眼中名声扫地。哈耶克迁到了芝加哥大学，如果没有现代奥地利学派复兴的话，他如今很可能被认为是芝加哥学派的经济学家。米塞斯拥有诸如W.H. 赫特（W.H. Hutt）和亨利·黑兹利特（Henry Hazlitt）这样的杰出支持者，本书中也评述了这两个人，但是他的支持者中没人能把奥地利学派经济学作为主流外的另一种方法教授给学生。同时，米塞斯把奥地利学派经济学的观点传播给纽约大学的一些追随者。如果没有他所做的这些，奥地利学派经济学作为一个可识别的思想流派很可能早已消失。毫不夸张地说，在1950年，奥地利学派仅有他这一位理论经济学家在活跃地以一个自治的思想体系传播着学派的观点。

虽然路德维希·冯·米塞斯不是奥地利学派的创始人，但是毋庸置疑的是，他个人为20世纪末奥地利学派的延续作出了贡献。米塞斯做了两件事来确保这一点。第一，他撰写了《人的行动》，这为奥地利学派经济学奠定了清晰的思想基础。通过《人的行动》，读者们可以看到奥地利学派经济学是一个全面而自治的思想体系，同时他们还可以看出奥地利学派经济学如何不同于当时主流经济学的理念。《人的行动》为奥地利学派经济学的基本理念提供了现成的参照，就像保罗·萨缪尔森的《经济学分析基础》为主流经济理论的基本理念提供了现成的参照那样。第二，通过纽约大学的研讨班，米塞斯吸引了一大批学生，他们又招募了其他学生，这使得奥地利学派经济学在学术上得以重生。两位米塞斯在美国的学生因为他们的学术成就和他们对现代奥地利学派的影响脱颖而出，他们是本书其中一章的作者伊斯雷尔·M. 科兹纳（Israel M. Kirzner），以及穆瑞·N. 罗斯巴德（Murray N. Rothbard）——本书中两章的作者和另一章被撰述的对象。他们两个都因为见解深刻、多产而名声显赫，更重要的是，他们是奥地利学派强有力的支持者。他们不仅影响了他们自己所在大学的学生，也通过研讨班和会议发言影响了其他大学的学生，当然他们的作品也产生了影响。尽管学术机构中的奥地利学派经济学家仍然很少，但是受科兹纳和罗斯巴德影响的许多学生现在都在学术机构任职，进而能够影响新一代的学生们。

自20世纪中期的低谷以来，奥地利学派经济学在学术界内外逐渐获得了很高的知名度。F.A. 哈耶克在1974年获得诺贝尔经济学奖，这使得奥地利学派赢得了关注和尊重。当时，在科兹纳和罗斯巴德的带领下，一个小规模的奥地利学派经济学复兴已经开始，而哈耶克的诺贝尔奖为这场复兴提供了额外的动力。但奥地利学派仍然被视为社会主义计算大辩论的失败方。1973年，米塞斯逝世的那一年，另一位诺贝尔经济学奖获得者同时已跻身最著名主流经济学家之列的保罗·萨缪尔森在其入门教科书中论述到，尽管苏联的人均收入大致只有美国的一半，但建立在中央集权之上的优越经济体系能促使其更快速地发展。基于此，萨缪尔森预测苏联的人均收入可以最早在1990年，几乎肯定能在2015年赶上美国[①]。请记住，萨缪尔森的预测写在他最畅销的大学入门教材中，这是当时大学课堂中讲授的标准内容。显然，主流经济学并没能接受奥地利学派经济学的观点。

具有讽刺意义的是，由于米塞斯和哈耶克拒绝妥协，社会主义计算大辩论曾使奥地利学派的名誉受损，但随着1989年柏林墙的倒塌和接下来1991年苏联的解体，这些事件却成了奥地利学派经济学至高无上的成就之一。事实证明米塞斯是正确的。奥地利学派的批评者们曾摒弃其古怪的观点，如今他们如果还不算仰慕者的话，至少已是纷纷转为了好奇的追寻者。曾对奥地利学派不屑一顾的经济学家们开始探求，什么样的洞察力使得米塞斯和其他一小部分人能够不顾其他大多数经济学专家的一致反对，依然坚信自己的观点。

20世纪即将落幕之时，主流经济学家开始探索那些曾经把奥地利经济学和主流经济学区分开的观点。数十年前，宏观经济学家承认他们需要把自己的理论分解到个体行为层面，同时经济学家们也越来越认识到不确定性和不完全信息对个体决策和市场运行的重要性。诚然，在很多领域还存在鸿沟，可能最明显的就是主流经济学继续关注均衡的数学特征，这与奥地利学派关注市场过程形成了鲜明对比。

关于奥地利学派经济学和其他经济思想学派的区别有很多内容可写，然而这本文集的目的是关注那些让奥地利学派走到今天的学者。所有的这些人都引领过奥地利学派的发展，这已经超越了他们对经济理论本身的探寻。

在许多案例中，观察学者们观点形成的背景有助于阐明为何他们选择发扬奥地利学派的理念，同时也有助于展示这些伟大思想家们的人格和思想的魅力。本文集中勾勒的这些个体从众多不同的角度对奥地利学派经济学的发展作出了贡献。有些人早于卡尔·门格尔创立奥地利学派经济学，却为门格尔和后来的奥地利学派学者们奠定了基础。马里亚纳（Mariana）、杜尔哥（Turgo）、

---

① Paul A. Samuelson. Economics［M］. 9th ed. New York：McGraw-Hill，1973：883.

巴斯夏（Bastiat）、萨伊（Say）和坎蒂隆（Cantillon）都属于这一列。这些经济学家们的洞察力为理解市场的运行奠定了坚实的基础，这一基础促使了奥地利学派的成立。随着现代新古典经济学的发展，这些人的贡献很大程度上被忽略了。他们在很久之前就分析和批判过现在充斥在主流经济学思想中的诸多谬误。奥地利学派的这些前辈们是值得我们书写的，一方面是为赞美他们所作出的贡献；另一方面也是为了展示他们的观点在现实中的重要性。

有些学者，诸如威克斯蒂德（Wicksteed）和菲特（Fetter），他们是当代的门格尔、庞巴维克和米塞斯，他们发展了与奥地利学派一致的观点，即便奥地利学派经济学作为一个经济思想流派发展了自己独特的思想。有些学者是被更为成熟的奥地利学派观点的魅力吸引过来的，进而他们为奥地利学派经济学的发展作出了自己的贡献。赫特、赫兹利特、勒普克（Röpke）和罗斯巴德就属于这一列。当然，还有很多其他著名的奥地利学派经济学家没有在此文集中出现。选择这15位经济学家绝不意味着他们是15位最重要的奥地利学派经济学家，而是因为他们这些个体从不同角度对奥地利学派作出的贡献组成了一个有趣的截面。

这本文集中提到的个体组成了一个多样化的群体，但是他们都对经济学的基本概念有深刻的见解，并都能在作品中有效地阐明这些概念。他们中的每一位都对经济学理念的发展有着实质性并且持续性的影响。

1

胡安·德·马里亚纳：西班牙经院哲学家的影响

赫苏斯·韦尔塔·德索托

在西班牙经院哲学家们的著作中，我们可以搜寻到奥地利学派经济学的史前史，这些著作撰写于“西班牙黄金世纪”——16世纪中期到17世纪。[①]

---

① 穆瑞·N. 罗斯巴德是第一个阐述这个观点的，早在1974年，他在佛蒙特州南罗约敦的会议上，发表了题为New Light on the Prehistory of the Austrian School的演讲，这也标志着奥地利学派再次兴起的开端。两年后，这篇文章在*The Foundations of Modern Austrian Economics*上发表。他在这本不朽的著作中进一步发展了这个观点Economic Thought Before Adam Smith，Vol. 1，参见An Austrian Perspective on the History of Economic Thought（Cheltenham，U.K.：Edward Elgar，1995），Chap. 4，“The Late Spanish Scholastics，”第97-133页。穆瑞·N. 罗斯巴德不是唯一一位阐述奥地利学派的西班牙传统的奥地利经济学家。哈耶克也持有相同的观点，尤其是在与布鲁诺·莱昂尼会面之后。莱昂尼是一位伟大的意大利学者，是*Freedom and the Law*（*Indianapolis*，Ind.：Liberty Fund，1991）的作者。在20世纪50年代，莱昂尼结识了哈耶克，并说服他古典自由主义经济学的思想渊源来自于欧洲天主教，应该从中世纪欧洲而非在苏格兰探求这一传统。哈耶克最好的学生之一，马乔里·格莱斯·哈钦森专门研究西班牙的文献，把西班牙经院哲学家们的重要作品翻译成了英语，发表了*The School of Salamanca：Readings in Spanish Monetary Theory*，1544—1605（Oxford：Clarendon Press，1952），这本书现在成了经典之作。另外一个重要文献是*Economic Thought in Spain：Selected Essays of Marjorie Grice-Hutchinson*，Laurence Moss and Christopher Ryan，eds.（Cheltenham，U.K.：Edward Elgar，1993）。我自己还有一封哈耶克1979年1月7日写给我的信，其中他建议我阅读罗斯巴德The Prehistory of the Austrian School这篇文章，因为他和格莱斯·哈钦森“证明了是16世纪西班牙经院哲学家们发展了竞争性市场理论的一般原则，是西班牙耶稣会士而非加尔文教教徒构思出了经济自由主义”。哈耶克在信中总结说道“以我掌握的知识来看，我可以保证罗斯巴德的论述是非常强有力的”。

迭戈·德·科瓦吕比亚·莱瓦（1512—1577），西班牙经院哲学家之一

西班牙的这些奥地利学派经济学思想界的先驱都有谁呢？他们大多数人都是经院哲学家，在萨拉曼卡大学教授道德和神学。这所学校位于马德里西北部150英里的一个中世纪西班牙城市，邻近西班牙与葡萄牙接壤的边境。这些经院哲学家们主要是多米尼加人和耶稣会士，他们阐述主观主义、动态和自由主义的传统，在250多年后，卡尔·门格尔和他的追随者们都极为强调它们的重要性。[①]或许在所有这些经院哲学家中最为自由主义的学者是耶稣会士胡安·德·马里亚纳神父（Juan de Mariana），这尤其反映在他的后期作品中。

马里亚纳出生于托莱多附近的城市——塔拉维拉·德拉雷纳（Talavera de la Reina）。他似乎是塔拉维拉一个教士的私生子，16岁时加入刚刚成立的耶稣会。在24岁时，他被召集到罗马教授神学，接着转到耶稣会在西西里岛经营的学校，后又来到巴黎大学。1574年，他回到西班牙，此后长期在托莱多居住并进行研究直到87岁时去世。

虽然马里亚纳神父撰写了许多书，第一个包含自由主义内容的却是发表于1598年出版的《论国王和皇家制度》（*De rege et regis institutione*），他在这本书里提出了对诛杀暴君的著名辩护。根据马里亚纳的论述，如果国王未经人民同意而征税、夺取或者浪费私人财产或是阻止民主议会召开会议的话，任何一个公民都可以正当地刺杀国王[②]。这本书中包含的这些信条，显然可以被用来证

① 关于西班牙经院哲学最新的著作是Alejandro Chafuen的书：*Christians for Freedom: Late Scholastic Economics*（San Francisco：Ignatius Press，1986）。

② 马里亚纳如此描述一个暴君：

> 受与国王身份不符的罪恶所驱使，诸如贪财、贪色、残忍和欺诈等，他夺取并挥霍人们的财产。暴君们，事实上打算伤害并摧毁每个人，但是他们把攻击转移到王国内富裕和正直的人们。暴君们认为善良比邪恶更可疑，自身所缺乏的美德是令他们感到最可怕的。……基于凡是在他的王国中得到赞扬就应该被下放的原则，他们把更善良的人从自己的王国中驱逐出去。……通过索取新的贡品，激起百姓间的争吵，同时卷入一个接一个的战争，国王使得剩余的人们精疲力竭而不能联合起来。以百姓受苦受难为代价，他们建造庞大的工程。由此，埃及的金字塔就筑成了。暴君肯定害怕那些他们恐吓并像使唤奴隶那样的人们尝试推翻他。因此，他禁止百姓会集在一起，禁止他们召集会议和在一起议论国家大事。通过各种秘密警察的方式，国王剥夺了百姓的言论自由、倾听自由，甚至是他们抱怨的自由。

引自Rothbard. Economic Thought Before Adam Smith［M］. Chelten-ham：Edward Elgar Publishing，1995：118-119.

明刺杀法国暴君亨利三世和亨利四世的正义性。根据巴黎议会在1610年7月4日颁布的一条法令，这本书在巴黎被行刑官焚毁[①]。

在西班牙，尽管当权者对这本书漠不关心，但是这本书受到了重视。事实上，马里亚纳所做全部就是使得这个观点——自然法在道德上高于国家的力量——得出合乎逻辑的结论。多米尼加人弗朗西斯科·德·维多利亚（Francisco de Vitoria，1485—1546），国际法的伟大创立者，之前就详细发展了这个观点，他开创了西班牙经院哲学谴责西班牙人在新世界中征服尤其是奴役印第安人的传统。

然而，马里亚纳的最重要的一本书或许是发表于1605年的《论货币的变更》（*De monetae mutatione*）。在这本书中，马里亚纳质疑国王是否是他的诸侯和公民所拥有的私有财产的主人，同时得出清晰的结论：不是。接着，他以此来区分国王和暴君，并得出结论“暴君是一个践踏所有东西同时相信这些东西都属于他的人；国王是一个把他的贪婪约束或限制在理性和正义之内的人”[②]。

基于此，马里亚纳推断出国王未得到人民的认可时不能征税，因为税收无非是侵吞他属民的一部分财富。为了使得诸如此类的占有合法化，属民们必须同意。国王也不能设立国家专卖，因为这只是一种伪装的征税方式。

这本书最重要的部分是，国王不能通过降低硬币中的金属含量来获取财政收入。马里亚纳意识到降低硬币中贵金属含量和增加流通的硬币数量，无非是通货膨胀的一种形式（尽管他没有使用“通货膨胀”这个词，当时这个词还不为人知），同时通货膨胀必然导致价格上涨。原因是“如果货币低于法定价值，所有商品的价格必然会按照货币价值降低的比例同比例上升，最终导致整个计价系统崩塌”。

马里亚纳这样描述货币成色降低和政府干预货币的市场价值产生的严重经济后果：

> 只有一个傻子会试图使得法定价值与它的自然价值相分离。当统治者

① 参见 Juan de Mariana. Discurso de las enfermedades de la Compañía [M]. Madrid: Don Gabriel Ramírez, 1768: 53.

② 我完全是详尽地从这本书最新的西班牙语版本中引用的，题为*Tratado y discurso sobre la moneda de vellón*, with an Introduction by Lucas Beltrán (Madrid: Instituto de Estudios Fiscales, 1987)。

命令普通人认为价值是5的商品，应该售价为10时，他是愚昧的，甚至是邪恶的。在这件事情上，一般性的估计引领着人们的行动，这个估计基于人们对商品质量的考量和商品的充裕或稀缺。国王尝试破坏这些商业的基本原则是徒劳的。最好的方式就是使得它们不受干预，而不是通过暴力扰乱这些而使得公众受到伤害。[①]

我们应该注意到马里亚纳是如何指出商品价值的，指出商品价值源于人们“一般性的估计”这个事实，这遵循着经院哲学家们传统的主观主义学说，该学说由迭戈·德·科瓦吕比亚·莱瓦（Diego de Covarrubias y Leyva）最先提出。科瓦吕比亚（1512—1577）是一个著名建筑师的儿子，他成为了塞戈维亚市的主教和国王菲利普二世的大臣。1554年，他提出了比前人更好的主观价值理论，“一件物品的价值不取决于它的基本属性，而取决于人们对它的主观估计，即使这样的估计是愚蠢的”。他使用这个例子阐明他的观点，“尽管小麦的属性是相同的，但是西印度群岛的小麦价格高于西班牙，是因为这里的人们认为它的价值更高”[②]。

科瓦吕比亚的主观主义概念被另外一个与他同时代的经院哲学家路易斯·萨拉维亚·德·拉卡列（Luis Saravia de la Calle）完成，他最先证明了价格决定成本，而不是相反。同时，萨拉维亚·德·拉卡列的西班牙语作品享有殊荣，而非拉丁语。在《商业入门》（*Instrucción de mercaderes*）一书中，我们能够读到“那些使用劳动、成本和从事商业活动的人承受的风险来衡量商品公正价格的人犯了大错。公正价格不是源于成本的衡量，而是一般性的估计”[③]。

科瓦吕比亚开创的主观主义概念也使得另外一个西班牙经院哲学家对市场价格的真正本质和经济均衡不可能实现有了更清晰的认识。因而，耶稣会主教胡安·德·卢戈（Jesuit Cardinal Juan de Lugo）思考什么是均衡价格，他早在

---

① 引自 Rothbard. Economic Thought Before Adam Smith [M]. Chelten-ham: Edward Elgar Publishing，1995：120.

② Diego de Covarrubias y Leyva. Omnia Opera（Venice，1604），第2卷第131页。

③ Luis Saravia de la Calle. Instrucción de mercaderes（1544）；republished in Colección de Joyas Bibliográficas（Madrid，1949），第53页。拉卡列的书中强调企业家的作用［西班牙语是mercaderes），这遵循着欧洲天主教传统，可以追溯到萨恩·博纳迪诺·德·西恩娜（1380—1444）］。参考Rothbard. Economic Thought Before Adam Smith [M]. Chelten-ham：Edward Elgar publishing，1995：81-85.

1643年就得出如下结论，均衡依赖于数量众多的特定条件，只有上帝才能知道它（*Pretium iustum mathematicum licet soli Deo notum*）[①]。另一个耶稣会士，胡安·德·萨拉斯（Juan de Salas），提到了熟知特定市场信息的可能性，得出了非常哈耶克式的结论：市场如此复杂，只有上帝，而不是人，才能够真正地理解它（*quas exacte comprehendere et ponderare Dei est non hominum*）[②]。

此外，西班牙的经院哲学家最先引入动态竞争概念（拉丁语concurrentium），竞争被绝好地理解为企业家间竞争的过程，例如，赫罗尼莫·卡斯蒂洛·德·博瓦迪亚（Jerónimo Castillo de Bovadilla，1547—？）写道“物品的丰裕、模仿（emulación）与卖方之间的竞争（concurrencia）会使得价格下降”[③]。

路易斯·德·莫利纳（Luis de Molina）紧紧地遵循着同样的观点[④]。科瓦吕比亚也预期到了很多马里亚纳神父对卡斯蒂利亚（Castilian）马拉维迪（Maravedí）时期的主要硬币贬值史进行实证研究得出的结论。[⑤]这个研究包含大量20世纪关于价格演变的统计数据，发表在拉丁语的《古货币文集》（*Veterum collation numismatum*）一书中。[⑥]这本书在意大利得到了达万扎蒂（Davanzaty）和加利亚尼（Galiani）的高度评价，同时卡尔·门格尔也在他的《国民经济学原理》（*Principles of Economics*）中引用了此书。[⑦]

同时，我们也应该注意到当解释通货膨胀的影响时，马里亚纳神父是如何列出货币数量论的基本要素的。另一个著名的经院哲学家马丁·阿兹匹库里塔·纳瓦罗（Martín Azpilcueta Navarro）（也叫作纳瓦罗博士）之前也详细

---

① Juan de Lugo（1583—1660），*Disputationes de iustitia et iure*（Lyon，1642），第2卷，D. 26，S.4，N.40，第312页。

② Juan de Salas，*Commentarii in secundam secundae D. Thomae de contractibus*（Lyon，1617），第4卷，No.6，第9页。

③ Jerónimo Castillo de Bovadilla，*Práctica para corregidores*（Salamanca，1585），Vol. 2，Chap. 4，No. 49.同时还有这本书Oreste Popescu. Estudios en Ia historia del pensamiento económico Iatinoamericano［M］. Buenos Aires：Plaza and Janés，1987：141-159. 其中包含对经院哲学家们和他们关于竞争的动态概念的重要评论。

④ Luis de Molina，*De iustitia et iure*（Cuenca，1597），Vol. 2，Disp. 348，No. 4，and *La teoría del justo precio*，Francisco Gómez Camacho，ed.（Madrid：Editora Nacional，1981），第169页。 Raymond de Roover忽视了Castillo de Bovadilla的工作，承认“莫利纳是通过强调买方间的竞争提高价格而引入竞争的概念的”。参考他的文章“Scholastic Economics：Survival and Lasting Influence from the Sixteenth Century to Adam Smith，” *Quarterly Journal of Economics* 1955，69（2）：169.

⑤ 译者注：卡斯蒂利亚是中古时代伊比利亚半岛的一个王国。马拉维迪是一种西班牙古币。

⑥ 详见 Covarrubias，*Omnia Opera*，Vol. 1，第669-710页。

⑦ Carl Menger. Principles of Economics［M］. New York：New York University Press，1981：317.

解释过货币数量论，1493年，他出生于纳瓦拉（西班牙东北部，靠近法国）。他享年94岁，尤其因为在1556年的《关于交换的颠覆性评述》（*Resolutory Commentary on Exchanges*）一书中解释了货币数量论而知名。纳瓦罗观察到美洲贵金属大量流入西班牙后对价格的影响，他宣称：

> 我们从经历中可以得知，面包、酒、衣服、劳力和产品在法国的价格低于西班牙；同时，甚至在西班牙，当货币更少的时候，支付给销售的物品、人们的劳动力和工作的钱要少于覆盖着黄金和白银的被发现以后的西印度群岛。其中的原因是货币在那些缺乏它的地方和时期比那些大量拥有它的地方和时期更值钱。①

回到马里亚纳神父，他最重要的贡献显然是认识到了通货膨胀是一种税收，“对有钱人征税，结果是迫使他们购物更昂贵的物品”。进而，马里亚纳论述通货膨胀的影响不能通过固定最高通货膨胀率或价格来解决，因为经验表明它们总是无效的。另外，因为通货膨胀是一种税收，根据他的暴君理论，在任何情况下征税都需要人民的同意。然而，即使存在这样的同意，通货膨胀总是一种破坏性很强、扰乱经济生活的税收。他指出：“这种针对合金的新税，如果他们没有征得所有人民的同意，便是不正当的和邪恶的；即使征得了人民同意，我也认为它在很多方面是错误的和有害的。”

如何能避免求助于通货膨胀这个安逸的权宜之计呢？答案是平衡预算。为了实现这个目的，马里亚纳首先建议皇室减少开支，因为“一个适量、有序的花销，比奢侈、无序的花销，更光彩夺目、更能代表着皇家的权威”。

其次，马里亚纳提议“国王应该减少他的赏赐”。换句话说，他不应该因为诸侯们为他提供了皇家应有的服务就如此慷慨地赏赐他们：

> 世界上没有一个这样的国度，有如此多的奖品、佣金、抚恤金、利益和职位；如果这些能够较好、有序地分发，从公共财政和其他税收中支取的就会更少，而分发的货币主要基于这两种途径。

① Martín Azpilcueta Navarro. Comentario resolutorio de cambios［M］. Madrid：Consejo Superior de Investigaciones Científicas，1965：74–75.

正如我们看到的，缺少对公共支出的控制和使用补贴购买政治支持源于很久之前。马里亚纳还提议“国王应该避免和免除没有必要的建设和战争，砍掉那些患了癌症而不能治愈的肢体”。简言之，他提出一个减少公共支出和保持预算平衡的整体方案，甚至至今都是一个典范。

显而易见，如果马里亚纳神父了解银行系统引发信用扩张的经济机制和这个过程的影响的话，他就会谴责银行是一种抢劫。他不仅会谴责由政府引发硬币贬值，也会谴责由银行引发的更加动荡的信用扩张。然而，西班牙其他的经院哲学家能够分析银行的信用扩张。德·拉卡列对银行的部分储备金非常质疑。他认为获得利息与活期存款的本质是不匹配的，同时，任何情况下，银行家收取一笔费用以补偿对客户货币的监管。更知名的纳瓦罗也得出了相似的结论①。

莫利纳更同情银行部分储备金，同时对贷款和储蓄这两个不同合约的本质表示困惑。阿兹匹奎塔和萨拉维亚·德·拉卡列之前就已经清楚地区分了二者。更重要的是莫利纳早在1597年（比彭宁顿1826年的发现早很多），是第一个发现了银行储蓄也是部分货币供给的理论家。他甚至提出了一个名字“货币票据”（chiragraphis pecuniarium），用来描述书面文件在贸易中作为银行货币被接受。②因而，经院哲学家们包含两个学派的发端。第一个是由萨拉维亚·德·拉卡列、阿兹匹奎塔·纳瓦罗和托马斯·德·梅尔卡多（Tomas de Mercado）组成的“通币学派”，他们对银行的活动表示质疑，因而他们含蓄地要求百分之百储备金。第二个是由耶稣会士路易斯·德·莫利纳和胡安·德·卢戈引领的“银行学派”，他们对部分银行储备金更宽容。③很大程度上，这两个团体都是三个世纪之后兴起于英国的理论发展的先驱，该理论是通

---

① 参见Jesus Huerta de Soto的“New Light on the Prehistory of the Theory of Banking and the School of Salamanca”，*Review of Austrian Economics*，1996，9（2）：59–81。

② Luis de Molina，*Tratado sabre los cambios*，Introduction by Francisco Gómez Camacho（Madrid：Instituto de Estudios Fiscales，1990），第146页。同时还有James Pennington写于1826年2月13日的备忘录，“On the Private Banking Establishments of the Metropolis”，included as an Appendix in Thomas Tooke，*A Letter to Lord Grenville; On the Effects Ascribed to the Resumption of Cash Payments on the Value of the Currency*（London：John Murray，1826）。

③ 然而，根据伯纳德·邓普西神父，如果萨拉曼卡学派中“银行学派”的成员们能够对部分银行储备金产生的经济过程的运行和影响有一个详尽的理论知识储备的话，即使莫利纳、莱休斯和卢戈他们自己，也会把部分储备金描述成为一个不正当的和违法的制度性的高利贷过程。参见Father Bernard W. Dempsey. Interest and Usury [M]. Washington, D.C.：American Council of Public Affairs，1943：210.

币学派和银行学派辩论的结果。

穆瑞·N. 罗斯巴德强调西班牙经院哲学家们，尤其是阿兹匹奎塔的另一个重要贡献是如何复兴了时间偏好（time preference）这个核心概念，时间偏好最早由贾尔斯·莱西奈斯（Giles Lessines）在1285年提出，他是托马斯·阿奎那（Thomas Aquinas）最杰出的学生之一。他写道：

> 未来的商品没有现在拥有的商品价值高，它们也不能让其所有者获得相同的效用。因为这个原因，根据公正的原则，未来的商品的价值应该削减掉（相对现在的）一部分。[①]

马里亚纳神父也撰写了另外一本在他死后发表的重要著作《关于耶稣会等级弊病的论述》（*Discurso de las enfermedades de la Compañia*）。在这本书中，马里亚纳不仅批评耶稣会建立的军事等级秩序，还发展了纯粹的奥地利学派的见解：因为缺少信息，国家的诸多指令间不可能相互协调。用马里亚纳的话说：

> 权力和命令是疯狂的。……罗马遥不可及，将军不了解人民和实情，至少是不了解人民身处的所有情况，而这些是成功所必需的。因而，将军们将不可避免犯许多错误，结果人民不满意，最后他们会鄙视这个无知的政府。……让盲人引领明眼人是一个巨大的错误。

马里亚纳总结说，当有很多法律的时候，“因为不是所有的法律都能被遵守或者被人熟知，对所有法律的尊重也就不复存在了”[②]。

总之，马里亚纳神父和西班牙的经院哲学家们发展的核心要素后来成为了奥地利学派经济学的理论基础，尤其是如下内容：第一，主观价值论（迭戈·德·科瓦吕比亚·莱瓦）；第二，价格和成本之间恰当的关系（路易斯·萨拉维亚·德·拉卡列）；第三，市场的动态本质和均衡模型的不可能性

---

① 然而，根据伯纳德·邓普西神父，如果萨拉曼卡学派中“银行学派”的成员们能够对部分银行储备金产生的经济过程的运行和影响有一个详尽的理论知识储备的话，即使莫利纳、莱休斯和卢戈他们自己，也会把部分储备金描述成为一个不正当的和违法的制度性的高利贷过程。参见Father Bernard W. Dempsey. Interest and Usury［M］. Washington, D.C.: American Council of Public Affairs，1943：214，N. 31.

② Mariana的*Discursode las enfermedades de Ia Compaňía*. 第151–155和216页。

（胡安·德·卢戈和胡安·德·萨拉斯）；第四，动态的竞争概念，被理解为卖方间的竞争过程（卡斯蒂洛·德·博瓦迪亚和路易斯·德·莫利纳）；第五，重新发现时间偏好原则（马丁·阿兹匹奎塔·纳瓦罗）；第六，通胀式的货币增长对价格的扭曲性影响（胡安·德·马里亚纳、迭戈·德·科瓦吕比亚和马丁·阿兹匹奎塔·纳瓦罗）；第七，银行部分储备金对经济的负面影响（路易斯·萨拉维亚·德·拉卡列和马丁·阿兹匹奎塔·纳瓦罗）；第八，银行存款构成一部分货币供给（路易斯·德·莫利纳和胡安·德·卢戈）；第九，由于缺乏信息，通过强制命令组织社会的不可能性（胡安·德·马里亚纳）；第十，国家对市场的任何不正当干预都是违背自然法的自由传统（胡安·德·马里亚纳）。

为了理解西班牙经院哲学家们对后来奥地利学派经济学发展的影响，我们应该记住16世纪西班牙的国王查理五世把他的弟弟费迪南德一世派遣到奥地利任国王。“奥地利”在词源上的意思是“帝国东部的地方”，在当时，帝国几乎包括除了法国外的所有欧洲大陆，而法国是被西班牙军队包围的一个孤岛。因而，我们就很容易理解西班牙经院哲学对奥地利学派的思想影响，这不是完全的巧合也不是对历史的想象，而是源于从16世纪开始一直延续在西班牙和奥地利间紧密的历史的、政治的和文化的关系。另外，意大利在这些关系中也扮演着重要的角色，作为一个真正的文化、经济和金融桥梁，它使得欧洲帝国两个最遥远的点（西班牙和维也纳）之间的关系源远流长。因此，这篇文章论述的重要观点是，至少在根源上，奥地利学派实际上是西班牙学派。

事实上，我们可以说卡尔·门格尔最重要的功绩就是重新发现并且致力于西班牙经院哲学思想。因为黑色传说[①]对西班牙的反对以及亚当·斯密及其英国古典学派追随者们对经济思想史的负面影响，这个大陆天主教传统几乎被遗忘和中断。[②]

幸运的是，尽管存在英国古典学派压倒性的知识帝国主义，大陆传统并没有

---

① 译者注：从16世纪开始，反对西班牙和天主教会的一些历史学家写了大量著作来反映西班牙的残忍和不宽容，是为黑色传说（black legend）。

② 参见Leland B. Yeager，“Book Review，” *Review of Austrian Economics*，1996，9（1）：183. 其中他写道：

> 亚当·斯密放弃了主观价值、企业家活动和真实市场以及定价的早期贡献。取而代之的是劳动价值论和专门关注长期“自然价格”中的均衡，从而企业家活动被假设根本不存在。正如他支持禁止高利贷和区分生产性与非生产性职业一样，他把加尔文主义和经济学混淆在一起。他从起源于17与18世纪法国和意大利自由放任的经济学家的行列中消逝。虽然引入了很多含糊其词和限制条件，但是他的作品是不系统的、自相矛盾的。

完全被遗忘。诸如坎蒂隆、杜尔哥和萨伊这样的经济学家们，使得主观主义的火炬熊熊燃烧。即便在西班牙，在18世纪和19世纪衰落的年代，尽管在具有象征性的英国思想界面前有自卑情节，但是古老的经院哲学传统依然幸存下来。

对此的一个证明是另外一个西班牙天主教作者解决“价值悖论”并清晰地提出边际效用理论，比卡尔·门格尔早了27年。他是加泰罗尼亚人，名叫海梅·巴尔梅斯（Jaime Balmes，1810—1848）。在他短短的一生中，他成了当时最著名的西班牙托马斯哲学家。在1844年，他发表了题为“价值的正确理解或基于价格起源、本质和种类的思考”的文章，其中，他解决了价值悖论并清楚地提出边际效用的观点。巴尔梅斯思考，“为什么一块宝石比一片面包更值钱”。对此他的回答是：

> 这并不难解释。一个东西的价值源于效用。……如果特定手段的数量增加，人们对任一单位这种手段的需要就会减少；因为在众多单位中做出选择是可能的，没有哪个是必不可少的。由于这个原因，价值的增减与某一事物的稀缺和充裕之间肯定是有关系的。[①]

用这种方式，巴尔梅斯得以把大陆传统连成一个完整的整体，几年后，卡尔·门格尔和他奥地利学派经济学的追随者们传承、完成和强化了这个传统。

---

① Jaime Balmes，“Verdadera idea del valor o reflexiones sobre el origen，naturaleza y variedad de los precios”，in *Obms Completas*（Madrid：B.A.C.，1949），Vol. 5，第615–624页。巴尔梅斯如此描述胡安·德·马里亚纳的人格魅力：

> 马里亚纳给人留下的整体印象是独特的：一位卓越的神学家、完美的拉丁语学者同时对希腊和东方语言有深厚的底蕴、才华横溢的作家、值得敬仰的经济学家、有远见的政治家，这就是他的头脑。再加上无可指责的生活、严格的道德水准、刚直不阿和绝不奉承的心以自由之名而有力跳动，就如希腊和罗马共和党人那样激烈；坚定无畏的声音，能够与所有类型的谩骂作斗争，不因批评对象是伟人而顾虑，是国王而颤抖。所有这些都集中在一个人身上，他住在托莱多耶稣会的一个小房间中，很难再找到像他这样集各种美德和学识于一身的人。

参见文章“Mariana”，in *Obms Completas*，Vol. 12，第78–79页。

作者感谢罗伯特·F. 赫伯特（Robert F. Hébert）、罗伯特·艾克兰德（Robert Ekelund）、杰弗里·塔克（Jeffrey Tucker）和奥德利·戴维森（Audrey Davidson）提出有价值的评论和意见。

精选阅读

[1] Martín de Azpilcueta Navarro. *Comentario resolutorio de cambios.* Madrid: Consejo Superior de Investigaciones Científicas, 1965.

[2] Alejandro. Chafuen, *Christians for Freedom: Late Scholastic Economics.* San Francisco: Ignatius Press, 1986.

[3] Marjorie. Grice-Hutchinson, *The School of Salamanca: Readings in Spanish Monetary Theory*, 1544–1605. Oxford: Clarendon Press, 1952.

[4] Bruno. Leoni, *Freedom and the Law.* Indianapolis, Ind.: Liberty Fund, 1991.

[5] Juan de. Mariana, *Discursode las enfermedadesde la Compañía.*Madrid: Don Gabriel Ramírez, 1768.

Laurence S. Moss, and Christopher Ryan, eds. *Economic Thought in Spain.* Cheltenham, U.K.: Edward Elgar, 1993.

[6] Raymond de. Roover, "Scholastic Economics: Survival and Lasting Influence from the Sixteenth Century to Adam Smith." *Quarterly Journal of Economics* 69, No. 2 (May, 1955).

[7] Murray N. Rothbard, *Economic Thought Before Adam Smith.* Vol. 1.*An Austrian Perspectiveon the History of Economic Thought.* Cheltenham, U.K.: Edward Elgar, 1995.

[8] Murray N. Rothbard, "New Lightonthe Prehistory of the Austrian School." In Edwin Dolan, ed., *The Foundations of Modern Austrian Economics.* Kansas City: Sheed and Ward, 1976.

[9] Jesús Huerta de. Soto, "New Light on the Prehistory of the Theory of Banking and the School of Salamanca." *Review of Austrian Economics* 9, No. 2, 1996.

2
理查德·坎蒂隆[①]：经济理论的起源

马克·桑顿

诸多奥地利学派的核心见解都能在爱尔兰银行家理查德·坎蒂隆（1680[②]—1734）的经济学和他唯一幸存下来的出版物《商业性质概述》（*Essai sur la Nature du Commerce en Général*，以下简称《概述》）中找到。[③]显而易见，坎蒂隆对奥地利学派经济学的发展有着重要的影响，他也可以被视作奥地利学派的一员。在卡尔·门格尔发表《国民经济学原理》之前，他的图书馆中就收藏了《概述》一书。

事实上，经济理论本身的起源可追溯到坎蒂隆。经济学家威廉·斯坦利·杰文斯是边际革命的共同创始人之一，人们常把重新发现坎蒂隆的贡献归功于他，他认为《概述》"是一本系统而连贯的著作，使用简洁的方式覆盖了经济学几乎所有的领域。……因此，这本书是经济学的第一本著作。"他授予

---

① 没有关于坎蒂隆的照片存在。

② 和他人生的很多事情一样，坎蒂隆的出生日期依然是个谜。

③ 例如参见Robert F. Hébert，"Was Richard Cantillon an Austrian Economist?" *Journal of Libertarian Studies* 1985，7（2）：269-280；Murray N. Rothbard，*Economic Thought Before Adam Smith*，Vol. I，An Austrian Perspective on the History of Economic Thought（Cheltenham，U.K.：Edward Elgar，1995）；Jörg Guido Hülsmann，"Cantillon as a Proto-Austrian：Further Evidence，" working paper，September 1997。

这本著作“政治经济学摇篮”的称号。[①]伟大的经济思想史学家欧根·冯·庞巴维克的学生约瑟夫·熊彼得（Joseph Schumpeter）认为，《概述》是“对经济学领域最早的系统深入讨论”[②]。穆瑞·N. 罗斯巴德在其经济思想史的论著中认为，坎蒂隆是“现代经济学的创始人”[③]。

坎蒂隆一生中的主要插曲就是他和约翰·劳（John Law）及其货币方案的关系。坎蒂隆反对劳的通货膨胀理论，但是他理解这个方案如何运转及其致命缺点。因而，坎蒂隆能够在密西西比体系和南海泡沫中赚取巨额财富。[④]在这些金融大溃败的余波中，坎蒂隆写下了他著名的《概述》，突破了他所在的年代里头脑混沌的重商主义思想，为我们理解方法、理论和政策作出了突破性的贡献。在他完成《概述》不久，他神秘地死于谋杀，而这本书在他死后20多年都未能发表。

《概述》一书被认为对重农学派和古典经济学家都有影响，坎蒂隆是亚当·斯密在《国富论》（*Wealth of Nations*）中提到的少数几人之一。但不幸的是，亚当·斯密误传了坎蒂隆的作品。在古典经济学时期，坎蒂隆和他的这本专著几乎被遗忘了。法国经济学家A.R.J.杜尔哥和J.B.萨伊则正确地把握了《概述》

---

① William Stanley Jevons，“Richard Cantillon and the Nationality of Political Economy”，*Contemporary Review*（January 1881），reprinted in *Essai sur la Nature du Commerce en Général*, by Richard Cantillon [and other essays]，Henry Higgs，ed. And trans.（London：Frank Cass，1959），第342页，强调源自原文。杰文斯接着说“理查德·坎蒂隆对评论家们争吵的和犯错的很多问题都有彻底的和非常全面的理解，这些问题至今还在让评论家们和其他的一些人感到困惑，同时尤其是第三部分令人赞叹不已”。

② 熊彼得接着评价道：

> 单一的那些问题通过统一的解释原则展示出来，这些原则构成了大胆设计的综合性分析的一部分。他超越了原来狭隘的早期思想。从而，也能避免由分析能力训练不足和哲学的负面影响而犯简单错误，尤其是后者难辞其咎。

Joseph Schumpeter，*Epochen der Dogmen-und Methodengeschichte, Grundriz der Sozialökonomik*，1st ed.（Tübingen：J.C.B. Mohr，1914），Vol. 1，Pt.1，p.143，as quoted in F.A. Hayek，[1931]“Richard Cantillon（c.1680-1734）”，Introduction to Richard Cantillon，*Essai sur la Nature du Commerce en Général*，Grete Heinz，trans.，reprinted in F.A. Hayek，*Economic History*，Vol. 3，*The Collected Works of F.A. Hayek*，W.W. Bartley，Ⅲ，and Stephen Kresge，eds. Chicago：University of Chicago Press，1991：258-259.

③ Rothbard，*Economic Thought Before Adam Smith*，Chap. 12，第343-362页。

④ 译者注：法国密西西比泡沫、英国南海泡沫和荷兰郁金香狂热并称为欧洲早期的三大经济泡沫。

的重要性，他们也成为了现代奥地利学派的主要先驱。[①]由于在边际革命时期重新发现了坎蒂隆，大量赞赏坎蒂隆的作品喷涌而出，关于他和《概述》未解之谜也得以解决。更重要的是，苏格兰哲学家和收税官亚当·斯密不再被视作经济学之父。这个头衔现在属于爱尔兰企业家和奥地利学派经济学家理查德·坎蒂隆。

坎蒂隆和《概述》

理查德·坎蒂隆的神秘始于他的出生，现在认为他生于1680年的爱尔兰西南部[②]。他出生于一个天主教农场主之家，他的家族为斯图亚特王室效力，因而克伦威尔（Cromwell）剥夺了他们拥有的土地。他作为有地贵族的出身闪烁在整本著作中，书中写到农场主是经济体中真正独立的人，在生产和消费中都扮演着重要决策者的角色。

《概述》采用观点递进式的安排，适合清楚地阐述经济学理论（类似于门格尔的《国民经济学原理》），同时也展示了与坎蒂隆生活的诸多关联。第一部分零散地基于其家庭传统的前资本主义经济，分析孤立状态的真实经济体。其中，位于都城的国王统治着城市、集镇和村庄中的地主。地主从农场主手中收取地租，农场主接着雇用劳动力来种地。坎蒂隆承认大片土地是通过暴力的形式获得的，这反映出他的先辈们从爱尔兰人手中抢过土地所有权，而这些地产又被暴力夺走。[③]

第一部分的后半部分使得坎蒂隆成为首位发展奥地利学派核心观点——考

---

① 参见 Anthony Brewer, "Cantillon and the Land Theory of Value", *History of Political Economy* 1988, 20（1）: 1–14; Leonard P. Liggio, "Richard Cantillon and the French Economists: Distinctive French Contributions to J.B. Say", *Journal of Libertarian Studies*, 1985, 7（2）: 295–304; Joseph T. Salerno, "Comment on the French Liberal School", *Journal of Libertarian Studies*, 1978, 2（3）: 65–68; and idem, "The Influence of Cantillon's *Essai* on the Methodology of J.B. Say", *Journal of Libertarian Studies*, 1985, 7（2）: 305–316.

② Antoin E. Murphy. Richard Cantillon: Entrepreneur and Economist［M］. New York: Oxford University Press, 1986: 10.我的文章大量参考他的这本传记。

③ 这个孤立的状态使得坎蒂隆忽视了两个主要的力量，否则它们会贯穿《概述》全书。第一个力量是国际贸易和国家间收支平衡带来的经济起伏；第二个力量是国家间的相对军事实力。坎蒂隆在《概述》全书都关注国防的公共品特征，关于自由放任他在这一点上作出了让步。

虑企业家及其在经济中的作用——的经济学家。[①]市场需求变动引发各种风险，企业家则是这些风险的承担者。这直接反映出了坎蒂隆职业生涯早期，在西班牙王位继承战争中，作为英国发薪人员詹姆斯·布里奇斯（James Brydges）助理的经历。他接触并掌握了会计和合约谈判者的作用，也学到了银行和国际金融的基础知识。这一经历也使得坎蒂隆了解到政府整体的无效率和腐败。在战争期间他在欧洲旅游，这可能激发了他对主观主义理论的兴趣和认识——人口是建立在农场主考虑如何利用资源的决策和文化选择的差异之上的结果。

在《概述》第二部分，坎蒂隆展示出他对货币经济开创性的奥地利学派式分析，他揭示了重商主义的重大错误——货币就是财富。这与坎蒂隆的第二个职业，起步于服务他堂兄的银行的巴黎银行家相呼应。[②]在西班牙王位继承战争结束后，经济体非常不稳定，这使得银行业的生意格外危险。最终，他的堂兄把银行转让给坎蒂隆，并于1716年宣布破产。在一份遗失的手稿《对两国间贸易和奢侈品交易的观察》一文中，坎蒂隆谴责了英法两国繁重的战争债务的情况。[③]

在坎蒂隆一生的这个阶段，两个历史上重要的人物对他影响很大。第一位是马修·德克尔（Matthew Decker），东印度公司的主管及一位杰出的银行家，他的重要性体现在帮助坎蒂隆在银行业中立足。博林布鲁克勋爵（Lord Bolingbroke）是另一位对坎蒂隆产生了重要影响的人，他是詹姆斯党（Jacobīte）[④]的领袖，逃亡到法国后通过银行业务与坎蒂隆成为朋友。他把坎蒂隆介绍给当时知名的思想家们，包括孟德斯鸠和伏尔泰。柏林布鲁克作为反对新金融制度的领军人物，他在思想上对坎蒂隆产生了深刻的影响，强化了他对诸如货币政策和国家债务等事务“天生的保守主义”。[⑤]

在《概述》的第三部分，坎蒂隆强调国际贸易、汇率和银行的作用等内容。

---

① 参见诸如 Rothbard的*Economic Thought Before Adam Smith*一书第351页和Hébert的Was Richard Cantillon an Austrian Economist第273页。

② 坎蒂隆做第二笔生意时的身份是一个酒商，这无疑又加深了他对企业家精神、承担风险、利率和价格形成的理解。

③ 参见墨菲所著《理查德·坎蒂隆》的第50页。坎蒂隆认为生活中的奢侈品也是财富的一部分，但是他写的似乎像是反对过度奢侈。特别是，坎蒂隆反对国王和他的朝廷通过进口奢侈品使得生活丰裕，这迫使土地多产的省份面临巨大的牺牲，因而伤害农民和地主们，也会削弱一个国家。

④ 译者注：詹姆斯党指光荣革命后支持斯图亚特王朝君主詹姆斯二世及其后代夺回英国王位的一个派别。

⑤ 参见墨菲所著《理查德·坎蒂隆》的第48–49页。墨菲认为博林布鲁克对社会亚里士多德式的理解，对坎蒂隆《概述》第一部分的第12章有重要影响。

其中，他作出了对经济学理解最重要的一些贡献。这部分是对重商主义政策和约翰·劳在密西西比体系和南海泡沫的金融创新的批评。这是坎蒂隆职业生涯第三个时期的映射，在此期间他通过洞悉约翰·劳的体系和其必然结果发了大财。

从1721年到1734年去世，坎蒂隆深陷于法律纠纷之中。关于他的银行业务和南海泡沫，他卷入了几起官司。他还因涉嫌谋杀被起诉，被短暂监禁过两次。《概述》就是写于这个时期，同时我们有充足的理由怀疑坎蒂隆发展经济理论，作为他对高利贷指控的法律辩护的一部分。①

经济理论的起源

坎蒂隆参与了很多在他那个年代至关重要的事件，也认识诸多当时的伟大思想家，包括许多重要的重商主义作者。他并没有完全摆脱商人的思维模式和语言，但是他如此干净利落地与过去决裂，并开始独立创作第一本连贯而全面的经济理论著作，这的确是一个奇迹。②

在当时的历史背景下，坎蒂隆对经济学方法作出了卓越的贡献，尽管这些理论在当时不仅未受到赏识还很大程度上被遗忘了。杰文斯、熊彼得、哈耶克和罗斯巴德等杰出的经济学家都对坎蒂隆的科学方法和逻辑演绎的理论建构留下了深刻的印象，而逻辑演绎的理论构建成为奥地利学派和边际革命的典型特征。在《概述》整本书中，坎蒂隆都在关心如何为经济现象提供一个科学的解释。他的研究关注因果关系的建立。坎蒂隆经常使用“自然”（natural）来表达因果关系，这个词在《概述》中使用了三十次之多。③

坎蒂隆的奥地利学派式分析的另一个标志是他把研究领域局限在实证经济

① 参见墨菲所著《理查德·坎蒂隆》的第247页，《概述》中这部分与他的律师的法律辩护证词的某些部分非常相似。

② 正如哈耶克观察到的，“他是一个有天赋的独立观察者，在这一系列活动中他享有别人无法超越的优势，协同那些用天生的理论家的双眼观察到的经济活动，他最先成功地并富有洞察力地把我们现在认为是经济学的整个领域展现给我们。”详见F.A. Hayek，“Richard Cantillon”，Micheál Ó. Súilleabháin，trans.，*Journal of Libertarian Studies*，1985，7（2）：227。或者正如安东尼·布鲁尔所观察到的，《概述》“最先系统阐述了经济学原则，一些现代经济学家们也认为这本书是天才之作”。详见Brewer，“Cantillon and the Land Theory of Value”，第10页。

③ 哈耶克，《理查德·坎蒂隆》，第260页。坎蒂隆写到使人口增加的自然方式或者人口增加的原因是能够雇用这些人，同时土地生产出支撑他们生活的产品。详见坎蒂隆所著《概述》的第85页。

学中，哈耶克认为这一点对他那个时代的学者来说尤为非凡。[①]在几个章节中，坎蒂隆都中断他的评价，拒绝给出所讨论话题的价值判断。例如，坎蒂隆写道人口众多但贫穷和人口稀少但富裕哪个更好时，他指出这不属于他讨论话题的范围。[②]但他的确也关心一位法国部长使货币贬值的动机。[③]

同时，坎蒂隆也使用抽象或虚拟建构的方法来建立关于经济体的理论。例如，当讨论劳动生产率时，他使用其他情况不变（ceteris paribus）的假设。"当其他条件不变时，随着投入土地上劳动的增多，产出也会增多。"[④]像现代理论家那样，他使用小而孤立的国家作为理论工具，排除了诸如货币变动和国际贸易等复杂因素。更重要的是，他使用这个建构或模型推演出奥地利学派的核心观点——生产依赖于需求，在他的案例中是拥有大量地产的农场主的需求。进而，随着农场主把生产性的土地转租给农民，坎蒂隆创造出了企业家和一个伴随着交易、价格、货币和竞争而发展的经济体。[⑤]

坎蒂隆对经济学理解的伟大贡献之一是企业家的作用。他讲述的企业家是古典意义上宏大商业冒险活动的承担者，但是坎蒂隆也从理论上区分了赚取固定收入或工资的人和那些赚取不确定收益的人，包括农民、独立工匠、商人和制造商。[⑥]这些企业家在给定价格下购买生产用的投入品，接下来在不确定的价格下进行销售。[⑦]在追求利润的过程中，因为企业家面临着市场中无处不在的不确定性，所以他必须承担风险。[⑧]例如，农民承担着固定的花销，但是：

---

① 哈耶克，《理查德·坎蒂隆》，第260页。

② 坎蒂隆，《概述》，第85页。

③ Hemy Higgs，"Richard Cantillon"，*Economic Journal* 1891（1）：279.当然，坎蒂隆使用这些限制来避免他作出不必要的价值判断，同时防止他偏离研究的主题。例如，在一个例子中，他的确作出了关于税收简要的价值判断，但是因为认为这不是他的主要目的，他很快就结束了这个话题。详见坎蒂隆，《概述》，第159页。在阅读《概述》的过程中，你会发现坎蒂隆作出了很多有价值取向的判断，但是其中很多都可以通过参考《概述》的理论发展和他之前的发现而得到解释。因而，这也是阐释坎蒂隆的作品时，产生混淆的一个来源。

④ 同上书，第47页。事实上，在更多的劳动力带来更多的产出这个非常明显的例子中，他使用"其他情况不变"这个词语，就是他意图清楚的例证。

⑤ 坎蒂隆在《概述》第14章的末尾处澄清了这一点：我不认为市场价格的变动源于当年收成的好坏，或者因为国外部队或者其他事故带来的超常消费。为了不使我研究的主题复杂化，我只考察单个国家在自然和统一情况下的状态。（第65页）

⑥ 同上书，第48–49页。

⑦ 同上书，第51页。

⑧ 坎蒂隆为杜尔哥和利润理论奠定了基础。参考 Renee Prendergast，"Cantillon and the Emergence of the Theory of Profit"，*History of Political Economy*，1991（23）：429.

> 这些产品的价格部分取决于气候，部分取决于需求。如果谷物相对消费十分充裕，它的价格就会极为便宜；如果谷物稀缺，它的价格就将昂贵。谁能预先知道一国在一年内出生和死亡的人数呢？谁能预先知道各个家庭的支出将会增加还是减少呢？然而，农场主的产品的价格自然取决于这些不可预测的情况，因而他是在不确定性中经营他的农场的。①

不成功的企业家将过得贫困潦倒甚至破产，然而成功的企业家会获得利润或优势，进而吸引更多企业家进入该市场，“因此所有种类的企业家都是根据面临的风险来调整自己的营业的”②。企业家使得商品的价格和生产与需求保持一致；在组织有序的社会中，政府官员甚至可以固定一些基本物品的价格而不会有过多的抱怨。③

坎蒂隆对价格系统深刻的理解，包含很多现代奥地利学派分析的要素。价格由需求和相对稀缺来决定。需求基于人们的“心情”和“喜好”，是一个主观的概念。“人们的同意”和商品的相对稀缺共同决定市场价格，其中，市场价格可以理解为支付给卖方的价格。同样的，贵金属④的市场价值“随着它们相对于需求的充裕或者稀缺而发生改变”⑤。

坎蒂隆对价格和市场价格、价值和市场价值之间的关系作出了重要区分，而这些却构成了他的经济学含义混淆的根源。市场价格和市场价值基于供求双方的力量，是发生在市场中的真实的价格。价格和价值与市场价格是相分离的，是不同于市场价格的概念。它们与坎蒂隆的“内在价值”相关，用于描述生产特定产品所使用资源的机会成本，用于生产该产品所付出的特定的土地和劳动。⑥

内在价值（intrinsic value）这个术语一直是混淆的根源，常常导致评论家

① 坎蒂隆在《概述》第49页中使用“自然地”一词揭示各种变化能够使得价格变化可以预测。译者注：来自余永定、徐寿冠译本。

② 同上书，第53页。

③ 同上书，第31页。当他提到组织良好的社会时，坎蒂隆似乎是指一个高级的市场经济，其中货币交换和银行服务已经建立很久而且非常完善。

④ 译者注：也就是购买商品的货币。货币也是商品，这是从另一面对前一句话的补充。

⑤ 坎蒂隆，第97页。

⑥ Hülsmann，“Cantillon as a Proto-Austrian”，第3页。一文中辩护到坎蒂隆清晰地认识到市场价格不是由成本所决定的，内在价值仅仅被用来衡量土地和劳动力的数量。坎蒂隆因此避免了后来的经济学家们犯下的错误，他们认为可以通过土地和劳动力来衡量价值。他的观点与奥地利学派经济学家的观点类似，认为经济计算只能基于交换比率和市场价格。

们嘲笑坎蒂隆的价值理论，认为他是一个客观价值论的理论家，同时在经济思想史中也把他放到了错误的位置。坎蒂隆也认识到这个混淆的可能：、

> 在《概述》中，我一直用内在价值这个词来表示生产中所使用的土地和劳动力的数量，因为我找不到其他更合适的词来表达我的思想。我提起这一点只是为了避免误解。①

仔细阅读《概述》一书，读者就会清楚地发现内在价值并不是指商品的客观属性（诸如金条的纯度），或者某些长期的均衡价值，而是指用来生产特定产品而付出的资源。正如哈耶克所观察到的：

> 坎蒂隆在价值和价格理论中取得的最显著的成就是，他对寻求解释商品间价值或价格的"正常"关系的准则和公式不予重视，相反，他关注那些持续起作用，使得二者间能恢复到正常关系的驱动力和机制。②

最重要的是，因为坎蒂隆通晓多种语言，他在用一个在西方世界本不存在的词汇在命名和描述概念。

坎蒂隆使用被舍弃的土地和劳动解释成本概念，比重农学派提出的土地的成本和价值理论，或者古典经济学家提出的劳动的成本和价值理论进步很多。但是，相对于简单衡量进入生产中的土地和劳动的数量，坎蒂隆对成本有一个更加深刻的理解。在整本《概述》中，坎蒂隆都在强调两个重要的概念，这两个概念为他的成本概念提供了更具深度的理解。首先，坎蒂隆认为所有的资源都是异质性的。每一片土地的品质都不同，每个劳动力的才能也不同。因而，虽然内在价值是对成本的度量，但是除了通过抽象的方式或简单的图示，通过简单地计算工作的时间和土地的英亩来衡量成本也是不可能的，除了以非常抽象的方式或简单的阐述。事实上，在第一部分建立一个基本的土地和劳动价值理论后，他在第二部分刚开始的时候就指出，对于经济体中的那些特定商品，"固定它们各自的内在价值是不可能的"③。

① 见坎蒂隆的《概述》第107页。
② 见哈耶克的《理查德·坎蒂隆》第263页。
③ 见坎蒂隆的《概述》第115页。然而，他确实指出了特定的内在价值是不会发生改变的。

他强调的另外一个概念是资源的替代用途。土地可以被用于种植谷物或者给马匹提供干草。劳动力可以在农田中干苦力也可以培训成为手工艺人。坎蒂隆清晰地看到当一个地主选择拥有更多的马匹时，他放弃的是谷物的生产（和销售）；同时如果法国希望进口精致的蕾丝，那么它不得不放弃从它葡萄园生产的大量葡萄酒。坎蒂隆理解机会成本的概念，他的《概述》也尝试构建这个概念来解释经济选择。[①]作为奥地利学派重要的先驱，他对机会成本的发现真正标志着经济学理论的开端。

坎蒂隆对主观人口理论作出了突破性的贡献。作为他整个经济模型的一部分，生产性资源所有者的品位决定了人口密度和分布。很大程度上，国王和地主通过他们的消费选择影响着人口数量，进而有助于决定土地使用劳动密集型的程度。文化和宗教也在人口数量中起决定性作用，同时技术和资源禀赋是人口密度的重要决定因素。

坎蒂隆使用科学的方法研究人口。他认识到人类的繁殖可能类似于“没有生存限制的，谷仓中的老鼠”，或者一段时间后，人口总体上会大幅下降。[②]坎蒂隆甚至意识到国际贸易会影响人口的水平和分布，因为土地贫瘠的国家可以出口工业品到土地充裕的国家来换取食物、纤维和原材料，进而相比没有贸易能支撑更多的人口。在这一点上，坎蒂隆经常被误打上重商主义的标签，其实在人口规模的问题上坎蒂隆是一位保持价值中立的经济学家。[③]然而，关于如何实现更大的人口规模——他的确为国王提供了本质上是国家主义的技术建议，这可能是对国家防卫有好处。例如，他惋惜法国出口大量的葡萄酒，来支付价格高昂进口自布鲁塞尔的少量蕾丝。[④]

---

① 这一点最先是赫伯特教授建议给我的。详见Hébert，“Was Richard Cantillon an Austrian Economist?”，第272页。斯宾格勒也暗示了这一点，详见Joseph J. Spengler，“Richard Cantillon：First of the Modems Ⅱ”，*Journal of Political Economy*，1954，62（5）：407；同时也可以参考 Michael D. Bordo，“Some Aspects of the Monetary Economics of Richard Cantillon”，*Journal of Monetary Economics*，1983，12（2）：235-258。

② 见坎蒂隆的《概述》第83页。

③ Brewer，“Cantillon and the Land Theory of Value”，第452页；坎蒂隆的《概述》第85页。

④ 为什么法国人不应该关心这个问题呢？坎蒂隆并不是反对奢侈品本身，在《概述》第1页中，他使用消费来定义财富，其中包括生活的便利和奢侈品。他所关注的是生产。如果没有生产，就不可能持续消费或者是消费更多的数量。根据坎蒂隆所说，国家间的相对伟大在于储备的存货，通过货币和物品来衡量这就是储蓄，以改善国家或者抵御坏的收成或者战争。对于一个国家来说，黄金是真正储备的存货，因为你甚至可以使用黄金从战争的敌对方购买武器。见坎蒂隆的《概述》第89、91页。

尽管如此，坎蒂隆的分析还是远远优于受他影响的学者们，如马尔萨斯和亚当·斯密。在他们的作品中，他们关注人口是因为经济增长可能导致更大规模的悲惨的人们挣扎在生存线上。据塔罗西奥（Tarascio）教授研究，“斯密和马尔萨斯没能领会坎蒂隆《概述》的精髓。因而，后来阅读这两个学者作品的读者们也没能获取精髓。”[①]亚当·斯密和马尔萨斯把生存工资的观点延伸到工业工人领域，然而坎蒂隆认识到受过培训或者从事风险工作的员工趋向获得更高的工资。[②]事实上，坎蒂隆大致写道，保留工资（maintenance wage）根本上不是生存工资，而是一个使得员工能够留在他现在岗位上的工资水平。[③]在他的模型中，经济增长能带来更高的工资水平和更好的生活标准。

坎蒂隆作出重要贡献的另一个领域是空间经济学，这个主题渗透在《概述》的很多内容中。坎蒂隆解释一个国家的经济地理——国家的中心是首都城市，是国王和政府所在地。城市是拥有巨大市场和人口的区域中心，环绕着它的是集镇，用来销售来自农村和农场的产品。坎蒂隆解释农民把产品带到市场上销售，是为了获取最好的价格和减少交易成本。他娴熟地使用运输成本来解释为什么原材料在城市附近更昂贵，为什么重工业位于原材料产地附近，为什么易腐物品的产地接近人口中心。运输成本也是坎蒂隆在撰写货币和银行的中心话题，因为银行家（像坎蒂隆自己）作为中间商，目的是降低大量货币长距离运输的风险和运输成本。坎蒂隆是第一位把空间经济学的原则应用于一般性问题的经济学家。“从这些基本原则很容易应用于区位理论和空间定价的本质上来看，他对空间经济学作出了原创性和持续性的贡献。”[④]

坎蒂隆成功的银行业生涯，在他的货币经济学中扮演着重要的角色，哈耶克认为这是他最伟大的成就。[⑤]坎蒂隆信仰硬通货，认为货币作为交换媒介的本质驱使着货币演化到贵金属，而国王们不能引入虚拟货币或者不能让货币贬

---

① Vincent J. Tarascio.Cantillon's Theory of Population Size and Distribution [J]. Atlantic Economic Journal，1981，9（2）：12-18，他富有洞察力地认识到，坎蒂隆贡献的遗失和那些新古典经济学家们没有采纳古典人口理论的原因是在新古典经济学产生之前，实际工资明显上涨了很长一段时间。

② 详见坎蒂隆《概述》的第一部分的第7章和第8章。

③ 同上书，详见第一部分第9章，尤其是第25页。

④ Robert F. Hébert. Richard Cantillon's Early Contributions to Spatial Economics [J]. Economica，1981，48（189）：71-77.

⑤ 见哈耶克的《经济史》第264页。

值。[①]反对幼稚的货币数量论的加总方法是坎蒂隆奥地利学派式分析风格的核心，他支持使用微观经济过程的方法来研究货币。他指出货币供给发生改变的类型和货币进入经济体的领域决定着它产生的影响，发现大金矿会提升矿主和矿工所需商品的价格。任一货币的大量增加都最终会转向消费，进而改变相对价格、流通速度和收入分配。

如果新增货币进入贷款人手中，它也会影响利率。坎蒂隆反对洛克式的重商主义的观点——认为利率是纯粹的货币现象。像米塞斯一样，他发现利率基本市场上可借贷资金的供求力量，同时如果新增货币增加可借贷资金的供给，则会降低利率。[②]

坎蒂隆全面描述了引发利率改变的因素，同时指出利率是经济体正常且重要的一个方面。通过比较赚取利润和更高的利率赚取租金，他对赚取高利率进行捍卫[③]。基于他对利率的描述和引发高利率的原因，坎蒂隆嘲笑政府认为应该通过高利贷法对利率进行管制的观点。[④]

当坎蒂隆分析货币供给的变动时，他提出的商业周期理论和奥地利学派的理论非常相似。增加的货币供给开始了商业周期的繁荣阶段，很多评论家把他对商业周期此阶段的描述贴上重商主义的标签，因为更多的货币被认为带来了更高水平的经济活动。[⑤]然而，问题迟早都会出现。这个基本问题围绕着价格通胀和国内产业的崩溃。坎蒂隆给出的奥地利学派式的教训是：重商主义政策是一个短期内的权宜之策，在长期中必将失败。

坎蒂隆最早描述了著名的价格—铸币流动机制（specie–flow price mechanism）的运行方式，这是奥地利学派商业周期理论的核心部分，一般上归功于休谟[⑥]。他分析由国际收支平衡变动带来的国内货币供给的变化，与国内货币供给变化

① 详见波尔多的《一些方面》第236页；坎蒂隆的《概述》第111、113页。

② 类似地，如果货币最先到用钱人的手中，增加的消费会刺激投资需求并提升利率（因为价格上涨，名义利率也会上涨）。

③ 记住坎蒂隆曾经是一个银行家。当他因南海泡沫被起诉放高利贷时，他的一部分辩护是对高利率的捍卫。

④ “没有什么能比每个年代以货币的利息为主题的各种法律和作品更引人发笑，因为总有自作聪明的人们根本不了解贸易，同时它们总是没有效果。”参见坎蒂隆的《概述》第211页。

⑤ Anthony Brewer. Cantillon and Mercantilism［J］. History of Political Economy，1988，20（3）：447–460.

⑥ 休谟的作品发表于坎蒂隆之前，但是我们现在知道坎蒂隆的作品写于休谟之前，同时休谟很可能读过坎蒂隆的作品。

带来的国内黄金供给的变动类似。他建议国王尝试采取的方式，以抵消货币通胀的负面影响或者抑制通货膨胀为主。然而，在理论上逆转通胀的过程是不可能的，同时坎蒂隆质疑政府具有对这个调节过程进行微观管理的能力。①

当讨论国际贸易、国际收支平衡和银行的话题时，坎蒂隆清晰地展示那些培养制造业所需的娴熟劳动力，参与国际贸易同时避免国家银行的国家如何走向繁荣。然而，当他哀叹从布鲁塞尔购买花哨的蕾丝对“法国来说是笨重和无利可图的”，并使用这个例子作为国际贸易应该被有效管制的理由时，他的评论似乎是重商主义的。②

虽然他偶尔也支持重商主义，但是似乎可信的是，支持这样的政策基于理论分析和他对世界经济的实证观察，而不是基于重商主义。他指出工业品由技术娴熟的工人生产，他们赚取高于无技能的农场工人的工资。通过出口高价值的工业品，平均工资水平会提高，运输成本的压力会降低，同时这个经济体要么进口货币，要么进口数量更多的食品或原材料。坎蒂隆解释人们很快把货币花掉，价格会上升，同时货币的积极影响很快就转变为消极影响。于是，他建议国王应该储存外国货币，以作为国家防卫或者抵御收成不佳的年份。可以假设的是，多余的现金将投资到国内经济。

最终，坎蒂隆指出经济体的货币化是好的，但从好东西那里也能得到糟糕的结果，这就揭示出了重商主义最大的错误。类似于现代奥地利学派经济学家，坎蒂隆拒绝重商主义—货币主义旨在永远增加货币供给的政策目标。虽然有些因素可能自然地减少对货币的需求，诸如银行服务或者流通速度增加，但是他认为给定数量的货币是足够的，同时认为只有当经济体从易货贸易转换到货币交易时，才需要该数量的这笔货币。

坎蒂隆揭示为什么金银复本位制会引起货币短缺，同时警告使用纸币和国家银行。③他也认识到了公有和私有性质的一般性银行的问题，诸如南海公司、英格兰银行和迄今存在的美联储。他以控诉约翰·劳及其系统结束了《概述》，这对现在来说依然是一个重要的（但同时被忽视）的警告：

> 所以，毋庸置疑，由于同大臣沆瀣一气并谨慎地采取步骤，银行能够

---

① 见坎蒂隆的《概述》第185、323页。
② 同上书，第231、233页。
③ 同上书，第319页。

按照这位大臣的心愿，提高和维持公债券的价格并降低该国的利率，从而付清国债。可是，为大发横财大开方便之门的这些巧妙安排，很少是仅为国家的利益作出的，而且参与这些安排的人一般都营私舞弊。在这些情况下，过分印发的银行票据并不扰乱流通，因为它们用于买卖公债券，而不是用于家庭开支，故并不会换成白银。但是，假如某些大恐慌或未曾料到的危机驱使持票人要求银行付出白银，那么炸弹就会爆炸，人们就会看到这些安排乃是危险的举动。①

没有一篇短文能够勾勒出一幅关于理查德·坎蒂隆和他对经济学贡献的完整画面。例如，他给出了很好的禁令理论，对政府债务有出色的分析，同时给出了奴隶经济学非常有趣并且有用的视角。坎蒂隆被误解为一个重商主义者、一个客观（内在）价值理论者，但是事实上他揭示了重商主义的错误，清晰地理解机会成本的概念和经济理论的基本原则。坎蒂隆和他的《概述》标志着经济学理论的起源，同时这个理论也无疑成为了后来奥地利学派的起源。②

精选阅读

[1] Michael D. Bordo, "Some Aspectsof the Monetary Economics of Richard Cantillon". *Journal of Monetary Economics* 12, No. 2 (August, 1983): 235–258.

[2] Anthony. Brewer, *RichardCantillon: Pioneer of Economic Theory*. London: Routledge, 1992.

[3] Anthony. Brewer, "Cantillon and the Land Theoryof Value" .*History of Political Economy* 20, No. 1 (Spring, 1988): 1–14.

[4] Anthony. Brewer, "Cantillon and Mercantilism". *History of Political Economy* 20, No. 3 (Fall, 1988): 447.

[5] Richard. Cantillon, *Essai sur la Nature du Commerceen Général* [and other essays]. Henry Higgs, ed. and trans. London: Frank Casso 1959.

① 见坎蒂隆的《概述》第323页。

② 参见Hébert的"Was Richard Cantillon an Austrian Economist?"值得一提的是，称颂坎蒂隆成就的经济思想史学家多是奥地利学派经济学家，如哈耶克和罗斯巴德，或者是这个学派的同路人或支持者，如熊彼得。一个有意思的事实是卡尔·门格尔的图书馆中藏有一本《概述》，路德维希·冯·米塞斯的图书馆中也藏有1931年德语版本的《概述》。显而易见，奥地利学院从坎蒂隆身上获得了很多启发。

[6] F.A. Hayek, "Richard Cantillon (c.1680–1734) ." Introduction to Richard Cantillon, *Essai sur la Nature du Commerceen Général*, Grete Heinz, trans. Reprinted in Hayek, *Economic History.*Vol. 3.*The Collected Works of F.A. Hayek.* W.W.Bartley, Ⅲ, and Stephen Kresge, eds. Chicago: University of Chicago Press.

[7] F.A.Hayek, "Richard Cantillon, " Micheál Ó. Súilleábháin, trans. *Journal of Libertarian Studies* 7, No. 2 (Fall, 1985) : 217–248.

[8] Robert F. Hébert, "Was Richard Cantillonan Austrian Economist? " *Journal of Libertarian Studies* 7, No. 2 (Fall, 1985) : 269–280.

[9] Robert F. Hébert, "Richard Cantillon's Early Contributionsto Spatial Economics" . *Economica* 48, No. 189 (February, 1981) : 71–77.

[10] Henry.Higgs, "Cantillon's Place in Economics" . *Quarterly Journal of Economics* 6, 1892: 436–456.

[11] Henry. Higgs, "Richard Cantillon." *Economic Journal* 1, 1891: 262–291.

[12] Hone, Joseph. "Richard Cantillon, Economist–Biographical Note." *Economic Journal* 54, 1944: 96–100.

[13] Jörg Guido.Hülsmann, "Cantillon AsA Proto–Austrian: Further Evidence" . Working Paper, 1997.

[14] Leonard P.Liggio, "Richard Cantillonand the French Economists: Distinctive French Contributions to J.B. Say" . *Journal of Libertarian Studies* 7, No.2 (Fall, 1985) : 295–304.

[15] Antoin E. Murphy, *Richard Cantillon: Entrepreneur and Economist.* NewYork: Oxford University Press, 1986.

[16] Antoim E. Murphy, "Richard Cantillon: Bankerand Economist" . *Journal of Libertarian Studies* 7, No. 2 (Fall, 1985) : 185–216.

[17] Antoin E. Murphy, "Richard Cantillon: AnIrishBankerin Paris" . *Hermathena* 135, 1984: 45–74.

David. O'Mahony, "Richard Cantillon–AMan of His Time: A Commenton Tarascio." *Journal of Libertarian Studies* 7, No. 2 (Fall, 1985) : 259–268.

[18] Renee.Prendergast, "Cantillon and the Emergence of the Theory of Profit." *History of Political Economy* 23 (Fall, 1991) : 419–429.

[19] Murray N. Rothbard, *Economic Thought Before Adam Smith.* Vol. 1.*An*

Austrian Perspective on the History of Economic Thought. Cheltenham，U.K.：Edward Elgar，1995.

[20] Joseph T. Salerno，“TheInfluence of Cantillon’s Essaionthe Methodology of J.B. Say” *Journal of Libertarian Studies* 7，No. 2（Fall，1985）：305–316.

[21] Joseph T. Salerno，“Comment on the French Liberal School.” *Journal of Libertarian Studies* 2，No. 3（Winter，1978）：65–68.

[22] Joseph. Schumpeter，*Epochen der Dogmen–und Methodengeschichte*，*Grundriz der Sozialökonomik.* 1st ed. Tübingen：J.C.B.Mohr.Vol. 1，Pt.1，p. 143，as quoted in F.A. Hayek（1991）：258–259.

[23] Joseph J. Spengler，“Richard Cantillon：First of the Moderns Ⅱ.” *Journal of Political Economy* 62，No. 4（August，1954）：281–295.

[24] Joseph J. Spengler，“Richard Cantillon：First of the Moderns Ⅱ.” *Journal of Political Economy* 62，No. 5（October，1954）：406–424.

[25] Vincent J. Tarascio，“Cantillon’s Essai：A CurrentPerspective.” *Journal of Libertarian Studies* 7，No. 2（Fall，1985）：249–258.

[26] Vincent J. Tarascio，“Cantillon’s Theoryof Population Size and Distribution.” *Atlantic Economic Journal* 9，No. 2（Guly，1981）：12–18.

[27] D.A.G. Waddell，“Charles Davenant（1656–1714）：A Biographical Sketch.” *Economic History Review*，2nd Series，11，No. 1，1958：279–288.

3

A.R.J.杜尔哥：简洁清晰、才华横溢①

穆瑞·N. 罗斯巴德

A.R.J. 杜尔哥
（1727—1781）

A.R.J.杜尔哥的经济学生涯总体来说简短而辉煌，同时在每一方面都不同寻常。首先，他英年早逝；其次，他花在经济学上的时间和精力相对较少。他是一个事务缠身的大忙人，出身于巴黎的一个挪威裔名门，他的族人长期担任皇家的重要职位。杜尔哥的父亲米歇尔–艾蒂安（Michel–Etienne）是巴黎议会的议员，行政法院的法律顾问和巴黎市的高级管理者。他的母亲是著名的知识分子和贵族玛格德莱娜–弗朗索瓦斯·马蒂洛夫人（Dame Magdelaine–Françoise Martineau）。

杜尔哥有着闪耀的学生生涯，他在圣叙尔·皮斯神学院获得殊荣，接着在巴黎索邦大学担任重要的神学教授。作为一名杰出但并不富裕家庭的小儿子，人们期待杜尔哥能够加入教会，这样的职位在18世纪的法国是人们非常青睐的职业晋升路径。然而，虽然杜尔哥成为了神父（Abbé），但是他却决定成为地

① 这篇文章是1986年一个小册子的编辑版本，Murray N. Rothbard entitled *The Brilliance of Turgot*（Auburn，Ala.：Ludwig von Mises Institute）。

方法官、行政法院的法律顾问、监督官（intendant）。最终，他成为短暂而充满争议的财政部长（或称“综合管理官”）。他希望通过自上而下的有效革命来扫除国家对市场经济的限制，这是一个英勇但是运气不佳的尝试。

杜尔哥不仅是一个忙碌的行政官员，他还有非常广泛的兴趣。他大多数的闲暇时间都花在了读书和写作上，不过并非经济学，而是历史、文学、哲学和自然科学。他对经济学的贡献是细微的，也是仓促的。他最著名的《对财富的形成和分配的考察》（*Reflections on the Formation and Distribution of Wealth*，1766）一文，内容只有53页。这篇短文是这位杰出学者对经济学伟大贡献的点睛之笔。

在思想史里，常常文如其人，杜尔哥清晰和明朗的风格反映出了他的美德，同时与冗长浮夸的重农学派形成了鲜明的对比。

自由放任与自由贸易

杜尔哥经济学和管理方面的导师是他的好朋友雅克·克劳德·玛丽·文森特（Jacques Claude Marie Vincent）、马奎斯·德·古尔奈（Marquis de Gournay，1712—1759）。那么，可以说杜尔哥在早期的一篇文章《对古尔奈的颂赞》（*Elegy to Gournay*，1759，以下简称《颂赞》）里，便已发展出他自由放任的观点。这是一篇写给饱受疾病煎熬而英年早逝的古尔奈的悼词。[①]杜尔哥清晰地指出交织在一起的各种详细的产业管制不仅仅是知识性错误，而是一个名副其实的被胁迫的卡特尔和国家授予特权的体系。对杜尔哥而言，国内和国际贸易的自由都同样遵循得自于自由交换的庞大共同收益。所有限制都“忘记了商业交易的目的就是互惠互利”，同时，尝试着把所有东西都卖给外国人，但什么东西都不买回来是荒谬的。

杜尔哥接着在他的《颂赞》中给出了一个重要的前哈耶克式观点，关于自由市场中单个行动者和企业家们对不可或缺的具体知识的运用。他们付诸行动，这些市场过程现场的参与者们比那些远离市场喧嚣的知识分子们更了解情况。

接着，杜尔哥对市场过程进行更详细的分析，他指出自利是这个过程的主要动力，同时自由市场中的自利总能和大众的利益保持一致。买方会从最适合

---

① 在短短几天中，杜尔哥就完成了《颂赞》，并作为让-弗朗索·瓦马芒特撰写古尔奈官方颂词的资料。瓦马芒特从杜尔哥的文章中节选出几段，然后把它们作为官方颂词发表。

他的商品的卖家中挑选索价最低的那个，同时卖方会把他最好的商品卖到最高的价格。然而，政府的限制和特权使得消费者用更高的价格购买质量更差的商品。杜尔哥总结道“这种一般意义上的购买和销售的自由……是一方面确保卖方有动力进行生产，另一方面消费者以最低价格购买最好商品的唯一方式”。杜尔哥总结道，政府应该严格限制在保护人们免受“巨大的不公正”和使国家免受侵略，“政府应该总是保护买方要买和卖方要卖的天赋自由”。

杜尔哥承认，自由市场中有可能存在“奸商和被骗的消费者”。但是，市场能够自己提供补救措施：“受骗的消费者会从中吸取教训，同时停止惠顾奸商，从而这个商人会名誉扫地，最终因为他的欺骗行为而受到惩罚。”事实上，杜尔哥嘲笑政府为保证消费者免受欺诈或伤害的各种尝试。

期望政府阻止这样的欺诈发生，就如同希望为所有可能跌倒的孩子提供缓冲垫一样。假设通过管制有可能成功阻止欺诈发生，所有可能的不良行为都会成为妄想完善整个产业发展的牺牲品。

杜尔哥补充道，诸如此类的管制和检查“总是有成本的，同时这些成本是对商品的征税，结果对国内消费者索价过高同时也阻止了国外的买家”。杜尔哥精彩地总结道：“假设所有消费者都容易上当，所有的商人和厂家都爱骗人，会有授权他们如此，并降低社会所有劳动成员身份的效果。”

杜尔哥再次使用哈耶克式的主题，强调市场中特定的行动者们拥有更多的知识。他指出，古尔奈整个自由放任的学说“是基于对大量交易的不断观察。通过交易数量本身，人们不可能对交易有充分的认识。同时，这些交易处于一个各种外界条件不断变化的环境中，而不能管理或者预测这些外界条件”。杜尔哥在写给他的良师益友的颂词中总结道，古尔奈相信大多数人“都对商业自由这个美好的原则有向往”，但是偏见或者对特权的追寻经常阻碍这条路。杜尔哥指出，每个人都希望成为普遍自由原则的例外，同时“这个例外主要基于他们的个人利益”。

杜尔哥关于经济学的最后作品写于他在利摩日担任监督官的时候，也就是他1774年成为综合管理官之前那些岁月。这些作品反映了他在皇家官僚内部为自由贸易所作的抗争。在他最后的作品——《就钢铁关税写给特尔瑞神父的信》（1773）里，杜尔哥尖锐地鞭挞关税保护体系，认为它完全就是以消费者为代价，以国家垄断特权为武器的一场战争，使得人与人相互对抗。

杜尔哥提出的“互相压迫的战争”体系，预期到1775年以后的巴斯夏的工作。他认为这个系统“是政府使用特权而使人们相互对抗”。他总结道“无论少数自利的商人有多么诡辩，真理永远是所有的商业部门都应该是自由、同等自由和完全自由的”①。

杜尔哥和重农学派在支持自由贸易和号召对土地的“净产品”征收单一税上立场相近。甚至比重农学派更进一步，人们可能感觉到，杜尔哥不止反对征收农业用地的税负，他还有摆脱窒息人们各方面生活的所有税负的热情。杜尔哥税收的观点几乎完全（如果仍是简要的话）体现在《关于税收方面文章的一个计划》（*Plan for a Paper on Taxation in General*，1763）中，这是一篇未完成的论文提纲，是他在利摩日代表综合管理官担任监督官时写下的。杜尔哥认为对城镇的征税会最终转移到农业上，同时揭示税收如何使商业受创、扭曲城镇的选址并引起非法的避税。进而，享有特权的垄断行业大肆提升价格，从而促进走私。对资本征税摧毁长期养成的节俭习惯，从而使得工业活动步履维艰。杜尔哥的说服力在于给所有坏的税收戴上枷锁，而非阐述土地税的所谓美德。杜尔哥对税收系统的总结是深刻并切中要害的：“财政部似乎是一个贪婪的怪兽，躺在那里等待人民的所有财富。”

价值、交换与价格

杜尔哥最重要的贡献之一是他未完成和发表的《价值与货币》一文，这篇文章写于1769年左右。杜尔哥发展了奥地利学派风格的理论，从克鲁索经济学②开始，到孤立的二人间的交换，进一步扩展到四个人，最终延展到整个市场。通过首先关注一个人的克鲁索经济，杜尔哥发展了超越交换并适用于所有个体行动的经济学规律。

杜尔哥首先研究一个孤立的人，并形成了这个人对价值或效用尺度的复杂分析。通过评估而形成了不同物品间的偏好尺度，基于它们对于这个人的相对重要性，克鲁索授予大量经济物品以价值，相互比较并作出选择。相对重要性的形成不仅基于这些物品现在的各种用途，而且还比较现在消费和积累用于供

---

① 在这封论述钢铁自由贸易的信件中，杜尔哥预期到了李嘉图比较优势的理论，其中每个地区专注于生产那些相比其他地区生产效率更高的产品。

② 译者注：鲁滨孙·克鲁索，小说《鲁滨孙漂流记》的主人公，孤身一人流落到荒岛之上。奥地利学派常假设和分析只有一个人的经济体。

“未来之用”间的差异。类似于他法国的那些先驱们，杜尔哥认识到随着提供给一个人物品的增加，该物品的主观价值下降；同时，类似于他们，他只缺少边际单位的概念来最终完成这个理论。但是，相比他的先辈们，他的分析更精确、更清晰。他同时认识到商品的主观价值在市场中变化很快，这至少暗示着在他的讨论中，他意识到主观价值完全是序数的，并且不能被测量。

杜尔哥发现“价值的比较，即对不同物品的评价，随着一个人的需要而不断发生改变”。杜尔哥不仅进入效用递减的话题，还强烈地预期到了边际效用递减，因为他关注单位数量的某一商品：“当野蛮人饥饿的时候，他认为一片猪肉的价值高于最好的兽皮；当他填饱肚子但受冻的时候，那么兽皮就转而变得对他更有价值。”

通过把对未来需要的预期引入讨论中，杜尔哥用物品丰裕程度的函数来刻画效用递减。通过这个分析工具，他解决了价值悖论：

> 尽管水是人们所必需的同时能够带来很多愉悦，但是对一个水源丰富的国家，人们并不把它看成是一种珍贵物品。它大量存在、俯拾即是，因而人们并不寻求拥有它。

杜尔哥接着讨论一个非常值得注意的话题，预期到现今把经济学看作是关注稀缺资源在大量并且无限的可替代的目的间进行配置的学科：

> 为了满足这些欲望，一个人只有非常有限的力气和资源。即使一个给他带来愉悦的目标也会让他付出麻烦、艰辛和劳动，至少是以时间为代价。寻求每个目标所使用的资源，就减少了他的愉悦，于是构成了它的成本。

尽管杜尔哥把物品的成本称为“根本价值”，但是他大致形成了后来奥地利学派认为所有成本都是“机会成本”这个观点的初步版本。机会成本意味着被牺牲和放弃的本可用在其他用途的资源。因而，基于这些物品对他的重要性，杜尔哥的行动者（这种情况下仍是孤立的个体）评估这些物品的价值。首先，杜尔哥说重要性或者效用，是他所花费“时间和辛苦”的重要性，但是他接着把这一概念等同于放弃的有用的机会：“因为如果不是放弃了追求同等或者更加重要目标的机会，他的那部分资源就不能用来实现选中的目标。”

分析完孤立的克鲁索的行动后，杜尔哥引入了“星期五”[①]；现在他假设有两个人存在，同时观察交换是如何产生的。在一个敏锐的分析中，他提出了孤立的二人交换的奥地利学派式理论，事实上卡尔·门格尔在一个世纪后才提出这样的理论。首先，在荒岛上有两个野蛮人，每个人都拥有有价值的物品，但是这些物品适合不同的需求。一个人拥有过剩的鱼，另一个人拥有过剩的兽皮，结果是两人之间交换部分自己过剩的物品。从而，交换双方都会获益，于是商业或交换就发展起来了。

接下来，杜尔哥改变了这个例子的一些条件，假设两种物品是玉米和木材，每个物品都可以储藏下来满足未来的需求，这样每个人都不着急立刻处置自己的剩余物品。每个人都会衡量这两个物品对自己来说的相对“价值”，直到双方同意一个价格，使得每个人都认为自己在交换中获得的价值高于他放弃的价值。双方都会在交易中获益。

不幸的是，杜尔哥添加没有必要的部分——讨价还价最终使得交换时“交换价值相等”，从而偏离了主观价值的轨道。他认为如果交换价值不相等，一个人就会对交换冷漠，从而“迫使另一个人给出更好的价格以更接近对方接受的价格”。杜尔哥说道“一个人放弃同等的价值以收获同等的价值”，这句话的确切意思是不清楚的；这或许是下面这个观点的雏形：讨价还价达成的价格位于二者价值尺度的中间位置。然而，他完全正确地指出交换能够提升双方的财富。接着，他引入两个卖方间对每个商品的竞争，展示竞争如何影响参与者的价值尺度。

在他几年前最重要的《对财富的形成和分配的考察》[②]一文中，杜尔哥指出在讨价还价的过程中，双方都希望在交换中获得越多越好，同时放弃越少越好。任一商品的价格会随着市场参与者需求的紧迫程度而改变；同时，也不存在市场能够趋向的“真实价格”。

最后，在他不断重复的分析中——人的行动是预期的结果而非存在于均衡中或者因为拥有完备知识，杜尔哥预见到了奥地利学派对预期是市场行动关键的强调。当然，这也意味着人们可能且常常在市场中失望。

---

① 译者注：小说《鲁滨孙漂流记》中的另一个角色，是鲁滨孙在孤岛独自生活26年后救下的野人。

② 他于1766年写的《考察》字迹非常潦草，他如此匆忙是为了回答他准备咨询两个在巴黎的中国学生关于中国经济的问题。由于琐碎原因却产生如此重要的作品，这是非常罕有的。

生产与分配理论

某种意义上，杜尔哥的生产理论继承了重农学派，认为只有农业是生产性的，所以应该对土地征收单一税。然而，他的生产理论的主旨与重农学派是有显著不同的。即使只有土地被认为是生产性的，杜尔哥愿意承认需要通过人类劳动来改造自然资源，因而劳动必须进入生产过程的每一个阶段。杜尔哥形成了奥地利学派核心理论的要点，即生产是需要时间的，同时生产需要经历许多阶段。每一个阶段都经历一段时间，因此生产所需基本要素的类别是土地、劳动和时间。

杜尔哥对经济学最卓越的贡献之一，是他机智并且几乎即兴地发展了收益递减规律，人们直到20世纪才发现了该规律的重要性。这个发现源于一场关于间接税论文的辩论，他建议利摩日皇家农学院来举办这场辩论。对重农学派古尔林奈·德·圣佩拉维（Guerineau de Saint-Peravy）获胜的论文不满，促使他发展了自己的观点，并写成《对圣佩拉维论文的观察》（*Observations on a Paper by Saint-Peravy*，1767）一文。杜尔哥深入了重农学派犯错的核心，即假设不同阶级人们的各种花销存在一个固定的比例。但是，杜尔哥指出，不仅生产产品的各要素比例是可变的，而且达到某一点后，“所有进一步的支出都是无用的，甚至是有害的。在这种情况下，支出增加不会增加产量。因而，存在一个不可能超越的生产最高点”。进而，“随着支出不断增加，肯定会越过生产最高点并达到回报为零点，每单位新增投入的生产率也会越来越低”。另外，如果农民在最高产量之前减少投入的话，产量也会发生同比例的变化。

简言之，杜尔哥给出了完善的收益递减规律的分析。在20世纪之前，①没人超越这个贡献，也不可能有谁与之比肩。达到最大值点之前，增加要素投入会提高边际生产率（每增加一单位要素带来的产量）；此后，边际生产率下降，直至为零，接下来变成负值。

资本理论、企业家精神、储蓄与利息

在杜尔哥对经济学理论杰出贡献的名单中，最引人注目的就是资本和利息

---

① 根据熊彼得，直到1911年埃奇沃思才发表了一篇期刊文章。

理论。与他之前的诸如效用理论等领域的贡献不同，他几乎发展出了一个完整体系。不仅如此，杜尔哥还几乎完整地提出了奥地利学派的资本和利息理论，比庞巴维克明确提出该理论几乎早了一个世纪。

杜尔哥的资本正当理论得到了英国古典经济学家和奥地利学派学者们的回应。在《考察》一文中，杜尔哥指出财富通过每年消费的和节约的产品来积累。储蓄通过货币的形式积累，接着投资到各种资本品中。进而，杜尔哥指出“资本家—企业家”必须首先积累并储存资本，才能够“提前支付”给工人工资，以使得他们生产产品。在农业中，资本家—企业家必须积攒资金给工人发工资、购买牲畜、支付建筑物和设备等，直到收获季节并卖掉粮食，他们才能收回这些费用。这存在于生产的每个领域。

亚当·斯密和后来的英国古典学派吸收了其中的一些观点，但是他们没能领会两个至关重要的观点。一个是杜尔哥的资本家是资本家—企业家。他不仅用储蓄提前支付工人和其他生产要素，正如坎蒂隆最先指出的，他还承担市场中不确定性的风险。坎蒂隆的企业家是一个面临不确定性的风险承担者，因而使市场环境平衡。然而，他的企业家理论缺少一个关键要素：分析资本并意识到市场经济的主要驱动力不是任意企业家，而是资本家—企业家，这个人同时承担这两个功能。然而，正如霍斯利兹（Hoselitz）教授所指出的，杜尔哥资本家—企业家这个值得铭记的成就，在20世纪之前被人们“完全忽略了”。

如果英国古典学派完全忽视了企业家，他们同时也未能吸收奥地利学派对时间在生产中核心作用和行业的生产以及销售需要很多个阶段的强调。杜尔哥预料到奥地利学派机会成本的概念，同时指出资本家赚取下面两个收入之和：一是递推而来的工资；二是他作为资本家放弃的没能把钱投资到其他领域的机会。简言之，资本家的会计利润趋向等于长期均衡加上由他的劳动和技能递推而来的工资。在农业，工业或者任何其他生产领域，一个社会中基本包含两类生产者：（a）企业家或资本所有者；（b）工人。

在这一点上，杜尔哥综合了重农学派一个有价值的观点——投资的资本通过持续不断的支出，必须持续获得一个稳定的利润，否则生产活动会发生混乱并带来额外的支出。综合他对货币和资本的分析，杜尔哥进而指出，在黄金和白银成为货币之前，企业家的活动范围大大受限。因为，为了发展分工和进行阶段性生产，必须积累大量资本和进行大范围的交换。如果没有货币，这些活动都不会成为可能。

杜尔哥认识到用储蓄提前支付给各种生产要素是投资的关键，同时这个过程只能在货币经济中形成。接着，他得出了一个奥地利学派式的重要观点：因为提前支付货币和资本对于所有企业都必不可少，因为资本家提供了提前支付未来收入这个服务，劳动者愿意给自己的劳动成果打一个折扣。简言之，由于资本家提前支付劳动者获取成果的现值，投资的利息回报是劳动者支付给资本家们的，从而他们不用为获取收入等若干年。

接下来这一年，杜尔哥对圣佩拉维文章的精彩评论，扩展了他对储蓄和资本的分析，并出色地预示了萨伊定律（Say's Law）。杜尔哥反对重农学派前凯恩斯式的恐惧，他们认为没有花在消费中的货币会从循环流通中漏出，因而对经济体不利。结果，重农学派倾向于反对储蓄本身。然而，杜尔哥指出提前支付资本在所有企业中都是至关重要的。如果不来自于储蓄，提前支付的钱从哪里来呢？他同时也注意到了土地所有者们或企业家们提供的储蓄是没有区别的。用于资本积累和生产扩张的企业家储蓄（entrepreneurial savings）获得的利润会高于仅仅维持现在资本存量获得的利润。

杜尔哥接着指出，重农学派假设但未证明储蓄会漏出流通系统。相反，他说货币会立刻回到流通中，储蓄要么被用于购买土地，要么提前支付工人和其他要素，或者借出去赚取利息。所有这些储蓄的用途都将回到流通循环中。例如，通过支付设备、厂房、原材料或工资，提前支付的资本回到了流通系统。购买土地把货币转移到土地的卖方，他用这笔钱要么购买商品、偿还债务，要么把钱借贷出去。在任一情况下，货币又立刻回到流通体系中。

如果储蓄以赚取利息的方式借出，杜尔哥使用类似的方法分析支出流向。如果消费者因为花销而借钱，那么花出去的钱会回到流通体系中。如果他们借钱用于偿还债务或购买土地，同样的事情也会发生。同时，如果企业家借钱，这些钱会用于提前支付和投资中，进而它们再次回到流通体系。因而，节省下来的钱没有丢失，它回到了流通体系。进而，用于资本投资的储蓄价值远高于窖藏货币的价值，从而货币会很快回到流通中去。杜尔哥指出，即便实际上增加的储蓄中长期把一小部分货币从流通中抽出，对企业家而言，较低的商品价格将不只是被提前支出的增加和必然的产量增加及生产成本降低所抵消。这里，杜尔哥提出了米塞斯—哈耶克对储蓄如何压缩并延长生产结构分析的雏形。

杜尔哥对经济理论贡献的巅峰就是他对利息的复杂分析。我们已经看到，杜尔哥深刻地认识到利息是对投资的回报。由于是资本家—企业家用储蓄以现值的方式提前支付，利息是劳动者为其支付的价格。杜尔哥证明了自然利率和借款利率之间的关系，这远远超越了他所在的时代。例如，他指出二者在市场中趋向于相等，因为资本所有者不断平衡资本、不同使用渠道间的预期收益，无论是用于货币借贷还是直接投资到生产中。贷款人现在卖出货币的使用，借款人买入对货币的使用。像其他任何商品一样，贷款的“价格”即贷款的利息，由市场上的供求和他们的讨价还价来决定。增加对贷款需求会提升利率，增加贷款供给会降低利率。人们借钱有很多原因，如为了获得企业家利润、购买土地、偿还债务或者消费，但是贷款人只关心两方面：利息回报和他们资本的安全性。

虽然总存在一个市场趋势，使贷款的利率与投资的利息回报相等，但是贷款是一个风险相对较低的疏导储蓄的方式。因而，只有当企业家预期到利润会高于借款利息时，钱才会投资到有风险的企业中。他也指出政府债券是风险最低的投资，因而它们也只获得最低的利息回报。接着，杜尔哥宣称政府债“真正的罪恶”是展示给了公众债权人好处，但是政府把储蓄用于“贫瘠的”和非生产性的用途，同时维持一个较高的利率与其他生产性用途竞争。

通过对有利息借款的本质和使用进行分析，杜尔哥对高利贷法展开了深刻而有力的抨击，然而重农学派依旧捍卫它。杜尔哥指出贷款是“一个互惠互利的合约、双方自由签订，他们之所以签订是因为对双方都有利”。杜尔哥进一步有力论述道：“现在基于什么原则，能在对双方都有利的、让双方满意、对别人肯定无害的合约中发现犯罪呢？”收取利息不是剥削，正如销售商品不是剥削一样。抨击贷款人“利用”借款人对钱的需要而收取利息和“宣称面包师利用消费者对面包的需要，而对卖出的面包收取现金一样荒谬”。

与反对高利贷的经院哲学家们一致，杜尔哥认为成功投资企业的钱产生利润或者投资土地的钱产生收入。在贷款的期限内，贷款人不仅放弃了对金属货币的拥有，也放弃了他通过投资可能获得的利润。“他本可以用这笔钱获取利润或者收入，利息对他损失的补偿，不能被看作是不公平的”。因而，通过机会成本的观点，杜尔哥整合了他对利息的分析和辩护。那就是利息是借钱所放弃收入的机会成本。尤其是，杜尔哥宣称贷款人是有产权的，不能忽视这至关重要的一点。

杜尔哥在他非常有影响的《论收取利息的借贷》（*Paper on Lending at Interest*，1770）里，讨论关于利息的核心问题：为什么借款人愿意为用钱支付利息溢价？他指出高利贷的反对者认为，贷款人要求偿还高于本金的数额，从而获得的价格超出了贷款的价值，同时不知为何超出的这部分是非常不道德的。但是，杜尔哥指出关键一点：“的确，偿还本金的时候，借款人偿还了贷款人重量完全相同的金属货币。”他继续指出为什么金属货币的重量成为关键的考虑点，而非“对于贷款人和借款人的价值和有用性”。尤其是，杜尔哥意识到了重要的庞巴维克—奥地利学派式的时间偏好概念，杜尔哥促使我们“在借钱那一天，比较现在拥有一笔钱和未来收到一笔与之不等数量的钱之间有用性的区别”。问题的核心就是时间偏好，为未来打个折扣，为现在提供溢价。杜尔哥引用一个众所周知的格言，“一鸟在手胜过百鸟在林”。因为现在真正拥有的一笔钱“胜过保证在一年或几年后收到一笔相似数量的钱”，所以借出和偿还相同数量钱的价值几乎是不可能相等的。对于贷款人来说，“借出去钱而只是得到能够偿还的一个保证”。但是难道价值损失就“不能通过与借款时间匹配增加还款总量而给予补偿吗？”杜尔哥总结道“这个补偿确切说就是利率”。他补充道：在贷款交易中，需要比较的不是借到的钱和偿还的钱之间的价值，而是“未来一笔钱和现在可得一笔钱的价值”。对于贷款来说，就是把一笔钱转移到未来。因而，由法律来界定最高利率事实上是剥夺了所有存在风险的信用活动。

除了发展奥地利学派的时间偏好理论，他的“考察”还最先指出了资本化概念的推论；那就是，土地或者其他资本品在市场中的现值等于它的所有预期租金或预期收入，按照市场的时间偏好率或者利率贴现后的总和。

似乎这对经济学的贡献还仍不充分，杜尔哥也开创了利率和货币量之间关系的复杂分析。他指出，用价格衡量的货币价值和利率之间几乎没有关系。货币的供应可能会很多，因此用商品衡量的货币的价值很低，但是同时利率可能很高。或许与大卫·休谟的模型相似，杜尔哥问道：“如果一个国家作为货币的白银数量突然翻倍，同时增加的部分会同比例神奇地分布到每个人，那么会发生什么？”杜尔哥指出价格会上升，或许会翻倍，因此商品衡量的白银价值会下降。但是，他补充如果人们的支出比例仍保持不变，这绝不意味着利率会下降。

事实上，杜尔哥指出，货币数量增加提升利率，这取决于支出—储蓄比例受到了什么样的影响。他说，假设所有富裕的人们决定把他们所有收入和年利润用于消费，同时把所有资本都用于愚笨的支出。那么，增加的消费和支出会提升消费品的价格，越来越少的钱借给或用于投资，利率会同价格一样上升。简言之，花费会加速，同时价格会上涨。然而与此同时，时间偏好率会上升，人们会花费更多、储蓄更少，利率会提升。因而，杜尔哥超越他的时代一个世纪，完成了复杂的奥地利学派讨论的米塞斯定义“货币关联”和时间偏好率之间的关系，前者指的是货币供给和需求之间的关系，从而决定价格和价格水平；而后者决定消费和储蓄间的比例和利率。同时，这也标志着初步的奥地利学派商业周期理论和货币供给膨胀与利率之间关系的开端。

至于时间偏好率或利率的变动，节俭精神增强会降低利率、增加储蓄和资本积累；奢侈意识增强则会相反。杜尔哥指出，节俭精神在欧洲几个世纪的时间内持续增强，因而利率趋向下降。各种利率和在贷款、投资和土地上的回报率在市场中趋向相等，并趋向于单一的回报率。杜尔哥指出，资本会从较低利润的产业和地区流向较高利润的产业和地区。

货币理论

虽然杜尔哥并未在货币理论上花大量精力，但他作出了很多重要贡献。除了延续休谟的模型并把它整合到对利息的分析之外，杜尔哥坚定反对如今流行的观点：货币只是一个约定俗成的符号。相反，杜尔哥宣称“货币可以用来交换所有其他有价值的商品，这绝不只是一个习俗。货币本身就是一种商品、一种财富形式，因为它有价值，同时商业的价值交换是等价值的”。

在他未完成的词条文章《价值与货币》中，杜尔哥推进了他的货币理论。凭借语言学的知识，他提出货币就如一种语言，把不同形式的那些传统物品表述成一个“通用的形式或标准”。所有货币的相同点就是它们的真实价值，或价格，或它们试图衡量的物品。然而，杜尔哥承认这些衡量是不完美的，因为黄金或白银相对于商品或者相对于彼此，价值也在不断发生变化。所有的货币都是用相同的物品制成的，大致上黄金或白银，区别只在于货币单位。如同其他长度或体积的单位一样，按照所含标准货币的重量，所有这些货币单位都可以彼此间换算。杜尔哥认识到，存在两种货币：真实货币——硬币（一些有标记的金属）和虚拟货币——作为度量单位或者法币兑换率计价标准。当用度量单位来衡量真实货币单位时，各种不同的单位彼此间与特定重量的金或银之间就相互关联。

杜尔哥揭示出问题产生是因为世界上真实的货币并不只有一种金属而是两种——黄金和白银。市场中金银的相对价值随着它们在不同国家的相对稀缺程度而发生变化。

影响

经济思想史的撰述中有一个惊人的例子，就是奥地利学派资本和利息理论伟大的创始人欧根·冯·庞巴维克不公正地对待了杜尔哥对资本和利息出色的分析。在19世纪80年代，庞巴维克在他的《资本和利息》的第一卷指出，通过学习和击败之前竞争性的理论，他为自己的利息理论清理了道路。不幸的是，庞巴维克没有承认杜尔哥是开创奥地利学派理论的先驱，而是鲁莽地把他仅看作重农学派的土地生产率理论家。最新发现进一步证实了对杜尔哥的不公平对待，庞巴维克1876年未发表的研讨会论文，是他第一次评价杜尔哥的利息理论，这表明杜尔哥的观点对他后来思想的发展有巨大的影响。或许我们可以这样总结，和其他的例子一样，在这里庞巴维克对声明原创性的和击败他所有前辈的需要超过了他对真理和公平的追求。

与庞巴维克不公正的对待相比，熊彼得对杜尔哥对经济学的伟大贡献的赞许性总结读起来温暖人心。熊彼得几乎完全关注于杜尔哥的“考察”，宣称杜尔哥的价格形成理论“几乎没有错误，除了未能清晰表述边际原则，他与庞巴维克的贡献相匹敌”。其储蓄、投资和资本理论是“对这些问题的首次严肃分析”同时“证明非常严谨。令人怀疑阿尔弗雷德·马歇尔（Alfred Marshall）是否真正超越了他，可以肯定的是约翰·斯图亚特·穆勒（John Stuart Mill）肯定是没有。庞巴维克无疑是添加一个新分支，但是他把此主要归因于杜尔哥的提议”。杜尔哥的利息理论“不仅是……18世纪产生的最伟大的发现，无疑它还预示了很多19世纪最后几十年的杰出思想”。

精选阅读

[1] Eugen von. Böhm-Bawerk，*Capital and Interest.* Vol. 1. South Holland, Ⅲ.：Libertarian Press，1959：39-45.

[2] Frank A. Fetter，*Capital, Interest, and Rent: Essays in the Theory of Distribution*. Murray N. Rothbard，ed. Kansas City：Sheed Andrews and McMeel，1977： 39-45.

[3] Peter D. Groenewegen， “Turgot's Place in the History of Economic

Thought: A Bicentenary Estimate." *History of Political Economy* 115 (Winter, 1983) : 611–615.

[4] Peter D. Groenewegen, *The Economics of A.R.f.Turgot.* The Hague, Holland: Martinus Nijhoff, 1977: xxix–xxx.

[5] Peter D. Groenewegen, "A Reinterpretation of Turgot's Theory of Capital and Interest." *Economic Journal* 81, 1971: 327–328, 333, 339–340.

[6] Murray N. Rothbard, *Economic Thought Before Adam Smith.* Vol. 1.*An Austrian Perspective on the History of Economic Thought.* Cheltenham, U.K.: Edward Elgar, 1995: 383–463.

[7] Joseph. Schumpeter, *History of Economic Analysis.* New York: Oxford University Press, 1954.

[8] A.R.J. Turgot, *Reflections on the Formation and Distribution of Riches.* NewYork: Augustus M.Kelley, 1921.

4

让-巴蒂斯特·萨伊：被忽视的自由放任拥护者

拉里·J. 塞赫雷斯特

让-巴蒂斯特·萨伊
（1767—1832）

除了一些基本事实之外，记载萨伊人生的英文资料很少①。他出生于法国里昂一个胡格诺派教徒的中产阶级家庭，幼年大部分时光都在日内瓦和伦敦度过。青年后，他回到法国后在一家人寿保险公司工作，很快就成为一个有力支持自由市场的知识分子团体②的重要一员。事实上，萨伊是这个团体创办的《哲学十年》（*La Décade Philosophique*）杂志的第一个编辑。拿破仑战争后，他先后担任法国艺术设计学院和法兰西学院政治经济学系的主任。除了他著名的《政治经济学入门》（*Cours Complet d'Économie Politique Pratique*）③，他的作品还包括《给马尔萨斯先生的信》（*Letters to Mr. Malthus*）。通过这些作品，他的影响力遍及了意大利、西班牙、德国、俄国、拉丁美洲、英国和美国。在美国，他的仰慕者们包

---

① 一本最新的书可能弥补了这个不足。详见 R.R. Palmer. J.B. Say：An Economist in Troubled Times［M］. Princeton，N.J.：Princeton University Press，1997.

② Abbé Etienne Bonnot de Condillac的作品鼓舞了这个群体。这个群体包括诸如 Destuttde Tracy，Pierre Jean Georges Cabanis和萨伊这样的人。

③ 译者注：下文简称《入门》。

括托马斯·杰斐逊和詹姆斯·麦迪逊[①]。他对自由放任原则的孜孜以求贯穿于他的一生，直到他在巴黎逝世。

作为经济思想史的中流砥柱，人们应该铭记J.B.萨伊，奥地利学派经济学家们尤其如此。然而，即使有学者提到他的话，讨论也很简略。事实上，甚至连奥地利学派的学者们也很少关注萨伊的贡献。[②]

主流思想史教材经常只有当与萨伊的市场定律相关时，才简略提及他而默默地忽视他其他大部分的贡献。一个例外是埃里克·罗尔（Eric Roll）的《经济思想史》（*Economic Thought*）[③]。罗尔极为尊重萨伊，但是非常不幸，这是因为他在一定程度上把萨伊误读为现代一般均衡的、实证的、新古典经济学家的先驱。

公平地说，我们可以说萨伊本人应承担部分他人对其作品关注和赏识不足的原因。毕竟，萨伊的确明确提出他的作品主要是向欧洲读者阐述和普及亚当·斯密的《国富论》。很多经济学家相信萨伊所说的话，从而不再费事仔细调查这一点。仔细阅读萨伊的主要作品《政治经济学入门》[④]，我们会发现尽管萨伊经常表扬亚当·斯密，但是他在很多重要观点上都偏离了亚当·斯密的学说。事实上，萨伊甚至不只在一处尖锐地批评亚当·斯密。与其认为萨伊和亚当·斯密略有不同，认为这两个人代表着两条蜿蜒但基本不同的道路的观点更为精确，尽管都镶嵌在古典经济学的框架中。

亚当·斯密把我们带到大卫·李嘉图（David Ricardo）、约翰·斯图亚特·穆勒、阿尔弗雷德·马歇尔、欧文·费雪（Irving Fisher）、约翰·梅纳德·凯恩斯和米尔顿·弗里德曼的作品中。萨伊则引领着我们从A.R.J.杜尔哥和理查德·坎蒂隆到纳苏·森尼尔（Nassau Senior）再到法兰克·菲特、卡尔·门格尔、路德维希·冯·米塞斯和穆瑞·N. 罗斯巴德。然而，读者应该牢记在

---

① 译者注：托马斯·杰斐逊（Thomas Jefferson，1743—1826），美国第三任总统；詹姆斯·麦迪逊（James Madison，1751—1836），美国第四任总统。两人皆被视作美国开国元勋。

② 当然，穆瑞·N. 罗斯巴德满怀敬意详细讨论了萨伊。详见Murray N. Rothbard. Classical Economics，Vol. 2，An Austrian Perspective on the History of Economic Thought［M］. Cheltenham，U.K.：Edward Elgar，1995：3–45.

③ Eric Roll. A History of Economic Thought［M］. Englewood Cliffs，N.J.：Prentice–Hall，1961.

④ 这本书第一版是1803年的法语版本*Traité d Économie Politique*。这本极为流行的书在萨伊的一生一共出版过五个版本，最后一个版本在1826年发行。详见 Jean–Baptiste Say. A Treatise on Political Economy：or the Production，Distribution，and Consumption of Wealth［M］.C.R. Prinsep and Clement C. Biddle，trans. New York：Augustus M. Kelley，1971：111。这本书已经被翻译成了很多种其他语言。

心，这两条路径或者发展过程，经常是迂回环绕和非线性的。也就是说在很多方面，J.B.萨伊的确是奥地利学派的先驱，然而我们不能直接下结论说他是一个超越他所在时代的、真正的奥地利学派学者。因而，我们不应该在阅读萨伊的过程中期待在各个方面都能发现米塞斯观点的影子。

方法论

萨伊经济学的研究方法，用哲学的术语是现实主义和本体论（实在论）的。[①]他既对统计调查的价值提出了合理的质疑，也强调观察现实中的事实。统计描述“并不意味着收集事实的起因和结果”[②]。对萨伊来说，基于事物根本特征的因果分析才能达到这个目的，而这样的分析才是政治经济学的核心任务。他认为经济学是能够建立“绝对真理”的真正的科学，[③]但是坚持认为“只有当经济学把自己局限在归纳性调研的结果时，它才能够成为科学”。[④]事实上，萨伊宣称政治经济学“构成了实验科学的一部分”同时类似于化学和自然哲学。[⑤]

他把所有的事实分成如下各类：（a）涉及物体的事实；（b）涉及事件或事件相互影响的事实。前者是描述性科学的范围（例如植物学）；而后者是实验科学的范畴（例如化学或物理学）。

总之，萨伊探寻实用性，因为“没有什么比反对实践的理论更没用”[⑥]，为了达到这个目的，他总是使用精确但尽量简单的话语，因而任何受过教育的、有一定理解能力的人都能理解他的意思。[⑦]对于萨伊和大多数现代奥地利学派学者们而言，经济学并不是一个朦胧的、只有专家才能理解的领域，而是一个对所有人都有很大实际意义的学科。因此，以清晰易懂为目标，难怪萨伊批

① 然而，不清楚萨伊是否同意亚里士多德的这个观点，认为“本体”在形而上学意义上是存在的。也就是认为特定的某些物体“享有”这类物品的本质。还是同意亚里士多德的关于语境实在论观点，认为“本体”是认识论的一个必要工具，但不是任何形而上学意义上的现实。详见David Kelley. The Evidence of the Senses：A Realist Theory of Perception［M］. Baton Rouge：Louisiana State University Press，1986.

② 见Say的*Treatise*第xix页。

③ 同上书，第xlix页。

④ 同上书，第xxxvi页，强调来自作者。

⑤ 同上书，第xviii页。

⑥《政治经济学入门》，第xxi页。

⑦ 同上书，第xlvi页。

评亚当·斯密的《国富论》“缺乏方法”、晦涩、含糊并且不连贯，同时它包含太多冗长的和转移注意力的话题，如战争、教育、历史和政治。[①]

货币和银行

萨伊对货币问题的讨论，开始于现在称为“需求的双重巧合”问题的标准阐述，以及交换媒介如何解决这个问题。他对需求极高的商品如何自发演化成交换媒介的阐述，尽管早于门格尔七十多年[②]，但仍让我们想起了卡尔·门格尔对同一个问题更有名的论述。在历史上，货币的出现是由于自利而非政府法令，它的形式由消费者偏好之间的相互影响来决定。因而，“习俗而非权威的命令，确定了某一产品应该专门成为货币”[③]。

接着，他回顾了理想状态下交换媒介应该拥有的一系列属性：耐久性、可携带性、可分性、每单位的强购买力和均匀性。通过这个表述，萨伊得出相似的结论：贵金属（黄金和白银）是货币的绝佳选择。换句话说，如果让人们自由选择，人们非常有可能选择一种商品货币（硬币）。虽然萨伊的确大力支持黄金和白银作为货币，颇具启发意义的是：他认为，如果“新的和丰富的矿藏渠道被发现的话”[④]，别的物品有可能替代金银。简而言之，萨伊并不坚持认为“货币”就意味着金银。如果货币由贵金属铸成，他就会同意诸如美元这样的货币单位，应该重新用它所包含的黄金或白银来重新命名。例如，如果一个法国法郎的硬币包含5克白银，它就应该命名为“5克白银”而非“1法郎”。[⑤]

对萨伊而言，国家对货币事务唯一正当的干预就是铸造硬币。事实上，萨伊认为这个应该由国家垄断，“因为检测个人货币发行者的造假是很困难的”[⑥]。尤其是在黄金和白银作为货币金属同时存在的任一体系，政府应该注意避免确定二者间法定的兑换比例，这与历史上金银复本位制相反。[⑦]萨伊清

---

①《政治经济学入门》，第xliv页。

② Carl Menger. Principles of Economics［M］. James Dingwall and Bert F. Hoselitz，trans. New York：New York University Press，1976：257–262.

③ 见Say的*Treatise*第220页。

④ 同上书，第222页。

⑤ 同上书，第256页。

⑥ 同上书，第229页。

⑦ 同上书，第254页。

楚地理解为什么金银复本位制的惯例总会导致灾难，那就是官方高估的货币会把官方低估的货币驱逐出流通系统，这个原则就是众所周知的格雷欣法则（Gresham's Law）。[①]萨伊强调和其他商品一样，货币由供求来决定。货币的购买力"上升和下降与相应的需求和供给成比例"[②]。因此，金币和银币间的兑换比率应该允许随着市场条件的改变而改变。萨伊似乎支持"平行的"金属系统，这和穆瑞·N.罗斯巴德的建议非常相似。[③]

关于银行业，萨伊区分了"储蓄银行"和"流通银行"，认为它们二者都是合理的机构。[④]前者的功能作为货币的仓库。它们总是百分之百地储备，同时提供便利和安全。因为它们代表自己的储户进行交易，把一个消费者账户的资金转移到另一个消费者的账户上。对于这样的服务，它们收取一定的费用。[⑤]后者的功能是真正的金融中介。它们持有部分准备金，发行银行券（banknotes），同时通过贴现本票和票据交易来获取利息收入。这些机构发行的银行券必须有铸币或者短期证券做担保，如果是这样，那么"只要银行管理好同时独立于政府，银行发行的可转换为货币的票据持有者面临的风险就很小或者没有风险"[⑥]。事实上，萨伊甚至论述这些部分储备的流通银行对社会有益，因为它们"通过减少储备货币的数量，具有节省资本的优势"[⑦]。同时，如果部分储备的银行券代替了流通中的一部分铸币，那么"铸币的功能就被取消了，替代它的纸币则来执行这个功能"[⑧]。

关于货币话题还有另外两个见解，我们一定不能忽视。第一，萨伊强调分工在社会中朝着横向和纵向能够扩展更远。也就是随着个人的专业化加深，交

---

① 这是对教科书中价格控制的一个应用，但是应用在了货币上。同时地，如果把最高限价应用于一种形式的货币，同时把最低限价应用于另外一种。当然，这创造了前者的短缺（人们把它储蓄起来）和后者的过剩（人们把它用于日常交易）。

② 见Say的*Treatise*第226页。

③ Murray N. Rothbard. The Case for a 100 Percent Gold Dollar [M]. Auburn, Ala.: Ludwig von Mises Institute, 1991: 28.

④ 并不是所有的奥地利学派学者都这么认为。穆瑞·N.罗斯巴德坚决反对部分银行储备，经常谴责它就是"彻底地欺诈"。详见同上书，第42-51页；also Murray N. Rothbard. The Mystery of Banking [M]. New York: Richardson and Snyder, 1983: 97-98.; and Murray N. Rothbard. Man, Economy, and State [M]. Los Angeles: Nash Publishing, 1970: 700.

⑤ 见Say的*Treatise*第268-269页。

⑥ 同上书，第278页。

⑦ 同上书，第272页。

⑧ 同上书，第274页。

换的数量和重要性也会增加。同时需要等量的交换媒介。简而言之，货币是现代文明兴起的重要组成部分。[①]第二，萨伊同意米塞斯和罗斯巴德：只要价格能够自由调整，任何数量的名义货币供给都是“最优的”。因为，名义量的增加或减少只会向反方向改变每单位货币的购买力。因而，真实货币供给保持不变。[②]

萨伊的市场定律

毫无疑问，让萨伊最有名的就是“萨伊定律”，也被称作是萨伊市场理论（la théorie des débouchés）或市场定律（loi des débouchés）。这个原则曾经是、现今依旧也是古典经济学的核心基石之一。[③]以这样或那样的形式，它仍是捍卫自由市场必不可少的理论。此外，所有的集体主义者都尝试通过攻击自由和自由社会来反驳它。然而同时有些学者质疑萨伊定律的深度。亚历山大·格雷（Alexander Gray）提到“这个理论或许没有那么深奥”[④]。甚至穆瑞·N. 罗斯巴德评论它是“其（萨伊的）思想中相对次要的方面”[⑤]。

很多教科书把萨伊定律删减成明显错误的论述“供给创造它自身的需求”。至少也应该说成“总供给创造它自身的总需求”，因为这个声明不是说生产商品X肯定导致需求等量的X，而是生产X导致需求商品A、B、C等。商品（和互补的服务）的生产和供给的总量引发消费或者需求这些产品的总量。[⑥]某种产品肯定有可能存在短缺或者剩余，但是总量上的生产过剩或者生产不足只不过是一个货币现象。“因为某些商品的生产下降，其他所有商品必定过剩”，同时这样的生产失调源于“某些暴力的方式……政治或自然的动乱”[⑦]。如果这任由它自己调整，市场将纠正这样的失衡。

---

① 这给卡尔·马克思和其他社会主义者们提出了一个问题，他们希望废除货币但是以某种方式保持分工带来的生产性的好处。

② 见Say的*Treatise*第151页。

③ 详见Thomas Sowell. Say's Law: An Historical Analysis [M]. Princeton, N.J.: Princeton University Press, 1972.; Thomas Sowell. Classical Economics Reconsidered [M]. Princeton, N.J.: Princeton University Press, 1974.; Thomas Sowell. George Reisman. Capitalism: A Treatise on Economics [M]. Ottawa, Ill.: Jameson Books, 1996.

④ Alexander Gray. The Development of Economic Doctrine: An Introductory Survey [M]. London: Longmans, Green, 1961: 268.

⑤ 见Rothbard的*Classical Economics*第27页。

⑥ 见Say的*Treatise*第132–140页 。

⑦ 同上书，第135页。

萨伊找到了两种纠正过程如何运转的方式。

首先，他认为尽管人们把部分生产收入储蓄起来，只要这些储蓄重新投资到“生产性的使用”中，但是总量来看这不会减少生产、收入或者消费。[①]这个再投资的过程受企业家们赚取利润的不同所驱使。那些相对更稀缺的商品（导致价格上涨）吸引额外的投资；相反，那些相对不再稀缺的商品（导致价格下降）抑制投资。同时，即使有人储藏或者窖藏货币，“最终目标总是会通过购买什么而利用它们”[②]。因而，只要生产出真正有经济价值的商品，不可能存在需求不足。为了让消费者存在，必须首先有生产者。

通过他对生产和消费的讨论，萨伊一贯认为货币仅仅是一个中性的渠道，通过它总供给能够转化为总需求，或者“货币是且只是价值转换的中介”[③]。他似乎没有认识到，通过传递机制，货币供给的变化改变了商品的相对价格，进而改变整个相互关联的生产结构。从一个现代奥地利学派的视角，萨伊未能理解货币的非中性，这肯定是值得注意的一个不足。

其次，萨伊充分地表达了一个清楚的理解，那就是一般的价格下跌肯定对社会完全有利，无论这样的价格下跌是否是生产率提升的结果。与流行的观念相反，这种情况不仅意味着“这个国家富裕丰饶”[④]，而且“原来仅限于富人的商品，现在几乎社会的每个阶层都能享受”[⑤]。此外，萨伊正确地认识到：（a）商品价格反映买主的效用；（b）生产要素的价格源于或者“递推于”生产出来的商品价格；（c）生产成本代表着商品效用和要素生产率的交界处。[⑥]

企业家、资本和利息

罗斯巴德曾经建议经济学界应该为萨伊把“企业家”重新引入经济学思想而感恩，[⑦]确实应该如此。通过纸和笔，亚当·斯密使得“企业家”这一概念消

---

① 见Say的*Treatise*第110页。
② 同上书，第133页。
③ 同上。
④ 同上书，第303页。
⑤ 同上书，第288页。
⑥ 同上书，第287–288页。
⑦ 见Rothbard的*Classical Economics*第25页。

失。但J.B.萨伊将其复活并把它带到舞台中央。[①]这些企业家们做什么？他们使用自己的“勤劳”（萨伊喜欢这个词胜过“劳动”）来组织和指挥生产要素从而使他们能够“满足人类的需求”[②]。

然而，他们不仅仅是经理。他们同时还是预测者，项目评估人和风险承担者。[③]使用他们自己的或者借用他人的金融资本，他们提前支付给劳动所有者、自然资源（“土地”）和器械（“工具”）。只有当企业家成功地把商品卖给消费者时，才能够收回这些支付款或者“租金”。创业成功不仅是单个人追逐的，同时对整个社会都是必不可少的。“相对一个主要追求艺术和科学的国家，一个充满聪慧的商人、制造商和农业主的国家，拥有更有效的实现富裕的方式。”[④]

萨伊对“资本”一词的使用可能会令人困惑，因为根据上下文的需要，它作为一种方式，要么（a）作为资本品：对接下来的最终商品来说是必须的，要么（b）作为金融资本：构成一个企业的资金。[⑤]前者是之前生产过程的产物，当企业家辛勤付出后，就会产生利润（或者损失）。后者是从过去的生产活动中节约出来的部分收入，能够产生利息。

在很多方面，利率分析都非常有洞察力，颇具奥地利学派风格。首先，萨伊意识到利率不是货币的价格，而是信用或“资本借贷”的价格。[⑥]因而，“货币的充裕或稀缺控制着利率”的说法是错误的。[⑦]当然，萨伊考虑的是真实利率，而非名义或市场利率。他还清晰地认识到利率包含着风险溢价，作为一种保险来保护由于违约带来的损失。[⑧]当法律的实施使得借款人在贷款人违约时无处诉诸法律的情况下，这样的风险溢价会变得很高。[⑨]进而，萨伊认识到了国家间“政治风险”的不同导致了其名义利率的不同。[⑩]总之，对于公共政策而

---

① 给第一次阅读萨伊《入门》的读者提供福利：现在通用的版本是1880年美国版本的重印本，在那一版中，法语的“企业家”（entrepreneur）一词应该翻译成“冒险家。”（adventurer）详见Say的*Treatise*第78页注释。

② 同上书，第83页。

③ 同上书，第81–85页。

④ 同上书，第82页。

⑤ 同上书，第343页。

⑥ 同上。

⑦ 同上书，第353页。

⑧ 同上书，第344页。

⑨ 同上书，第345–346页。

⑩ 同上书，第347页。

言，萨伊采取了与信用市场相同的立场：那就是，国家不应该干预。“相比于酒、亚麻或者任一其他商品的价格，利率不应该受到更多的限制，应该由自身的规律来决定。”①

有人认为，萨伊对利率理解显然的瑕疵，是他未能以“时间偏好”的基石为锚。②也就是说，解释利率应该建立在个体愿意用什么样的比例来用现在的商品交换未来的商品的基础之上。③虽然萨伊的确未能明确建立利率和时间偏好之间的关系，但他似乎至少有一个初步的时间偏好理念。例如，他观察到存在着一个“诱惑，使得每个人……在政治动荡或骚乱的期间花掉他们所有的收入”④。同时，当讨论节俭增加（时间偏好率降低？）对资本积累的影响时，他甚至总结“低利率意味着更充裕的资本存在”⑤。

价值和效用

对萨伊而言，价值的基础是效用或是商品或服务满足人们欲望的能力。分析家们把这些欲望——和偏好、期望及其背后的习俗——作为给定的数据，任务就是从这些数据中找到逻辑。对亚当·斯密、大卫·李嘉图和其他人的观点：价值的基础是劳动或者“生产性主体”⑥，萨伊的否定是最强烈的。持有劳动价值论的经济学家们把问题完全弄反了。“创造效用的能力……使得生产性主体拥有价值”⑦。

价值分为“交换价值”和“使用价值”。⑧交换价值基于经济学的范畴，因为它衡量一个人为了在市场中获取一个商品所需放弃的另外商品。使用经济学术语，“一个物品价值的唯一公平标准就是在交换中它大致能够获得的其他商品的数量。”⑨这些具有交换价值的东西叫作“经济商品”，萨伊把它们称

---

① 见Say的*Treatise*第352页。
② 见Rothbard的*Classical Economics*第23页。
③ 人们可能认为这作为一个人愿意现在消费还是储蓄为将来之用的比率。
④ 见Say的*Treatise*第348页。
⑤ 同上书，第116页。
⑥ 同上书，第xxxi，xl，287页。
⑦ 同上书，第287页。
⑧ For a discussion of value that bears some strong similarities to Say's，见Menger的*Principles*第114–121页和295–302页。以及Say的*Treatise*第285页。
⑨ 见Say的*Treatise*第285页。

作“社会财富”。相对而言，一些物品诸如空气、水、阳光，因为它们的数量如此之大而没有价格，因而它们只具有使用价值。这些物品以“免费商品”著称，萨伊把它们称为“自然财富”[①]。

不幸的是，由于坚持上述的价值分类，萨伊陷入了令他最懊悔的错误。他总结到市场价格是对物品经济价值正确且精确的衡量，[②]因而，所有市场交易必须按相等的价值交换。当然，这肯定意味着买者和卖者都没有获益。或者换句话说，所有的市场交易都是“零和博弈”。“当一个人在巴黎买西班牙的酒时，必须是等价互换：他必须支付与酒价值相等价值的白银。”[③]奥地利学派学者坚定认为，只要是自愿交易，根据买者和卖者的预期效用，双方肯定是都获益的。如果不是这样的话，买者和卖者为什么会同意达成交易呢?

税收和国家

萨伊的极端没有比对政府干预经济的批评更明显的。[④]用最简洁的方式，他宣称自利和追求利润促使企业家朝着满足消费者需求的方向努力。“社会的需求总是掌控着产品的本质”，因而“立法干预整体上是多余的”[⑤]。

萨伊对一系列法案的评论尤其具有启发性。第一个英国航海法案在1581年通过；这些法案在1651年和1660年得到进一步强化；最后一个直到1849年才被废止。他们的目的是只让英国轮船主的航海船只参与英国的国际贸易。萨伊论述道：“搬运贸易”的垄断减少了国家财富，因为他减少了那些能把商品运到市场上商人的利润。

他认识到这些法律的捍卫者可能同意这一点，但是仍然坚持这样的限制是合理的，出于国家安全的考虑。萨伊反驳说，这样的辩护只是因为：

> 一个国家压制其他国家对他是有利的。……对主宰的热爱只会自我感

---

① 见Say的*Treatise*第286页。
② 同上书，第285页。
③ 同上书，第67页。
④ Murray N. Rothbard. Power and Market：Government and the Economy［M］. Kansas City：Sheed Andrews and McMeel，1977. 罗斯巴德在书中从现代奥地利学派的视角，给出了这个问题绝妙的分析。我们不得不相信萨伊从心底称赞这个作品。
⑤ 见Say的*Treatise*第144页。

> 党提升了地位，但这的确使得它的所有邻居都成为了敌人。这招致了国家债务、内部凌辱、暴政和革命；然而互利往往带来国际友爱，扩展有益的商业流通的边界，从而带来繁荣和永恒，因为这是自然而然的。①

上述的这些表明萨伊对自由贸易和和平相伴而随的理解是多么的深入。

萨伊把税收分为两类。直接税是那些针对收入和财富的征税，间接税是那些诸如销售税、消费税和关税等。无论税收的特定形式还是征收方法，“所有的税收都损害再生产，因为它阻碍了生产性资本的积累”②。因而，与某些经济学家宣称的相反，他认为“宣称税收通过消耗部分国家财富而使得国家变富裕，这个观点是极其荒谬的”③。

如今，我们仍能发现很多学者坚持高税率和伴随而来的高水平政府支出，莫名其妙地能使一个社会更加富裕。自然的，萨伊知道这是错误的，尽管从统计的角度来说事实是富裕和税收可能是正相关的。他解释道这样的观点犯了逆向因果的错误。也就是，“一个人不富裕，是因为他大部分钱都花掉了。但是，他能够花掉很多钱的话，是因为他富裕”④。那些富裕的国家，如果他们保持富裕的话，的确征收高额的税负，但是并不是这些税负使其变得富裕。任何阅读萨伊《入门》的读者都不会忽略这个事实，那就是对税收和政府的讨论出现在了“消费”这节的标题下。这并不是偶然，因为萨伊坚持认为政府支出是“非生产性消费”。同时“过度的征税类似于自杀”⑤。

萨伊的确忽略或者误解奥地利学派经济学家们认为是核心的观点。他不相信市场交换代表着买方和卖方的效用增加；他没有认识到利率和时间偏好之间的关系；他未能给出商业周期理论。然而，他认识到了统计调查的局限；他非常支持商品货币和自由银行；他知道企业家和资本积累对经济发展是必不可少的；他正确地认识到了政府管制和税收威胁着国家繁荣，进而甚至威胁一个文明社会本身。

让–巴蒂斯特·萨伊能够提供给读者很多，无论他是否属于奥地利学派、

---

① 见Say的*Treatise*第104页。
② 同上书，第455页。
③ 同上书，第447页。
④ 同上书，第448页。
⑤ 同上书，第450页。

是否是一个经济学家。他清晰地认识到很多重要的事实，充满激情并且清楚地写下它们。萨伊曾经把经济学称为“这么美丽，同时最重要的是有用的科学。”①他让经济学比他刚发现的时候更美丽、更有用。

精选阅读

[1] Alexander. Gray, *The Development of Economic Doctrine: An Introductory Survey.* London: Longmans, Green. 1961.

[2] David. Kelley, *The Evidence of the Senses: A Realist Theory of Perception.* Baton Rouge: Louisiana State University Press, 1986.

[3] Carl. Menger, *Principles of Economics.*Translated by James Dingwall and Bert F. Hoselitz. New York: New York University Press. 1976.

[4] Ludwig von. Mises, *Theory and History: An Interpretation of Social and Economic Evolution.* New Rochelle, N.Y.: Arlington House. 1969.

[5] Ludwig von. Mises, *Epistemological Problems of Economics.*Translated by George Reisman.New York: New York University Press. 1976.

[6] Ludwing von. Mises, *Human Action: A Treatise on Economics.* Chicago: Henry Regnery. 1966.

[7] R.R. Palmer, *J.B. Say: An Economist in Troubled Times.* Princeton, N.J.: Princeton University Press, 1997.

[8] George. Reisman, *Capitalism: A Treatiseon Economics.* Ottawa, Ⅲ.: Jameson Books, 1996.

[9] Eric. Roll, *A History of Economic Thought.* Englewood Cliffs, N.J.: Prentice- Hall. 1961.

[10] Murray N. Rothbard, *Man, Economy, and State.* Auburn, Ala.: Ludwig von Mises Institute. 1993.

[11] Murray N. Rothbard, *The Case for a 100 Percent Gold Dollar.* Auburn, Ala.: Ludwig von Mises Institute. 1991.

[12] Murray N. Rothbard, *The Mystery of Banking.* New York: Richardson and Snyder, 1983.

---

① 见Say的*Treatise*第lii页。

[13] Murray N. Rothbard, *Power and Market: Government and the Economy.* Kansas City: Sheed Andrews and McMeel. 1977.

[14] Murray N. Rothbard, *Classical Economics.* Vol. 2. *An Austrian Perspective on the History of Economic Thought.* Cheltenham, U.K.: Edward Elgar, 1995.

[15] Jean–Baptiste. Say, *A Treatiseon Political Economy: or the Production, Distribution and Consumption of Wealth.* Translated by C.R. Prinsep and Clement C. Biddle. New York: Augustus M.Kelley. 1971.

[16] Thomas. Sowell, *Say's Law: An Historical Analysis.* Princeton, N.J.: Princeton University Press, 1972.

[17] Thomas. Sowell, *Classical Economics Reconsidered.* Princeton, N.J.: Princeton University Press, 1974.

5

克劳德·弗雷德里克·巴斯夏：介于法国革命和边际革命之间

托马斯·J. 迪诺伦佐

克劳德·弗雷德里克·巴斯夏
(1801—1850)

克劳德·弗雷德里克·巴斯夏是一位拥护私有产权、自由市场和有限政府的法国经济学家、司法者和作家。巴斯夏作品或许主要以此为主题：自由市场是人与人之间“经济和谐”的内在源泉，只要政府的功能被限制在保护生命、自由和防止公民的财产被偷窃或侵犯。对巴斯夏来说，只有当政府服务于“保护人们的安全，自由和财产权利服务，同时为了正义而统治时”，国家强制才具有义理性（legitimate）。[①]

巴斯夏强调自由市场计划协同的功能，这也是奥地利学派的一个重要主题。因为他的思想受亚当·斯密的一些作品和法国伟大的自由市场经济学家们的影响，如让-巴蒂斯特·萨伊、弗朗西斯·魁奈（Françiois Quesnay）、德斯杜特·德·特拉西（Destutt de Tracy）、查尔斯·孔德（Charles Comte）、理查德·坎蒂隆（他出生在爱尔兰，

① Frédéric Bastiat. Selected Essays on Political Economy [M]. George B. de Huszar, ed. Irvington-on-Hudson, N.Y.: Foundation for Economic Education, 1995: 52.

移民去了法国）和安·罗伯特·雅克·杜尔哥。这些法国经济学家们都跻身于现代奥地利学派的先贤之列，他们最先发展了如下概念：市场是一个动态的、竞争的过程，货币的自由市场演化、主观价值理论、边际效用递减、边际收益递减、资源定价的边际效率理论、政府经济干预的无效，尤其是价格管制的无效。

巴斯夏的思想背景

巴斯夏10岁时成为孤儿，由他的祖父母抚养和教育。17岁时，他结束学业，开始在巴约纳镇一个家族式出口企业中工作。在那里，他亲身感受到贸易保护主义带来的恶果：贸易限制使得商店倒闭、人口外流、贫困和失业增加。

巴斯夏25岁时，他的祖父去世。他继承了家族位于米格龙（Mugron）的财产，这使他能在接下来的二十年过着体面的农场主和学者的生活。巴斯夏雇人来经营家庭农场，从而他能专注于知识上的探索。他是一个求知若渴的学者，和他的朋友们对各种著作都展开探讨和辩论。他最亲近的朋友是他的邻居菲利克斯·库德罗伊（Felix Doudroy）。

> 库德罗伊和巴斯夏在一起阅读了大量的哲学、历史、政治、宗教、旅行、诗歌、政治经济学、人物传记等方面的著作。……正是这些讨论使得巴斯夏逐渐形成自己的观点，他的思想也日益成熟。①

库德罗伊最初是卢梭（Rousseau）的追随者，正如大多数卢梭的仰慕者那样，他也是一个社会主义者。但是，巴斯夏使得库德罗伊转变成了古典自由主义的信仰者。巴斯夏曾经说过他更喜欢面对面的交谈，而不喜欢在大庭广众下演讲。

巴斯夏第一篇文章发表于1834年4月。这是对波尔多、勒阿弗尔和里昂的商人对取消农产品关税但维持工业品关税请愿的一个回应。巴斯夏赞赏商人们对农产品的立场，但是严厉谴责他们渴求对自身的保护主义的虚伪。“你们争取少数人的特权，”他写道，“我却要求赋予所有人自由。”②他接下来解释为什么应该完全废除所有关税。

---

① Dean Russell. Frédéric Bastiat：Ideas and Influence［M］. Irvington-on-Hudson，N.Y.：Foundation for Economic Education，1969：22-23.

② 同上书，第24页。

接下来的一篇名为《税收与葡萄》的文章则反对所有关于葡萄酒的国内税收，进一步强化巴斯夏支持经济自由的观点。第三篇文章反对一切土地税和所有形式的贸易限制。接下来，在1844年的夏天，巴斯夏把一篇关于法国和英国关税的影响手稿寄给法国最负盛名的经济学期刊《经济学家学报》（*Journal des Economistes*）。这篇文章题为《英法关税的影响》，发表在1844年10月刊。毋庸置疑，这篇文章成为了法国（如果不是整个欧洲的话）捍卫自由贸易，以及一般意义上关于经济自由的最有说服力的文章。

这篇文章最先展示出了巴斯夏对奥地利学派传统的经济学家们积淀智慧的精通，奠定了他作为一个经济学观点集大成者的声望。作为自由贸易支持者，他立刻赢得了国内外的声誉，并与英国反玉米法联盟的领袖理查德·布登（Richard Cobden）成为好朋友，该联盟在1850年成功废除了英国所有的贸易限制。巴斯夏在法国建立了一个类似的组织——法国自由贸易协会。在巴斯夏去世10年后的1860年，该协会对法国废除大多数贸易壁垒起到了重要的作用。作为自由贸易协会报纸《自由贸易》（*Le Libre-Exchange*）的编辑，巴斯夏在传播他的影响力上尤其有效。

经过二十多年充分的知识储备，巴斯夏的文章开始喷薄而出。不久，这些文章就集成他的第一本书《经济学诡辩》（*Economic Sophisms*）。迄今为止，这本书仍是捍卫自由贸易文笔最好的著作。[①]很快他又出版了第二本书《和谐经济论》[②]（*Economic Harmonies*），同时他的这些文章在全法国的报纸和杂志上重印。1846年，巴斯夏当选为法国自然科学学会的通讯会员，他的作品也迅速被翻译成了英语、西班牙语、意大利语和德语。不久，自由贸易协会也在比利时、意大利、瑞典、普鲁士生根发芽，这些都基于巴斯夏法国自由贸易协会的基础之上。

巴斯夏的奥地利学派观点

在巴斯夏影响法国经济学观点之时，卡尔·马克思（Karl Marx）正在撰写《资本论》（*Das Kapital*），社会主义的观点“阶级冲突”开始流行，即资本家获得经济利益肯定是以工人阶级受损为代价的。巴斯夏的《和谐经济论》解

① Frédéric Bastiat. Economic Sophisms [M]. Irvington-on-Hudson, N.Y.: Foundation for Economic Education, 1966.
② Frédéric Bastiat. Economic Harmonies [M]. Irvington-on-Hudson, N.Y.: Foundation for Economic Education, 1966.

释了为什么这个观点的对立面是正确的，即如果人们在自由社会中发展，其中政府把它的责任限制在镇压偷盗、谋杀和利益集团以国家作为武器掠夺其他公民时，人们的利益本质上说是和谐的。

资本理论

巴斯夏对奥地利学派资本理论的贡献，在于他娴熟地解释了资本积累如何通过提升工人的边际劳动生产率，从而提高他们的报酬，最终使他们变富裕。巴斯夏写道，资本积累的同时还能使得消费品越来越便宜并且质量越来越好，这也提升了真实工资。他也解释了随着资本变丰裕，资本利率是如何下降的。

因此，资本家和工人的利益实际上是和谐的，同时政府对资本市场的干预会使得工人和资本拥有者都变得穷困。巴斯夏同时也解释了：在自由市场中，除非一个人的资本能够使得别人受益，如消费者，否则他不能积累资本。巴斯夏写道，资本实际上总是用来满足非资产拥有者的欲望的。与他大多数的先辈们截然不同，巴斯夏相信"有必要通过消费者的视角来观察经济。……所有的经济现象……必须通过它们带给消费者的优势和劣势来判断"[①]。米塞斯在《人的行动》中重复了这一点，他注意到尽管银行家们似乎通过每天的决策"控制着"资本的配置，但实际上消费者是经济之舟的"船长"，因为商业活动的成功主要是因为迎合了消费者的偏好。

主观成本

巴斯夏对主观价值理论最伟大的贡献在于：把这个理论严格地应用于"看到的和未看到的"[②]这篇论文的方式。在这篇论文中，通过持续关注政府资源配置中隐藏的机会成本，巴斯夏摧毁了凯恩斯式观点的雏形：政府支出能够创造工作和财富。在第一版的《一课经济学》（*Economics in One Lesson*）中，亨利·黑兹利特写道：

> 首先要感谢弗雷德里克·巴斯夏，本书阐释所采用的框架得益于巴斯

① 见Russell的*Ideas and Influence*第32页。
② 见Bastiat的*Selected Essays*第1–50页。

夏一百年前发表的“看得见的与看不见的”。事实上，本书可视为巴斯夏的小册子中所用分析方法的现代版，是对其延伸和扩展。[1]

人的行动的科学

巴斯夏把经济学描述成思想活动的方式，与现代奥地利学派学者认为它是人的行动或行动学（praxaeology）的方式几乎是相同的。巴斯夏在《和谐经济论》中写道：

> 政治经济的主题是人，……一个能够比较、判断、选择和行动的人。……这个功能……能够为彼此工作、传递他们的努力和穿越时空来交换服务，……就恰恰构成了经济科学。[2]

与当代的奥地利学派学者相同，巴斯夏把经济学看作是“交换的理论”，其中，市场参与者的欲望“不能被称量……交换是决定价值的必要条件”[3]。因此，巴斯夏与当代的奥地利学派学者观点相同，认为价值是主观的，市场交换中揭示出人们的显示偏好，它是了解人们衡量事物价值的唯一方式。因而，自愿交换一定是对双方都有利的。这是经济理论史上一个重要的理论创新，因为很多英国经济学家们都屈从于“实物谬误”——一个被误导的观念，认为价值是由唯一物品的生产所决定。

穆瑞·罗斯巴德指出，价值源于自愿交换的理解“使得巴斯夏和法国学派强调，自由市场是通向经济体和谐的桥梁”[4]。一个世纪以后，在对现代福利经济学摧毁性的批评中，罗斯巴德自己进一步发展了巴斯夏主观的交换理论。

在巴斯夏的作品中，另一个罗斯巴德式的主题与地租有关。在巴斯夏时代，社会主义者论证道：除了上帝，没人有权享有地租。因为毕竟是上帝，而

---

① Henry Hazlitt. Economics in One Lesson［M］. New York：Harper and Brothers，1946：1.

② 见Bastiat的*Economic Harmonies*第35页。

③ 同上书，第36页。

④ Murray N. Rothbard. Classical Economics，Vol. 2，An Austrian Perspective on the History of Economic Thought［M］. Cheltenham，U.K.：Edward Elgar，1995：446.

非现今的土地所有者们创造了土地。巴斯夏的回应是地租实际上是合理的。因为，通过清理土地、铺设排水管道等使得它适合农业耕种，土地所有者们提供了有价值的服务。巴斯夏解释道如果所有这些投资成本资本化的话，就能清晰地解释土地所有者并不是通过地租赚取超常收入，而是提供了一个有价值的公共服务。此后，穆瑞·罗斯巴德在捍卫“宅地运动”中更进一步发展了这个观点，认为这是建立产权的一个恰当方式。

政府掠夺

建立自由贸易的内在和谐后，巴斯夏进而解释政府的资源配置必然与自由市场的和谐是对立的，也是破坏性的。因为政府自身不能创造任何财富，它必须把一些人手中的东西拿来，然后给另外一些人——政府的本质是“抢劫彼得来支付保罗”。进而，特殊利益群体通过政府的庇护，搜刮越来越多别人的钱。通过从事政治而不是生产行为，他们破坏了自由市场的生产能力。巴斯夏写道：“国家是一个庞大的虚构体，每个人都竭力通过它以牺牲他人为代价来维持自己的生活。”[①]

巴斯夏或许因为他在政治经济领域的作品而最知名。与纯经济理论截然不同，政治经济学研究经济和国家之间的交互作用。像他之前的那些经济学家一样，他希望理解国家的运转：哪些激励措施在驱动它。由于篇幅限制，这里不能深入讨论巴斯夏的政治经济学观点，但是少量的几个例子就足够了。对巴斯夏而言，只有当政府被限制在它的“核心”功能时，它才是有必要的。他相信“除非一定程度上法律得到尊重，否则社会不能够存在”，但是同时只有在法律本身值得尊重时，这才能发生。[②]

此外，对法律道德的评判，绝不能基于多数人投票。因为“既然单个人没有权利束缚另外一个人，进而一群人也不可能拥有这个权利”[③]。所有通过多数人民主的收入再分配，实际上是“合法掠夺”，同时根据定义是不道德的。

“如果货物不能越过边界，军队就会越过”这个口号通常归功于巴斯夏，因为他有力地指出自由贸易或许是最可靠的通向和平和富裕的桥梁。通过研究历史，他认识到关税是战争的主要原因。毕竟，保护主义是政府尝试在和平时

① 见Bastiat的*Selected Essays*第144页。
② 见Russell的*Ideas and Influence*第5页。
③ 同上。

期折磨他的百姓，正如在战争期间通过海上封锁摧毁他的敌人一样。

竞争性发现

巴斯夏把自由市场竞争理解为一个“动态发现的过程”（用哈耶克的措辞）。其中，人们努力协调各自的计划以实现他们的经济目标。所有形式的政府干预破坏或扭曲这个过程，因为一旦实施一个法令或管制，

> 人们就不再需要讨论、比较或者事先计划，法律替他们做了所有这些。智慧变成了一项无用的能力，人不再是人，人们失去了他们的个性、自由和财产。①

假冒的利他主义

巴斯夏也看穿了社会主义者“慈善”的虚伪，他们在国家的庇护之下，不断提议帮助这个人、那个人或群体，但却是以掠夺其他无辜的社会成员财富的方式。所有这样的计谋都以“合法掠夺，有组织，不正义”为基础。②

正如当今的新保守主义者，19世纪社会主义者给古典自由主义者贴上“个人主义者”的标签，意味着古典自由主义者反对兄弟会、社区和联盟。但是，正如巴斯夏机智地指出，他（如同其他古典自由主义者们一样）只反对被胁迫的联盟，而支持真正的和自发的社区和联盟。“每次当我们反对政府做的事情时，社会主义者们（错误地）推断我们反对做这件事情本身。”③

自然权利和交换自由

巴斯夏也被看作是17世纪和18世纪自然权利理论家和现代奥地利学派的一些成员间的桥梁，以穆瑞·罗斯巴德最著名。他们对自由市场的辩护建立在自

① 见Russell的*Ideas and Influence*第11页。
② 同上。
③ 同上书，第12页。同时，详见Bastiat的*Selected Essays*第116–139页。

然权利而非功利主义的基础之上。[①]对于巴斯夏而言，所有形式的集体主义在道德上都应该被谴责（基于合法化的抢劫），同时也阻碍了由自由市场和私有产权所带来的人们间利益的自然和谐。

巴斯夏不仅认为集体主义构成了合法抢劫，他也相信私有产权对一个人成为自由人必不可少，这样他才能根据自己的利益来满足其主观欲望。反对私有产权的言论将意味着偷窃和奴隶在道德上是“正确的”。因此，保护私有产权是政府的主要功能，甚至是唯一的合理功能。政治家“没有超过我们个人和财产的特权，因为这些在他之前而存在，同时他的任务是保证它们的安全”[②]。

巴斯夏被认为是迄今为止最有力捍卫自由贸易的作家。他使用的案例基于大量的经济学概念，但是关于自由贸易的案例可归结为：

> 绝不是关于关贸责任的问题，而是关于权利、正义、公共秩序和财产的问题。因为政府创造的特权无论以什么形式表现出来，都是对财产权利的否定和蔑视。

同时，“财产权利，一旦以一种形式被削弱，将会被众多其他不同的形式攻击”[③]。

在《经济学诡辩》中，巴斯夏巧妙地创作出当时最完整的自由贸易案例，应用诸如自由贸易的互惠互利、比较优势规律、竞争对生产者和消费者都有利和贸易壁垒与战争之间的历史关联等概念。巴斯夏解释道，自由贸易将意味着：

> 大量商品和服务的价格更低；为更多人提供更多的工作且实际工资更高；制造商的利润更高；农民的生活水平提供；政府获取更多的税收收入但税率处于通行的或更低的水平；资本、劳动和自然资源的使用更高效；“阶级斗争”将结束……因为它主要基于诸如关税、垄断和其他扭曲市场的法律等不公正的经济规则；“自杀式”的殖民主义政策走向终结；废除战争成为

① 因为哈耶克对自由的辩护大致基于方便（能否促进知识在社会中的有效使用）和功利主义（以“社会”收益是否超出“社会”成本作为一个“公正”的判断），他几乎支持所有那些把美国（或者瑞典）定义成福利国家的政府干预。这是基于自然权利的理论家们，如罗斯巴德和巴斯夏，肯定不会做的。

② 见Bastiat的*Selected Essays*第97–115页。

③ 同上书，第111页。

一项国策；尽最大可能给所有人提供最好的教育、住房和医疗条件。[①]

通过讽刺和比喻，巴斯夏天才般解释这些经济原则和产生的后果，最著名的就是《蜡烛制造商的请愿书》，要求通过法律来强制：

> 把所有的窗户、天窗、其他屋顶窗和其他阳光能穿透的孔洞和缝隙都统统关闭。因为免费的阳光使得有功劳的蜡烛制造商们受损。

巴斯夏另一个令人记忆深刻的讽刺是他抨击贸易保护主义者对“贸易均衡”肯定是有利的论证。一个法国商人运送价值50000美元的货物到美国，销售后获得17000美元的利润，同时购买了美国价值67000美元的棉花，接着把它们进口到法国。因此，法国进口多于出口，所以它“遭受”一个“不利”的贸易均衡。巴斯夏讽刺地写道，一个“有利的”状况将是商人在美国进行第二笔交易后，当船只离开港口后让它们在风暴中沉没。在港口的关税处记录的出口大于进口，因而创造了一个“有利的”贸易均衡。但是，巴斯夏论述道，由于风暴是不可靠的，“最优的”政策将是当商人离开法国的港口后，政府命令把所有的货物扔入大海中，因而保证一个“有利的贸易均衡”！在巴斯夏逝世一个世纪后，他美妙的行文激发亨利·黑兹利特继承了他的衣钵。

巴斯夏为奥地利学派留下的精神财富

巴斯夏的作品构成了奥地利学派之前的经济学们，如萨伊、坎蒂隆、德·特拉西、孔德、杜尔哥、魁奈和奥地利学派传统的卡尔·门格尔与他的学生们之间的一个精神桥梁。巴斯夏也是奥地利学派学者们学术上的一个楷模，他认为一般意义的经济学教育——尤其是那种把国家和国家的辩护者们创造的无数的神秘和迷信打碎——是经济学家的最根本职能，甚至是责任。在这方面，米塞斯、亨利·黑兹利特和穆瑞·罗斯巴德在奥地利学派经济学家中树立了极好的楷模。正如米塞斯所说，早期的经济学家们“致力于研究经济问题”和“通过演讲与写作，他们渴望和普通大众沟通他们自己思考的成果。他们试

① 见Russell的*Ideas and Influence*第42页。

着影响大众的观点而使得有效的政策盛行”①。

迄今为止，巴斯夏的作品仍没有得到应有的欣赏。正如穆瑞·罗斯巴德解释的，现如今对经济自由大肆的批评“使得让人很难相信，坚定并且一贯支持自由放任的学者是一个重要的学者和经济理论家”②。令人感到奇怪的是，甚至有些当代奥地利学派经济学家们似乎认为：与一般大众交流经济观点的行为——尤其是经济政策的观点，在某种程度上是一种没有价值的“经济科学”实践。而这正是米塞斯自己树立起的经济学研究楷模，同时穆瑞·罗斯巴德最有力和出色地推进它，所有这些都遵从着法国伟大的奥地利学派经济学家弗雷德里克·巴斯夏的传统。

精选阅读

[1] Frédéric. Bastiat, *Selected Essays on Political Economy.* George B. de Huszar, ed. Irvington-on-Hudson, N.Y.: Foundation for Economic Education, 1995.

[2] Frédéric. Bastiat, *Economic Sophisms.* Irvington-on-Hudson, N.Y.: Foundat-ion for Economic Education, 1966.

[3] Frédéric. Bastiat, *Economic Harmonies.* Irvington-on-Hudson, N.Y.: Found-ation for Economic Education, 1966.

[4] Henry. Hazlitt, *Economics in One Lesson.* New York: Harper and Brothers, 1946.

[5] Ludwig von. Mises, *Human Action: A Treatise on Economics.* 3rd rev. ed. Chicago: Henry Regnery, 1963.

[6] Murray N. Rothbard, *Classical Economics.* Vol. 2. *An Austrian Perspective on the History of Economic Thought.* Cheltenham, U.K.: Edward Elgar, 1995.

[7] Dean. Russell, *Frédéric Bastiat: Ideas and Influence.* Irvington-on-Hudson, N.Y.: Foundation for Economic Education, 1969.

---

① Ludwig von Mises. Human Action: A Treatise on Economics [M]. 3rd rev. ed. Chicago: Henry Regnery, 1963: 869.

② 见Rothbard的*Classical Economics*第449页。

6

卡尔·门格尔：奥地利学派的创立

约瑟夫·T. 萨勒诺

卡尔·门格尔
（1840—1921）

尽管在其600多年的史前史中有很多显赫的先驱，但卡尔·门格尔才是奥地利学派经济学本身真正并且唯一的创始人。仅凭着从无到有，创立了构成奥地利学派经济理论核心的价值和价格理论体系，他就配得上这个称号。门格尔做的远多于此，他还首创了人类行为学，并把这个正确的方法一贯地应用于探索经济学的理论研究中。因此，在它的方法和核心理论上，奥地利学派经济学一直是而且永远是门格尔主义的经济学。

在奥地利学派经济的发展史中，所有杰出的权威都认可门格尔首创了奥地利学派经济学核心学说的位置，并向他致敬。1921年门格尔逝世后，在约瑟夫·熊彼得的悼词中，他坚称“门格尔不是任何人的学生，他创立的理论是站得住脚的。……他的价值、价格和分配理论，迄今都是最好的理论”[①]。路德维希·冯·米塞斯写道：

> 人们所知道的奥地利学派经济学始于1871年卡尔·门格尔发表的一

① Joseph A. Schumpeter. Ten Great Economists: From Marx to Keynes [M]. New York: Oxford University Press, 1969: 86.

本薄册子《国民经济学原理》（以下简称《原理》）。直到（19世纪70年代）最后，都不存在“奥地利学派”，只存在卡尔·门格尔。[①]

对于F. A. 哈耶克来说，奥地利学派的“核心观点完全地、彻底地属于卡尔·门格尔。接受卡尔·门格尔的教诲构成了所有奥地利学派成员的共同特征，构成了他们的独特性，并为他们后来的贡献奠定了基础”[②]。

门格尔创立了奥地利学派经济学的核心原理，这一点毋庸置疑，但是对他所作出贡献的真正本质仍存在着很多混淆。人们并不能完全认识到，门格尔彻底地重建价格理论的努力是基于边际效用法则，而非是表面上看起来的含混主观主义。当然，激励门格尔的一个具体并且首要的目标，是建立基于消费者选择的主观价值和商人经济计算使用的客观市场价格之间的因果关系。古典经济学家发展的理论把市场价格解释为供求规律相互作用的结果，然而这个令人不满意的价值理论迫使他们把分析局限在货币计算和商人的选择上，而忽视了消费者的选择。在解释废除16世纪和17世纪商人们保护主义和干预主义计谋和19世纪乌托邦社会主义幻想的影响上，[③]论证他们关于“算计的行动”理论是正确

---

① Ludwig von Mises. The Historical Setting of the Austrian School of Economics［M］. New Rochelle, N.Y.：Arlington House，1969：9–10.米塞斯也写道：“卡尔·门格尔和威廉·斯坦利·杰文斯1871年的作品，开创了经济研究的新纪元。”（Ludwig von Mises. Theory and History：An Interpretation of Social and Economic Evolution［M］. Auburn，Ala.：Ludwig von Mises Institute，1985：124.

② F.A. Hayek. The Fortunes of Liberalism：Essays on Austrian Economics and the Ideal of Freedom［M］. Vol. Peter G. Klein，ed. Chicago：University of Chicago Press，1992：62.

③ 米塞斯也注意到了古典经济学的这个缺点：

> 因为古典经济学家能够解释商人的行动，但对其他方面的解释就无能为力了。他们的思想主要以记账为导向，关键是描述商人的理性行为，而非是消费者的行为（Ludwig von Mises. Epistemological Problems of Economics［M］. George Reisman，trans. New York：New York University Press，1981：175.

但是，正如米塞斯意识到的，这个理论虽然不完善，但是也是构建完善的行动经济学的关键一步：

> 重商主义学者把商品作为经济学分析的中心。在他们眼中，经济学是关于客观财富的理论。在这方面，除了商品之外，他们建立起了关于经济人（如深谋远虑的商人）的理论，这是古典学者的伟大成就。因此，他们为现代经济学做好铺垫，把人和主观评价置于经济系统的中心（Ludwig von Mises. Socialism：An Economic and Sociological Analysis［M］. J. Kahane，trans. Indianapolis，Ind.：Liberty Classics，1981：293.

事实上，古典经济理论是一个有效的行动学理论，有限地关注那些能够用货币计算的手段和目的行动：“古典经济学家们取得的伟大成就，建立起的第一个系统的经济理论体系，实质上是关于有计划的行动的理论。”Ludwig von Mises. Human Action：A Treatise on Economics［M］. Chicago：Henry Regnery，1966：231.

的。因而，像他有时表明的那样，门格尔最终的目标不是破坏古典经济学，而是通过把价值决定和货币计算的理论建立在一般性的人的行动理论之上来完善和巩固古典主义的大厦。

生平和作品①

1840年2月28日，门格尔出生于加利西亚，那里现在是波兰的一部分。他是一个古老的奥地利家族的后裔，这个家族包括手工艺人、音乐家、公务员和军职人员，他们在门格尔出生前从波西米亚迁移出来。他的父亲安东是个律师，母亲卡罗琳是一个富庶的波西米亚商人的后代。他有两个兄弟，安东和麦克斯。安东是一个有名的社会主义者，维也纳大学法学院的教授；麦克斯是一个律师，奥地利国会自由派的代表。门格尔家族是被授予爵位的，但是门格尔自己在他成年不久就放弃了“冯”的头衔。

1859—1863年，门格尔在布拉格和维也纳的大学学习经济学。此后，1863年的夏天，门格尔开始从事记者的工作。通过撰写大量的小说和喜剧（显然是在报上连载的），年轻的门格尔很快在记者行业中引人注目。1865年，他与奥地利自由派首相贝尔克莱蒂（R. Belcredi）会面并共度了新年。1866年秋，为了准备法学博士的口试，他离开官方的《维也纳报》（*Wiener Zeitung*），在其中担任市场分析员。通过考试后，在1867年5月，门格尔开始做一名实习律师。这一年的8月份，他获得了克拉科夫大学的法学学位。然而，他很快又回到了经济记者的工作，并且帮助创立了一个日报。②

1867年9月，门格尔获得他的法学学位后，立即“投身政治经济学”③。接下来的4年，他完成了他的思想体系，随着《原理》1871年的发表，这个如此深

---

① 关于门格尔的人生，可以在以下文章中找到：Hayek，“Carl Menger”；Erich W. Streissler，“The Influence of German Economics on Menger and Marshall”，in *Carl Menger and His Legacy in Economics*，Bruce J. Caldwell，ed.（Durham，N.C.：Duke University Press，1990）；Streissler，“Menger's Treatment of Economics in the Rudolph Lectures”，in *Carl Menger's Lectures to Crown Prince Rudolf Erich*，W. Streissler and Monika Streissler，eds.（Cheltenham，U.K.：Edward Elgar，1994：3–25.；and Kiichiro Yagi，“Menger's *Grundsätze in the Making*”，*History of Political Economy*，1993（25）：697–724.

② 报纸的名字是*Wiener Tagblatt*。它的后继者是*Neue Wiener Tagblatt*，很多年后成为维也纳最有影响力的报纸。

③ 引用于Yagi的“Menger's *Grundsätze*”第700页。

刻以至于可能重塑经济学的理论最终得以完成。作为经济记者，门格尔观察到，古典经济学和市场参与者认为的最重要的决定价格因素之间形成了鲜明的对比。无论这个观察是不是最初激发了门格尔的灵感，使得他在1867年后突然并且深深地被经济学问题吸引，但肯定的是与他最终重建价格理论的目标一致。①

1870年，门格尔在奥地利内阁（the Ministerrat sprae sidium）出版部获得了一个公务员的职位，该内阁由自由党成员组成。由于他已经有出版的作品，并在1872年成功通过了任教资格（Habilitation）考试，门格尔终于达到了维也纳大学法律和政治科学担任私人讲师（Privatdozen）——不领取薪水但享有教授的声誉的讲师——的要求。②在1873年秋天，当他晋升为领取薪水的全职副教授（Professor Extraordinarius）③时，门格尔辞去了内阁印刷部门的职位，直到1875年，他一直坚持对私有部门的新闻报道。

1876年，门格尔赢得了担任18岁的皇储鲁道夫·冯·哈夫斯堡（Rudolf von Habsburg）家庭教师的机会。在接下来两年的课程中，在陪伴鲁道夫遨游欧洲的过程中，门格尔教授他课程。④当他回到维也纳时，弗朗茨·约瑟夫国王任命门格尔到维也纳法学系政治经济学系，他从1879年开始在此担任全职教授（Professor Ordinarius）。

当门格尔获得了一个优越的学术职位后，他开始澄清并辩护《原理》中使用的理论方法。这本书在德国被忽视了，原因是在19世纪70年代，德国经济学几乎完全受新兴的历史学派摆布，领衔的古斯塔夫·施穆勒（Gustav Schmoller）极为敌视门格尔（和古典学派）经济学“抽象的”理论化风格。1883年，门格尔方法论研究的成果发表在《经济学方法论探究》（*Untersuchungen uber die Methode*

① 见Hayek的“Carl Menger”第69页。

② 米塞斯用下面的话语描述私人讲师（Privatdozent）这个制度：

> 一个发表了学术书籍的博士可以要求学术委员会接纳他在其所在的学科作为一个自由的私人讲师；如果学术委员会答应这个请求，需要征得（宗教与教育）大臣的同意。实际上，这个许可在（19世纪80年代早期之前）是需要的，承认作为私人讲师并不意味着成为公务员。即使授予他教授的头衔，他也不从政府领取任何薪水。很少的一些私人讲师可以依靠自己的储蓄维生，大多数还需别的工作来维持生活（见Mises的*Historical Setting of the Austrian School*第13页）。

③ 见Streissler的“Influence of German Economics”第4页，他把这个学术等级用英语翻译成“副教授”；Mises在*Historical Setting of the Austrian School*第11页翻译成“助理教授”。

④ 门格尔教授王子的讲稿记载在了王子的笔记中，可以在Streissler主编的*Carl Menger's Lectures to Crown Prince Rudolf*一书中找到。

der Sozialwissenschaften und der politischen Ökonomie insbesondere）一书中。[①]在冷落他上一本书的地方，这本书却激起了德国经济学家的愤怒，他们激烈地抨击门格尔和“奥地利学派”。事实上，“奥地利学派”一词起源于德国历史学派，他们使用这个词把门格尔和他的追随者孤立在德国的主流经济学之外。1884年，门格尔用一个尖刻的题为《德国经济学历史主义的错误》（*Irrthumer des Historismus in der deutschen Nationalökonomie*）的文章来回应，接着奥地利学派与德国历史学派之间开始了著名的方法论之争（Methodenstreit）。[②]

与此同时，门格尔的作品和授课从19世纪70年代中期开始吸引大批卓越的追随者，最知名的是欧根·冯·庞巴维克和弗里德里希·冯·维塞尔（Friedrich von Wieser）。在1884—1889年间，受门格尔影响的这些人和其他人的作品开始大量涌现，汇聚出一个易于识别出的奥地利学派。19世纪80年代晚期，在法国、荷兰、美国和英国的非德语经济学家开始了解门格尔的学说。

19世纪80年代晚期，不再活跃地参与方法论之争后，门格尔的兴趣从方法论的关注转移到纯经济理论和应用经济学的问题上。在1888年，他发表了一篇关于资本理论的重要文章《资本理论》（*Zur Theorie des Kapitals*）。在此期间，门格尔作为奥地利货币体系改革委员会的领军人物，促使他思考货币理论和政策的深层次问题。于是，在1892年，他发表了包括《货币》（*Geld*）在内的大量货币经济学的文章，[③]对于货币理论作出了突破性的贡献。门格尔的学术生命一直延续到1903年辞去教职。然而不幸的是，此后直到1921年逝世，他再也没有写下任何重要的作品。

古典经济学和门格尔《原理》出版前经济理论的状况

1867年，当门格尔真正地把他的注意力转回到经济理论时，英国古典学

① Carl Menger. Investigations into the Method of the Social Sciences with Special Reference to Economics [M]. Louis Schneider, ed., Francis J. Nock, trans. ew York: New York University Press, 1985.

② 关于奥地利学派学者和德国历史学派之间的冲突，详见Mises的*Historical Setting of the Austrian School*第20–39页。对于历史决定论不同形式的批评，详见Mises的*Theory and History*第198–239页。

③ 对门格尔关于货币和其他方面作品的综述，详见Hans F. Sennholz. The Gold Standard: Perspectives in the Austrian School [M]. Llewellyn H. Rockwell, Jr., ed. Auburn, Ala.: Ludwig von Mises Institute, 1992: 19–34.

派，也就是大卫·休谟、亚当·斯密和大卫·李嘉图已经建立起来了一个强大的但是充满错误的经济理论体系。古典经济学成功证明了价格现象——产品价格、工资和利率——不是历史偶然或者卖方奇想的产物，而是由一般性的和不变的经济学规律，也就是供求规律所决定，这是他们永恒的声望。他们同时展示，通过追逐利润商人进行着计算和行为，价格如何有效地控制着生产过程。在那些卖价与产品平均成本的差额高于正常利润的产业，在预期利润的驱使下，现有的企业主扩大产出，然而资本家—投资者也会建立新企业，渴望生产额外的产量来分享超额利润。相反的，那些产品价格不能支付单位成本的产业，对利润的共同追求和对损失的厌恶使得现有企业主缩短生产、停止生产或两者兼有，这也抑制新的竞争者进入这个产业。进而，随着生产的扩张和超额利润被获取，那些产业的供给相对于需求在增加。同时，相对于生产成本，随着价格下降到“自然”水平，利润率也下降到正常水平。那些由于亏损而产量缩减的企业，产业的供给相对于需求在下降，促使价格到上升（并超过）平均成本，当价格达到自然水平时，亏损消失同时正常水平的利润在这个过程出现。

古典经济学观点认为，价格和生产按照确定的因果规律运转。价格由所有市场参与者的相互作用而决定，因而任何商品的真实价格反映供给和需求间瞬时的货币均衡；追求利润（和规避损失）的商人的计算和选择资源配置到不同的生产过程，这意味着，长期来看，资源在不同的生产分支进行配置，从而保证所有的投资趋向等于一个正常或自然“利润率”或投资回报率。因而，古典经济学的确包含人的行动理论的雏形，因为它只狭隘地关注于商人的计算——众所周知的“以最便宜买入同时以最贵的价格卖出”的“经济人”，所以它是不完善的。换句话说，古典的价格和生产理论只是关于市场中可计算行动的理论，在市场中，所有方式和目的、成本和收益、利润和损失都可以使用货币的方式计算。虽然这是经济科学伟大的成就和大胆的跨越，但是它没有考虑消费者主观的、不能量化的评价和偏好，而这却是所有经济活动的存在理由。

为了解释这个疏忽，我们回到前面提到的古典经济学的主要缺陷：它的价值理论（value theory）。为了分析作为价格理论基础的商品价值，古典经济学开始关注抽象的商品类别，如面包、钢铁、钻石和水等，关注它们对人类一般意义的有用性而不关注特定数量的具体商品和它对于一个有选择性个体来说的重要性。因而，它们不能解决著名的“价值悖论”（paradox of value）：或者为什么尽管面包对于维持人的生命不可或缺而钻石仅仅带来审美愉悦或作为炫耀的摆设，但是一磅面包的市场价格相比于等重量高级钻石的价格却微不足道。为了进一步推进他们的分析，古典经济学家被迫把价值割裂成两类，“使用价值”和“交换价值”。前者指一个商品满足人们欲望的重要性，而后者仅仅指商品的市场价格。不顾使用价值作为交换价值预先给定、不可解释的前提条件，他们接下来只关注交换价值的分析。价值理论的这个方法自然而然使得古典经济学未能发展出一个完整的人的行动理论——综合消费者的评价和选择与商人的计算和选择。

由于不能把他们的价格理论建立在消费者的主观价值基础之上，古典经济学家转向客观的生产成本来完善他们的理论体系，这使得同等状况下生产出来的商品的技术条件，与作为经济活动积极决定因素人的选择相一致。这使得价格理论有分歧并相互矛盾。根据这个理论，正如我们上面看到的，每天交易中真实支付的市场价格由供求决定。然而，只有供给被真正解释了，是利润最大化商人货币计算的结果，然而各种各样消费品的需求却是事先给定的。虽然人的选择决定所有商品日复一日的市场价格，长期来看，生产成本决定着可以重复生产的商品交换价值趋向于“自然”价格，而自然价格本身依然没被解释。“稀缺”的商品——那些通过生产过程不能增加供给的产品，诸如古董、稀有硬币、早期绘画大师的油画等，被认为属于独立的、相对不重要的商品，它们的交换价值完全由供求来决定。因此，古典经济学的价值和价格理论是相割裂的。但是，仍存在一个没有解决的矛盾，至少对于可重复生产的商品：尽管人的计算和行动可以完全解释每时每刻的真实价格，但是仍然存在一个神秘的、与个人意志无关的因素，使价格趋向某一水平。

关于生产要素收入决定的问题，古典分析几乎是完全没有价值的，因为它再一次通过广义和同质的诸如“劳动”、“土地”和“资本”的类别进行分析。这使得古典经济学家从解释特定某种资源的市场价值或真实价格的重要任务转移到荒唐地探求影响三类要素所有者——工人、地主和资本家——收入份额的原则上。古典学派的分配理论和它的准价格行动理论相分离，几乎通过专门区分土地、劳动力和资本客观性的不同来解释总收入在它们之间的分配。虽然古典价格和生产理论的核心包括一个复杂的行动理论，但是古典的分配理论只粗浅地关注商品的技术特性。

在19世纪60年代晚期，门格尔发现了经济理论中这个令人不满意的状况。的确，主观价值学派可以追溯到萨伊、杜尔哥、坎蒂隆和中世纪的经院哲学家们，当古典学派在大英帝国占主导地位时，它在欧洲大陆处于鼎盛时期。门格尔是一个有名的藏书家，他受德语语系主观价值传统的培育和滋养。然而，虽然基于这个传统的作者不断强调“效用”和“稀缺”是市场价格的唯一决定因素，在某些情况下，甚至阐述了边际效用的概念。然而，在门格尔之前，没人能够系统地把这些见解阐述成一个全面的定价过程理论和经济学理论。①

门格尔重建经济理论②

经济理论的性质和范围

正如上文所强调的，门格尔强调并不打算推翻古典经济学。他对古典经济学强调经济理论的普适性和不变性，短期的价格决定理论和推演出的自由放任政策结论都感到很满意。③进而，门格尔打算把古典理论重建在更坚实的价格供求理论与基于消费者选择和行动的货币计算理论之上，从而通过化解价格理论

---

① 对门格尔之前主观价值传统彻底并博学的分析，详见Murray N. Rothbard. Economic Thought Before Adam Smith（Vol. 1）. An Austrian Perspective on the History of Economic Thought［M］. Cheltenham，U.K.：Edward Elgar，1995：65-133. Alejandro A. Chafuen. Christians for Freedom：Late Scholastic Economics［M］. San Francisco：Ignatius Press，1986.，这篇文章提供了一个关于经院哲学的先驱们的权威解释。Murray N. Rothbard. The Foundations of Modern Economics［M］. Edwin G. Dolan，ed. Kansas City：Sheed and Ward，1976：52-74，也是关于经院哲学家们贡献的一个值得关注的文献。Joseph T. Salerno，“The Neglect of the French Liberal School in Anglo-American Economics：A Critique of Received Explanations”，Review of Austrian Economics，1987（2）：113-156，讨论了法国自由学派萨伊的传承者们。Streissler在“Influence of German Economics”这篇文章中讨论德国的主观主义思想对门格尔的影响。

② 门格尔、英国人威廉·斯坦利·杰文斯和法国人里昂·瓦尔拉斯三个人几乎同时，并且完全独立地在19世纪70年代共同发现了边际效用原则，这被称之为“边际革命”。然而，正如我们所看到的，尽管这个原则在门格尔重建经济理论中起到了根本性的作用，但是得出这个原则所使用的方法——同时他利用这个原则发展而成的门格尔经济学——与杰文斯和瓦尔拉斯的作品的范式完全不同。在这一点上，详见Emil Kauder. A History of Marginal Utility Theory［M］. Princeton，N.J.：Princeton University Press，1965.；William Jaffe. Menger，Jevons，and Walras De-Homogenized［J］. Economic Inquiry，1976（14）：511-524.关于对边际革命一般性的讨论，详见Richard S. Howey. The Rise of the Marginal Utility School：1870-1889［M］. New York：Columbia University Press，1989.；and The Marginal Revolution in Economics：Interpretation and Evaluation，R.D. Collison Black，A.W. Coats，and Craufurd D.W. Goodwin，eds.（Durham，N.C.：Duke University Press，1973）。

③ 门格尔对古典学派的态度可以通过下面这句话反映出来：“给王子讲座的整个框架和大多数讨论都来自于亚当·斯密的《国富论》。”详见Streissler的“Menger's Treatment of Economics in the Rudolf Lectures”第6页。

和分配理论的分歧来修复它的上层建筑。在《原理》的前言中，门格尔大胆地宣称他意欲把所有的经济学分支放在一个重建了的价格理论之下，并写道：

> 我所特别注意的，是关于产品与其生产要素的经济现象间的因果关系研究。之所以这么做，不仅因为目的是要在一个统一的观点之下，建立一个可以统括一切价格现象（包括利息、工资、地租等）的价格理论；而且还因为我们深入了解那些之前未被充分理解的其他经济过程。①

门格尔认识到人的行动是“基于现实的价格理论”和广义的经济理论的核心。正如门格尔在准备《原理》的初稿笔记中精辟地写道：“人自身是每个经济体的起点和终点”和“我们的科学是一个人满足欲望所需能力的理论。”②虽然主观价值传统早期的作者们已经确认了人类欲望满足的重要性，③门格尔独自成功锻造了与这个见解一致的经济理论化方法——后来路德维希·冯·米塞斯称之为行为学。因此，他通过深思人类满足欲望的本质开始了科学探求，进而推理出直接的启示。通过推进这个方法，门格尔能够立刻认识到满足欲望的过程并不完全是人脑认知的和内在的，而是关键依赖于外在世界，依赖于因果规律。这解释了为什么门格尔使用“一切事物受因果规律的支配”，作为他经济学作品的开头。④如果不提到客观事实这个伟大规律，人们实现目标所做出的努力在逻辑上是不可行的，因为正如门格尔所说，满足的主观状态和世界这个客观状态都是用同一条因果链条联系在一起的：

> 我们自身及其每一状态，都是这个巨大整体关联结构的一环。所以，除了受因果规律支配，我们很难想象，人们如何从一个状态过渡到与此相异的另一状态。因此，假如一个人要从抱有欲望的状态进到欲望满足的状态，那么这个改变发生就一定需要充足的原因。即或者一个人的器官中存在发挥作用的力量，能够修复被扰乱的状态；或者存在外物，它的特性能

---

① 见Menger的*Principles*第49页。

② 见Menger，quoted in Yagi的“Menger's *Grundsätze*”第720–721页。

③ 尤其是Frédéric Bastiat，William E. Hearn，Amasa Walker，and Arthur Latham Perry。详见Salerno的“Neglect of the French Liberal School”对这些经济学家的讨论。

④ 见Menger的*Principles*第51页。

够使得我们的欲望得到满足。①

然而，从外界客观状态到主观满足状态，这个原因不是单向的。对于门格尔，它是双向的，因为通过感知到因果规律，人能够认识到他完全依赖于外界世界，把后者转化为实现他目标的方法。因此，人自身成为了欲望满足过程中的最终原因——正如最终目标那样。在他的笔记中，通过平行的三个一组的关联概念："目的—方法—实现/人—外部世界—生存/欲望—商品—满足"②，门格尔表达并强调了行动主观和客观方面的相关性。

商品理论

门格尔强调因果律，这使得他在《原理》中最开始用25页的篇幅来阐明"商品的一般理论"，其中，他用行为学的术语重新阐述了商品的概念。③对于门格尔，商品是外界世界中的那些要素：它们对于满足欲望的过程和在基于欲望的行动中起到核心作用。④再次，门格尔在《原理》之前的笔记本中的下面的

---

① 见Menger的*Principles*第51–52页。正如米塞斯也在《人的行动》第22–23页中指出的那样：

> 人处在行动的状态，是因为他发现了他决定要改变的事物和世界将变成的状况之间的因果关系。行动需要同时并假定因果关系的类型。……为了行动，人必须认识到如下的因果关系：事情间、过程间或者事情的状态间。只有了解了这个关系，行动的努力才能达到目的。

② 见Menger，quoted in Yagi的"Menger's *Grundsätze*"第704页。这些概念三角，尤其是最后一个，反映出了法国自由主义经济学家弗雷德里克·巴斯夏对门格尔的影响，门格尔在《原理》中引用了巴斯夏两次。"欲望，努力和满足"就是巴斯夏未完成的政治经济学论文第二章的标题。详见Frédéric Bastiat. Economic Harmonies［M］. George B. de Huszar, ed.，W. Hayden Boyers，trans. Irvington-on-Hudson，N.Y.：Foundation for Economic Education，1964：20–33. 巴斯夏也使用这三个术语给出了政治经济科学的定义（第31页），在这一章的其他部分，巴斯夏说道"政治经济学的主题是人"（第25页），这几个词在门格尔的论述中也不断出现，如"人本身是所有经济的开始也是结束"。关于巴斯夏和自由主义学派对19世纪欧洲经济学的深远影响，详见"Neglect of the French Liberal School"的第119–124页.

③ 在德语的教科书中，门格尔之前的学者先对"商品理论"进行讨论，这是一个惯例。详见Yagi的"Menger's *Grundsätze*"第703页；and Streissler的"Influence of German Economics"第49页。

④ 见Mises的*Human Action*第93页。指出商品是"行动的基础"。从哈耶克的角度来看，（他在"Carl Menger"的70页）中指出：

> （门格尔）对人的需求和满足欲望的方式间因果关系详细和原创性的调查，……是注意力关于与此的典型表现。尽管奥地利学派给人们留下的普遍印象，总是特别关注于生产的技术结构。

段落非常具有启发性：

> 我们与外界世界的相互依赖：我们所居住的地方，外界世界完全展现给我们。依赖于外在世界的特定部分或者其中的某些关系，这些也都会给我们带来特定关联。为了这个目的，这些部分必须是合适的。这些东西叫作商品，它们能够满足人的欲望（和满足目的说的是同一件事）。①

通过认识到一个商品的本质，门格尔接着阐明“商品间的因果关系”，目的是确认“每个商品在因果关联中的地位”②。“最低等级的商品”是消费品，如面包，直接被用来满足人们的欲望。用门格尔的话说，“面包和人们欲望满足之间的因果关系是直接的”。然而，生产要素属于“更高等级的商品”，与“满足人们欲望之间只存在间接关系”。例如，面粉、烤箱提供的服务和面包师的劳动属于第二等级的商品，它们的商品特质源于如下的事实：当把它们在生产过程中结合起来，生产一定量的面包时，它们是面包满足人们欲望的间接原因。同样的，小麦、谷物磨坊和磨坊工人的劳动构成第三等级的商品，它们的商品特质源于能用于生产第二等级的商品。这个同样适用于生产面包的第四等级和第五等级的商品。简而言之，门格尔说：

> 更高等级的商品不断地转变为较低等级商品，直至它们最终满足人类欲望的过程……不是没有规律的，而是像其他转变过程一样，受因果规律的支配。③

因此，外在世界存在着大量要素，它们在满足人们欲望的因果链条中的地位，给予了它们商品的特征。

门格尔进一步对商品作出区分：现有商品数量超出满足人类欲望需要所需数量的商品，和那些现有商品数量少于满足人类欲望所需数量的商品。门格尔把前者命名为“非经济商品”，把后者命名为“经济商品”。作为非经济商品，由于它们相对于欲望的超额存在，人们对于它们不用采取任何行动。然

---

① 见Menger，quoted in Yagi的“Menger's *Grundsätze*”第705页。强调是门格尔所加。

② 见Menger的*Principles*第56页。

③ 同上书，第67页。

而，关于经济商品，一个人为了更好地满足他的欲望，需要节俭利用经济商品。节俭利用涉及和其他商品一起，把特定商品能够满足的所有欲望按照紧急程度或重要性来排列，然后选择把一定数量的产品满足最重要的欲望，而使不太重要的欲望未被满足。同时，正如商品的特性一样，更高等级商品的经济品特性来源于它们能够生产较低等级商品的经济品特性。例如，在一个纯净水天然地超出满足人类需要的地区，不需要节俭使用水，人造水库、水泵、水管和过滤装置。对于门格尔来说，节俭行为无异于是一个有目的的行为或行动，正如米塞斯和现代行动范式的支持者所理解的行动那样。门格尔的“节俭的人”（economizing man）和米塞斯的“行动人”都使用稀缺的手段方式来满足他们认为最有价值的目的。

产权（property）的理念内在于节俭的观点中。对于门格尔来说，“人类的经济和产权有共同的起源”，都根植于稀缺性。[①]因此，产权既不是一个“任意的发明”，也不是不同物体的加总。这属于行动学的一个类别，指的是有目的创造的商品结构，通过个体的节约性行为来满足目的的结构，这个商品的结构不断调整。正如门格尔所说：

> （一个人的）财产并不是……商品间任意组合而成的数量，而是一个全部欲望的反映，是一个有机构成的总体。这个总体的任一重要部分都是不能增减的，否则使用它们所满足的目的就会受到影响。[②]

毫不夸张地说，门格尔经济学对商品和产权的讨论和对知识以及预期的讨论一样多。[③]

门格尔对商品等级和经济特征的分析，加在一起颠覆了古典成本生产理论的基础。首先，（古典经济学）认为较低等级商品的经济特性来源于生产它所使用的较高等级商品的经济特性，这个经济特性存在于生产过程之前，对于门格尔来说，

---

① 见Menger的*Principles*第97页。

② 同上书，第76页。

③ 我感谢汉斯-赫尔曼·霍普最先提示我商品和财产权在门格尔经济学中起到了核心作用，然而却出人意料地没有得到学者们的重视。

与所有的经验……所相悖。经验告诉我们，由于经济学上的无知，使用高等级别商品（它们的经济品特质毋庸置疑）可能确实会生产出来完全没用的产品。[①]

换句话说，生产成本理论在解释稀缺和有价值的资源为何能够被用于生产市场价值为零的产品方面束手无策，因为这些资源在直接或间接满足人类欲望方面是没用的。姑且不考虑这些问题，这个理论致命的缺点在于它只是一个“伪解释”，因为它使用较高等级商品的经济特性来解释较低等级商品的经济特性。正如门格尔论述的那样：

如果我们使用第二等级商品的经济特性去说明第一等级商品的经济特性，又使用第三等级商品的经济特性来说明第二等级商品的经济特性，再使用第四级商品的经济特性来说明第三等级商品的经济特性等。这个解决问题的方案，可以说根本没有使问题得到解决。因为商品的经济特性的终极和真正的原因何在，仍没有得到解答。[②]

价值理论

这一章开始讨论价值问题，它如此令人为难，最终击败了古典经济学家。不幸的是，他们未能理解人们行动的目标是具体的数量的商品，而非是所有类别的商品，因而古典经济学家在分析中抛弃了使用价值的概念。但是由于门格尔坚持着眼于个体行动，很容易就认识到了边际单位（marginal unit）——与选择相关的商品数量——这个概念对整个经济理论的深远意义。

在其笔记中，门格尔比较了“类别价值”——抽象商品类别的价值和具体单位的某一商品的“单位价值”或“具体价值”。门格尔认为前者与真实世界的行动完全不相关，他论述道：

① 见Menger的*Principles*第108页。
② 同上。

对于类别价值，我们是对不考虑其数量的商品属性和不考虑个体性的人的需求进行比较。……然而，在真实世界中，只有具体的商品和具体的欲望。①

事实上，恰恰是行动的概念，才带来了特定数量的某一商品带来的不同满足之间的主观排序。正如门格尔解释的：

各个具体的欲望满足有不同的重要性，这对任何一个节俭的人的意识来说都不陌生。与人们的住处和所处的文明阶段无关，我们都可以观察到：经济人如何总体上衡量各种不同欲望得到满足的相对重要性，尤其是他们如何衡量单独的那些行动使得某一欲望或多或少被满足的相对重要性，同时通过比较这些活动的结果，最终指引着人们朝着尽最大可能满足其欲望的方向行动（也就是节约）。②

通过思考节约或行动的本质，门格尔能够最终证明对任一商品的渴望，实际上是对特定单位数量商品的一系列的、重要程度不同的渴望，而稀缺约束着人们欲望的满足。同时，这意味着只有真实单位数量的商品才对人们的选择有意义：“‘节俭的人’拥有的不是事物的类别，而是具体的事物，因此，只有具体事物才属于商品，才是我们节俭和评估的对象。”③

只有具体的欲望和特定单位数量的商品才对评估过程有意义，建立起这个关系后，门格尔接着给出价值的定义：价值就是单个商品或一定数量的商品对我们的重要性，因为我们意识到通过对它们的支配才能满足我们的欲望④。换句话说，“所有商品的价值仅仅是对经济商品满足我们欲望重要性的计算”⑤。接着，对于门格尔而言，“商品的价值只存在于人们的意识之中。……本质上，

① 见Menger，quoted inYagi的“Menger's *Grundsätze*”第709页。

人处在行动的状态，是因为他发现了他决定要改变的事物和世界将变成的状况之间的因果关系。行动需要同时并假定因果关系的类型。……为了行动，人必须认识到如下的因果关系：事情间、过程间或者事情的状态间。只有了解了这个关系，行动的努力才能达到目的。

② 见Menger的*Principles*第128页。

③ 同上书，第116页。

④ 同上书，第115页。

⑤ 同上书，第122页。

商品价值……完全是主观的”[①]。如果人们把他后面这一句话解释为激进的主观主义而不考虑外界客观实在，那他是错误的。因为，门格尔强调物品的价值和物品本身之间的区别，实际上是作为厘清认知和客观存在的因果过程间牢固的本体论关系的一种方式，而这个关系通过评估和节俭才能得以存在。因此，商品的价值不是任意的，而是人类知识的必然结果。人类的知识使得我们认识到，维系生命、幸福或者人生没有那么重要的部分，而是需要控制某一商品或者一定数量的商品。[②]

如果价值存在于人们对于“具体”事物满足“具体”欲望重要性的判断中，那么人们是如何得出该判断的呢？问题是对于一个人来说，用来满足他欲望的特定物品的价值是什么呢？答案就在问题中，门格尔不仅解决了价值悖论，也为重建价格理论和整个经济科学奠定了基础。

门格尔机智地通过重述回答了这个问题：“如果节俭的个体没有拥有他所需的特定的商品数量——也就是如果他只能支配有比所需数量少一个单位的商品数量，那么哪个欲望将得不到满足呢？”[③]通过门格尔对节俭的讨论，显然这个问题的正确答案就是“当他拥有所需的全部数量的商品时，那些能够获得的满足中最不重要的那个”。换句话说，与减少哪个特定的供给量无关，行动人节约（或有效利用），总会通过重新配置剩余的数量单位以满足他最重要的欲望，同时放弃那些供给充足时会得到满足但相对最不重要的欲望。因此，行动人支配一单位商品所能获得的所有满足中最不重要的那个决定着这一单位商品的价值。这个满足决定的价值后来成为了著名的“边际效用”[④]。门格尔这样阐述边际效用定律：

> 所以，在每一种具体情况下，一个经济人所支配的商品数量决定着他能获得的所有满足，只有对他来说最不重要的欲望满足才依赖于全部商品中特定部分的可得性。因此，相对于可得的全部商品，任一部分商品的价值等于全部商品能给他带来的所有满足中最不重要的那个（而且是等量的

---

① 见Menger的*Principles*第121页。

② 同上书，第120–121页。

③ 同上书，第131页。

④ 门格尔的追随者，也是一位奥地利学派经济学家，弗里德里希·冯·维塞尔创造了这个词，门格尔自己似乎从来没有在他出版的作品中使用过这个词。

那部分商品才能实现）。[①]

因此，通过应用边际效用定律，门格尔能够为价值悖论提供一个直接并且无可争议的解决方案。而价值悖论困扰着古典经济学，使它未能发展成一个全面的人的行动理论。门格尔的边际效用定律指出，因为钻石和黄金极其稀少，而水却大量存在：

> 因此，在正常情况下，即使人们不能够支配特定数量的饮用水，也不会有人的欲望会得不到满足。相反，对于钻石与黄金，即使总支配量能确保的各种欲望满足中的最不重要的欲望满足，对于经济人来说仍具有相对非常高的重要性。因此，一定量的饮用水通常对经济人就没什么价值，而一定量的钻石和黄金则有很高的价值。[②]

修复完古典经济学使用价值和交换价值之间的裂痕，并把价格理论坚实地建立在消费者评价和选择的基础上后，门格尔把他的注意力转向古典经济学家在价格理论和分配理论间，或者说消费品的定价和生产要素的定价之间的分歧。再一次，门格尔使用边际效用理论给出了一个绝对正确且普适的解决方案。同时，他彻底拒绝古典经济学宣称的，至少长期的情况下生产成本决定价格。

门格尔首先指出只有欲望的满足才对人类有直接的意义。[③]因此，消费品或者第一等级的商品获得其价值是因为人们认识到满足特定的欲望需要特定数量的这些商品。因此，欲望满足的重要性归算到满足欲望的这些商品上。较高等级的商品，那些用于共同生产消费品的生产要素，与满足人们的欲望之间没有直接关系，但是通过生产过程的因果链条，它们能够间接影响欲望满足的过程。因此，特定数量消费品的价值归算到生产它的第二等级的商品上，因为尽管后者间接意义上满足欲望，但是它是满足欲望的必要条件，它直接影响消费品的存量。同样的价值递推分析应用于第三、第四和更高等级的商品价值。门格尔总结道：

> 因此，与第一等级的商品一样，欲望得到满足的重要性最终也决定着

① 见Menger的*Principles*第132页。
② 同上书，第140页。
③ 同上书，第151–152页。

较高等级的商品价值。关于满足，我们意识到它依赖于可以获得的较高等级的商品，它们的价值正是我们所考虑的。但是由于商品间的因果关联，较高等级的商品价值不是直接由欲望满足的预期重要性衡量的，而是通过衡量相应的较低等级商品的预期价值。[①]

如果“较高等级的商品价值依赖于它们所生产的较低等级商品的预期价值”，那么，正如门格尔所论述的，生产成本——即所支付的各种较高等级产品的价格总和——不可能决定消费品的价格，因为成本本身最终由消费品的价格决定。[②]其次，正如门格尔所指出的，生产成本的价格决定理论不能解释土地和劳动提供服务的价格，因为它们是自然给定的，因此它们本身不存在生产成本。[③]相比较而言，门格尔的价值递推理论很容易就能够解释它们价格，与解释其他类别的具体商品一样：大致源于较低等级商品的价值。如果它们本身是第一等级商品的话，直接依赖于它能带来的满足。

门格尔的分析成功地认识到消费者的评价是价值、消费品和生产要素价格的一般性原因，但是他仍没有解释单个要素的价格。原因是较低等级的商品只能通过相互“互补”的较高等级的多个商品来生产而成。因为门格尔意识到，生产本质上必须需要两种及以上的生产要素。[④]因此，不可能把较低等级商品价值的一部分递推到用于生产它的较高等级的各种商品中。最后，门格尔精湛的分析能力，为使用边际效用找到了正确的解决方案。

门格尔指出，在大多数生产过程中，较高等级的商品不一定像化学反应那样按照完全固定的比例进行组合。换句话说，如果部分或全部取消用来生产谷物的一种互补性要素，比如说肥料，将会导致谷物的产量减少而不是导致整个生产过程荒废。门格尔论述道，这意味着，特定数量的较高等级商品的价值份额，可以用从特定生产过程互补产品的加总价值中分离出来。因此，当其他情况不变，如果减少百分之百的肥料使得收割的谷物减少十麻袋，那么对农民来说，这些数量的肥料价值就等于这十麻袋谷物的边际效用，也就是由于损失十

① 见Menger的*Principles*第152页。

② 同上书，第151页。

③ 同上书，第49页。

④ 对于门格尔观点的一个行动学证明，详见Murray N. Rothbard. Man，Economy，and State：A Treatise on Economic Principles［M］. 2nd ed. Auburn，Ala.：Ludwig von Mises Institute，1993：10–11，28–29.

袋谷物他所放弃的欲望满足。

门格尔总结道，“特定数量的较高级别的一个商品价值遵循如下规律”：

> 假如……所有较高级别的商品都得到了最有效的利用，一定数量较高等级的一个商品的价值等于我们支配着它时所实现的欲望满足的重要性与缺少它时所实现的欲望满足的重要性之间的差额。[①]

时间、产权和企业家精神

因为门格尔认识到把较高等级商品转化为较低等级商品的生产过程和把较低等级商品的价值递推到较高等级商品中的计算都是相连的因果过程，他指出时间在两者中都起到了核心作用。门格尔认为“因果关系……是与时间密不可分的”[②]。

事实上，“如果从使用较高等级商品进行生产到拥有相应的较低等级的商品间的时间间隔不能被消除”，那么生产过程本质上是不确定的。因为有些因素超出了行动人的技术知识或控制，诸如土壤属性或天气的变化，而它们可能影响生产出来的第一等级商品的质量或数量。技术知识的改进能够大大减少但不可能彻底消除与生产过程相关的技术不确定性，从而行动者能更好地预测消耗时间的因果过程。

但是技术知识不可能减轻与生产过程紧密相连的其他类型的不确定性。因为任何一个生产过程都是为了满足未来的欲望，行动者必须要对它们进行预测。事实上，正如门格尔指出的，“能否正确预测到未来所需的商品数量决定着（行动者）能否成功”，此外“完全缺少预见性的任何活动计划将不可能最终满足人们的欲望”[③]。此外，尽管人们不可能完全肯定地预测未来的状况，但是门格尔并不相信行动者完全不知道未来的欲望。[④]在他们筹划阶段，原来的经验使得人们能够大致肯定地预测到很多欲望。关于其他的欲望，比如药品和灭火器，人们保持“或多或少的质疑”。但是尽管人们“预见不足”，其行动依然能成功地满足这些欲望。门格尔总结说：

---

① 见Menger的*Principles*第164–165页。

② 同上书，第67页。

③ 同上书，第89页。

④ 同上书，第81–82页。

> 因此，在筹划阶段，虽然我们不确定对某一商品的需求是否发生，我们最终有可能满足欲望，同时也不会使我们需要获得必要的商品来满足这些欲望的事实受到质疑。①

因此，不确定性对于门格尔来说不是一个障碍，而是一个行动的条件。②

对于门格尔而言，“决定着人类活动成功的第二个因素是关于人们可以利用哪些手段来满足其欲望的知识”③。作为欲望满足的前提条件，行动者关心“衡量并清点那些他们能够利用的商品”④。关于所需的较高等级商品种类和数量的知识越精确，在筹划阶段，对接下来所需要的用来满足未来欲望消费品的预测越精确。在发达的市场经济中，各种各样较高等级商品的所有权和所在地趋向于分散，获得这类数据对生产计划无疑是非常重要的。但是，即使我们考虑“最低水平的文明程度，……完全不具备这个知识将不可能存在任何有远见的满足人们欲望的活动”。⑤

现在，“节约的人必须计划并指挥”这个有因果关系的生产过程。门格尔把从事这个过程所需的一系列功能称作是“企业家活动”⑥。正如上文我们所看到的，对于门格尔来说，企业家最重要的功能是预测未来需求，估计它们的相对重要性，并获得技术知识和现有可行生产方式的知识。如果缺少类似的企业家预见性和知识，那么将不可能把欲望满足的价值递推到较高等级的商品上，同时也不可能进行理性的资源配置。⑦

企业家的活动还包括许多其他的、与财产的行为学属性紧密相连的功能。⑧这些功能包括“经济计算”，涉及保证生产过程的技术效率的各种计算，如最有价值地使用财产。第三个企业家功能是通过有目的地把较高等级的商品

① 见Menger的*Principles*的第82页。
② Hayek在“Carl Menger”中的第71页也暗示出了这一点，其中哈耶克描绘出了门格尔关于经济活动观点的特征。“对于他来说，经济活动本质上是为将来做计划，同时他对这段时期或者与别的一些时期关于人以考虑不同需求的预先考虑的讨论有一个绝对现代的语气。”
③ 见Menger的*Principles*第89页。
④ 同上书，第90页。
⑤ 同上。
⑥ 同上书，第160页。
⑦ 同上书，第151页。
⑧ 同上书，第159–161页。

配置到特定的生产过程中去实现"意愿的行动"。最后，"监督生产计划的执行，使其能够按照越节省越好的方式进行"。显然，最后两个功能需要拥有财产所有权，因而意味着门格尔的企业家是一个资本家—企业家。门格尔明确地指出"指挥资本提供服务"是经济活动运行的"必要前提"①。进而，在大公司中，虽然企业家可能雇佣"许多帮手"，而且他们从事的活动非常广泛，但是企业家自己仍然履行上述的四个典型功能，而"这些帮手最终限制在从事一般性的活动，可以决定把部分财富配置给特定生产目的，选择并控制其他人"②。

门格尔认为这四个功能是企业家精神的核心，是财产对较高等级商品的行动学启示。这解释了，为什么在门格尔眼中，行动者获得知识和形成预期不是自发的，而是严格地受制于构成他财产的商品结构和他的最终目标。③此外，门格尔的企业家作为一个"节约人"，他开始并引领着不确定的因果过程，同时他不只是一个消极的"风险承担者"，而是一个充满活力的行动者，能够通过积极寻求财产最有价值的用途来获取利润，而利润意味着对他从事风险性活动的回报。④

---

① 见Menger的*Principles*第172页。

② 同上书，第160–161页。

③ Guido Hülsmann. Knowledge，Judgment，and the Use of Property［J］. Review of Austrian Economics，1997，10（1）：23–48. 他这篇开创性的文章，详细阐述了门格尔关于知识的见解。在第43–44页，赫尔斯曼说道：

> 知识本身从不稀缺。知识问题之所以在经济学中能占有一席之地，只是在知识需要被选来应用的时候。然而，知识的选取完全依赖于行动人的财产。……我们的选择意味着我们对行动在不同预期到的条件下，我们对自身技术知识重要性的一个判断。……然而，如果不参考我们自己的财产，我们不可能通过重要程度选择知识。另外，一旦我们拥有了财产，我们才能知道哪种知识可能是有用的。因而，财产给我们指出了有用的那些渠道。

④ 因此，门格尔批评他德国主观价值传统中杰出的前辈汉斯·冯·曼格尔特，因为他把"'承担危险'刻画成企业家的核心功能"。对于门格尔来说，风险"只是伴随着"计划是实施因果过程而发生的，这个过程的目标和驱动力满足行动者最重要的欲望。详见Menger的*Principles*第161页。

米塞斯对企业家利润是"对承担风险的回报"这个"流行的谬误"给出了一个类似的批评，在《人的行动》第809–810页中，米塞斯说道：

> 在这个论述中每个词都是错误的。资本所有者不在更多风险、更少风险和安全的投资之间进行选择。受到市场经济运转的推动，他不得不把他的资金以下面的方式投资：最大限度地满足最迫切的消费者需求。事实上，通常来说一个资本家……希望把他的资金分散到不同类型的投资中，但这不表明他希望降低"赌博风险"。他希望增进他获得利润的机会。

事实上门格尔对企业家活动的四个功能的阐述全都体现在了米塞斯"促进者—企业家"的概念中（同上书，第289–315页）。在门格尔对企业家精神的讨论中犯的唯一一个错误就是他把企业家活动分类为（不可替代）的劳动服务。详见Menger的*Principles*第172页。

价格理论

现在来看价格理论，这是门格尔经济学的巅峰成就。门格尔把对价格的解释建立在边际效用规律基础之上，也是把货币计算的古典理论与满足人类欲望的一般性过程相联系的最后一步。因为如果决定所有等级商品价格的活跃因素是边际效应，如果企业家基于这些价格作出经济计算，那么就能够证明满足人们满足欲望的有目的的行动是市场经济中资源配置和收入分配的决定性因素。

作为阐述价格理论的序曲，门格尔不得不首先阐释交易的原因和本质。不幸的是，由于倾向于认为人们对商品的需求是抽象的和基于种类的，而非是具体的和基于单一商品的，亚当·斯密和古典经济学家们除了把交易的动机归结为人类具有与生俱来的“运输和以物易物”的特质外，别无选择。这个任务留给了门格尔，通过人类的欲望来阐述交易理论。再一次，门格尔借助边际效用规律，给出了这个问题一个简单且最终的解决方案。门格尔使用一个例子和大致下述的话语来阐述这个方案：①假设存在A和B两个农民，他们每个人拥有不同的商品，马和牛。假设A拥有6匹马，B拥有6头牛。门格尔问道：“A和B会同意交易多少匹马和多少头牛呢？”回答时，门格尔论述道，只要双方都认为收到的商品价值超过他放弃的商品价值，就会持续用一匹马交换一头牛，也就是说，只要双方按相反的顺序看待他们所交换商品的价值。门格尔总结他的分析：

> 两个议价者中，当一个人没有额外的商品——该商品对他的价值小于用它从第二个议价者手中交换的商品价值时，同时第二个议价者也认为自己手中的商品价值高于要交换而来的商品价值时，就达到了（交换的）极限。②

交换停止也意味着双方耗尽了来自贸易的收益。这个收益存在于，相比于他初始的交换前的商品，每个交易者能够通过调整财产结构来满足更重要的欲望。因此对于门格尔来说，交换和生产一样重要，是满足欲望的因果过程中重

---

① 见Menger的*Principles*第183-187页。

② 同上书，第187页。

要的一部分。门格尔使用这个观点证明了古典经济学立场的谬误——认为交易和中间商的活动是非生产性的，他论述道：

> 商品交换活动对每个交易者经济地位的影响，就如同他拥有了一个新的财富。……对于一个经济体来说，目的不是增加商品本身，而是要尽可能地满足人们的欲望。①

在证明交换极限的过程中，门格尔首创了分析真实世界定价过程的行动学方法。因为每个因果过程都有始末，这个过程完整的解释涉及描述那些使得行动开始、持续和结束的因素。这个分析方法核心的是庞巴维克称谓的“瞬时均衡”，或米塞斯称谓的“（活动）平息状态”的概念。②在上述例子中，只要A和B按照相反的顺序评估两个商品的价值，交换过程就会持续。当相反顺序的评估不复存在时，交换过程终止同时平息状态出现。在真实世界中，由于消费者欲望和生产技术条件的改变，个体对商品的评价也在不断发生改变，因此这为进一步交换重新创造了条件。然而，这不会使得门格尔的分析变得没有意义。相反，恰恰是平息状态的概念划清了特定交换行为的界限。正如门格尔解释道：

> 经济交换的基础是不断发生改变的，因此我们能观察到一个永恒持续的现象。但是，如果观察仔细的话，在这个交易链中，由于特定原因在特定时刻，我们可以找到特定商品的平息点。在这些平息点上，没有商品交换发生，因为交换已经达到了经济上的极限。③

门格尔从对交换的分析中，自然而然就转到对价格是如何被决定的解释上。门格尔把价格定义为“真实交换到的商品数量”。然而，作为整体欲望满足过程的一部分，“价格仅仅是（经济）活动的一个偶然表象，是个体间经济活动实现均衡的一个征兆”④。这意味着一个实际价格的出现——如特定数量的

---

① 见Menger的*Principles*第184页脚注，和第190页。

② 详见 Mises的*Human Action*第334–335页，描述了这个方法。米塞斯说道：“我们把此归功于戈森、卡尔·门格尔和庞巴维克。”虽然庞巴维克是门格尔的学生，德国学者海因里希·赫尔曼·戈森的作品出现在1854年，早于门格尔的《原理》，尽管并没有证明表明门格尔曾读过此书。

③ 见Menger的*Principles*第188页，强调是新加的。

④ 同上书，第191–92页。

商品间一个真实的交换，不仅与交换过程的完成，而且与交换双方实现瞬间的平息状态同时发生。上述例子中，如果A支付四匹马换取B的四头牛，这构成了交易的实际价格，同时特定数量的商品交换建立起了A和B间马牛交换的瞬时均衡。相似的，在现代货币经济中，在任一时刻，每个观察到的货币价格都意味着，特定数量的商品交换促使每对交易者之间实现了交易的平息状态。对于每个个体来说，在有新的参与者进入市场或另一个交换开始前，这个状态以暂时的、时间或长或短的间歇状态出现。这个间歇的插曲意味着交换带来的共同收益被耗尽。例如，如果一个消费者走出百货商场，至少在那一刻是一个平息状态，这不仅与她购买的各种食物相关，也与她的货币财产和所有构成她的财产的其他可交换的商品有关。当她遇到一个潜在卖家，他对商品和购买价格的评价正好与她相反时，交易的平息状态迟早会被打破。

门格尔使用这个分析方法证明，市场参与者的主观评价唯一地决定了价格。他使用两个孤立的个人开始了简短的分析。A1拥有一匹马，同时B1拥有小麦。基于对两个商品相对边际效用的估计，为购买这匹马B1愿意最高支付80蒲式耳的小麦；再一次，基于边际效用的考虑，当支付给A1不少于10蒲式耳的小麦时，他愿意卖掉自己的马。那么，如果当每匹马的价格处于10到80蒲式耳的小麦之间，同时A1和B1按相反的顺序评估马匹和小麦的价值时，则存在交换的可能。这种情况下，假如A1和B1都知道彼此的存在，每匹马支付的价格将位于10 ~ 80蒲式耳小麦之间的某个位置。精确的价格是二者间讨价还价的结果，这取决于他们讨价还价的技巧。交换发生的那一刻，价格实现且瞬间消失，平息状态立即跟着发生，交易双方的欲望满足都得到改进，同时交易活动会出现短暂的停歇。

我们把另外两个潜在的马匹购买者B2和B3引入该市场中，他们为每匹马所支付的最高购买价格分别是60蒲式耳和50蒲式耳的小麦。假设B1的最高购买价仍保持在80蒲式耳，买方间的竞争使价格上涨到一个足够高的水平，除了最有能力的购买者外，把其他买者都逐出了市场，那么均衡价格的范围就会缩小到61 ~ 80蒲式耳的小麦之间。只有一个等于或高于61蒲式耳小麦的价格才能使得产品重新分配，同时所有市场参与者也处于平息状态。例如，在70蒲式耳的价格，只有买者B1认为马匹的价值高于购买价格，然而卖方A1和被排除的买方B2和B3都认为价格高于马匹价值，并同意离开市场。当上述的例子发生改变，A1拥有两匹马时，同时它们的最低销售价格分别为30蒲式耳和10蒲式耳，那么均衡价格会下降，同时进一步缩减到51～60蒲式耳小麦之间，同时B1和B2每人在此价格下购得马匹。因为只有在这个范围的实际价格能够使交易过程出现一个平息，使得商品按照全部耗尽得自交换收益的原则来重新分配。

门格尔在“垄断贸易”的标题下总结价格形成的一般性原则，正如上述，这个市场的一方只有一个卖家，

> 价格形成在如下范围之间，交换中参与交易中最没有购买能力竞争者提供的一单位的垄断商品的等价物（上述例子中是B2），和交换中被排除到交易中最有能力的竞争者提供的一单位的垄断商品的等价物之间（上述例子中是B3）。①

进而，门格尔认识到，垄断情况下价格形成的原则同样适合没有“垄断”存在的情况，这是绝对正确且精确的经济学定律，它适用于所有市场的价格形成。根据这一定律，庞巴维克称之为“边际对偶”，在任何市场中，真实价格总是位于一个水平，能够耗尽额外一个交换带来的共同收益，并达到平息状态。②门格尔写道：

> 每个给定的经济条件都为价格形成和商品分配设定明确的界限，落在这些界限之外的任何价格和商品分配都是经济上不可能实现的。……无论特定数量的商品是由一个垄断者还是许多竞争者来提供，同时也与商品在竞争性的卖方间初始分布的方式无关，这些对价格形成和商品在竞争性买方间最终分配的影响都是完全相同的。③

对欲望满足的因果过程的极为关注，这解释了为什么门格尔在这一段中同样强调“价格形成”和“商品分配”。商品是欲望满足的直接原因，因而也是

---

① 见Menger的*Principles*第207页。

② Eugen von Böhm–Bawerk. *Capital and Interest*，Vol. 2，The Positive Theory of Capital［M］. George D. Huncke trans. South Holland，Ⅲ.：Libertarian Press，1960：225.据米塞斯所言：

> 在初步形成的（如门格尔的）价格理论中，平息状态这个概念是对市场上每时每刻所发生事物的真实描述。任何从供求相等的点偏离的市场价格，在没有阻碍的市场上都会自动出清的。

③ 见Menger的*Principles*第216页和第219页。

参与交换的直接动因。这也解释了为什么门格尔关注历史上的实际价格，用门格尔的话来说，因为这些价格仅仅是“真正交换到的商品数量”；因此，支付这些价格使得市场参与者能够共同改善他们的满足。瞬时的“平息点”在门格尔的价格理论中非常凸显，这些价格支付后这个状态就立即占上风，从而将不存在市场参与者能进一步共同改进满足的机会。

门格尔打算把《原理》作为多卷本文集中第一部分的概述，然而遗憾的是，他最终没有完成其他卷本，这本书中未能明确并详细阐述生产要素定价和企业家经济计算中生产的货币成本问题。[①]1886年，庞巴维克弥补了门格尔价格理论的这个空白，他称之为“成本定律”——即现今的边际生产率定律，他对要素市场定价问题解释的方式，与门格尔使用边际效用定律对消费品定价问题的解释方式是一致的。[②]随着门格尔的定价过程理论的完成，消费者最终选择整合了商人的企业家精神和货币计算，从而形成关于人的行动的一般性理论。

这就是门格尔最伟大的成就和他经济学“革命”的本质：证明了价格正好是人们有目的地满足欲望的因果过程的客观反映。因此，价格理论是门格尔经济学，也就是奥地利学派经济学的核心。在一段极为深刻的赞扬中，熊彼得强调了门格尔这方面的贡献：

> 因此，重要的并不是发现人们购买、销售或生产商品，同时通过满足欲望的角度认识到商品有价值；而是一个不同类型的发现——人们的欲望这个简单的事实，能够完全解释现代交换经济的所有复杂现象。同时，尽管与表象相反，人类的欲望是经济运行的推动力，这个机制超越鲁滨孙·克鲁索经济或无交换存在的经济。通过这一思考线索，得出如下结论，认识到价格形成是经济体独特的经济特征——不同于一切其他社会的、历史的和技术的特征——并且价格形成的框架可以解释一切个别的经济事件。从纯经济学的观点来看，经济体只是一个价格互相依赖的体系；一切个别问题，不管它们叫作什么问题，只不过是这个经常反复的发生过

---

① 正如Hayek在“Carl Menger”第69–73页所指出的，这是“唯一一个门格尔的论述中所忽略的重要一点”。

② 见Böhm–Bawerk的*Positive Theory*第248–256页关于对庞巴维克的不恰当地忽略这个领域贡献的讨论，详见Joseph T. Salerno“Two Traditions in Modern Monetary Theory: John Law and A.R.J. Turgot”，*Journal des Economistes et des Etudes Humaines*，1991（2）：368–370.

> 程的特例而已，而且一切特殊的经济规律都可以从价格形成的规律中演绎而来。在门格尔《原理》序言里，我们已经认识到这是一个不言自明的假设。他的核心目的是发现价格形成的规律。一旦他成功地把价格决定问题（从“需求”和“供给”两方面）的解决办法，基于对人类欲望的分析和维塞尔称之的“边际效用”的原理之上时，经济活动的整个复杂结构立刻就显得出人意料的简单。①

熊彼得总结道，尽管门格尔也作出了其他卓越的贡献，“但是可以说他的价值和价格理论……彰显出了他真正的个性”②。如果是这样，门格尔的个性依旧存活在当代奥地利学派经济学兴盛的行动学范式中。

精选阅读

［1］Bruce J. Caldwell，ed. *Carl Menger and his Legacy in Economics.* Durham，N.C.：Duke University Press，1990.

［2］F.A. Hayek，“Carl Menger（1840–1921）”. In *The Fortunes of Liberalism: Essays on Austrian Economics and the Ideal of Freedom.* Vol. 4. *The Collected Works of F. A. Hayek.* Peter G. Klein，ed. Chicago：University of Chicago Press，1992.

［3］William. Jaff é，“Menger，Jevons，and Walras De-Homogenized.” *Economic Inquiry* 14（December，1976.）：511–524.

［4］Emil. Kauder，*A History of Marginal Utility Theory.* Princeton，N.J.：Princeton University Press，1965.

［5］Carl. Menger，*Investigations into the Methods ofthe Social Sciences with Special Reference to Economics.* Louis Schneider，ed. Francis J. Nock，trans. New York：New York University Press，1985.

［6］Carl. Menger，*Principles of Economics.* James Dingwall and Bert E Hoselitz，trans. New York：New York University Press，1976.

［7］Hans E. Sennholz，“The Monetary Writings of Carl Menger”. In *The Gold Standard: Perspectives in the Austrian School.* Llewellyn H. Rockwell，Jr.，ed.，

---

① 见Schumpeter的“Carl Menger”第84页。

② 译者注：原文中这个脚注丢失。查证后：同上书，第90页。

Auburn, Ala.: Ludwig von Mises Institute, 1985.

[8] Erich W. Streissler, and Monika Streissler, eds. *Carl Menger's Lectures to Crown Prince Rudolf.* Cheltenham, U.K.: Edward Elgar, 1994.

[9] Kiichiro. Yagi, "Menger's Grundsätze in the Making". *History of Political Economy* 25 (Winter), 1993.

7

菲利普·威克斯蒂德：一位英国奥地利学派学者

伊斯雷尔·M.科兹纳

菲利普·威克斯蒂德
（1844—1927）

“威克斯蒂德在经济思想史上的位置紧邻杰文斯和奥地利学派学者。”[①]自从里昂·罗宾斯（Lionel Robbins）在1932年给出这个富有洞察力的评价之后，至少在学理上，菲利普·威克斯蒂德被认为有奥地利学派传统。或许恰恰是这个原因，我们在开始讨论威克斯蒂德著作的奥地利学派特征之前就要强调，无论他奥地利学派的头衔有哪些优势，他不是通常意义上的奥地利学派成员。作为与门格尔、庞巴维克和维塞尔同时代的英国人，威克斯蒂德和他们中的任何人似乎都没有直接联系或书信往来。他的传记详细记录了威克斯蒂德的海外旅行，[②]没有提到他曾访问过

① Lionel Robbins. The Common Sense of Political Economy and Selected Papers and Reviews on Economic Theory [M]. Lionel Robbins, ed. London: Routledge and Kegan Paul, 1933: xv.

② C.H. Herford. Philip Wicksteed: His Life and Work [M]. London and Toronto: J.M. Dent, 1931.

维也纳。他的作品对他同时代的奥地利学派学者似乎也没有产生直接的影响。[①]相反，尽管威克斯蒂德提及过他们的作品，[②]但是任何他的主要观点都不是从这些作品中得出。[③]

威克斯蒂德的作品结构清晰，其中我们认为属于“奥地利学派”的要素是他仔细阐述在其他英国“奥地利学者”作品中发现的深刻见解的结果，如威廉·斯坦利·杰文斯。尽管从经济学本身来说，威克斯蒂德的作品最接近第二代奥地利学派的经济学分支，但他似乎也未能对他们产生深远的影响。[④]在米塞斯的晚年，他提到过威克斯蒂德的“伟大作品”，[⑤]但是如果说米塞斯不是从门格尔和庞巴维克，而是从威克斯蒂德那里得出他自己的核心观点，这无疑是夸张的。

另外，虽然正如我们看到的，威克斯蒂德的作品从经济学分析的范围、特征和内容上都和奥地利学者的非常相似，但是这个相似并未能延伸到与奥地利学派传统密不可分的自由市场的意识形态视角。虽然在对社会主义的经济学批评中，奥地利学派几乎被一致认为是最重要的，但是威克斯蒂德却深深地同情

---

① 然而，有意思的是23岁的、才华横溢的、年轻的奥地利经济学家约瑟夫·熊彼得1906年拜访了威克斯蒂德，并在他家中进行了“一个小时的聊天”。熊彼得回忆道，在这次拜访中，威克斯蒂德的个人魅力“征服我了”，给我留下了的印象是“他镇静但并非冥顽不灵，他慈善但并非软弱，他质朴却又同他的精细配合得那么完美，他谦逊、不摆架子却又不失尊严”（来自中文翻译）。Joseph A. Schumpeter. History of Economic Analysis［M］. New York：Oxford University Press，1954：831. Robbins，Introduction to Wicksteed's The Common Sense of Political Economy（第viii页），认为威克斯蒂德在*The Alphabet of Economic Science*这本书中引入了“边际效用”一词，作为奥地利语Grenznutzen一词对应的翻译。

② 详见 Wicksteed的*The Common Sense of Political Economy*第1卷第2页和第2卷第765，808，812页。

③ 在哈耶克1926年的一篇文章中，他显然认为威克斯蒂德把大部分精力都放到了分配理论上，很少的精力，如果有的话，放在了“奥地利学派发展的递推原则”上。详见F.A.Hayek. Money，Capital，and Fluctuations：Early Essays［M］. Roy McCloughry，ed. Chicago：University of Chicago Press，1984：43。在这一点上，威克斯蒂德相信追随杰文斯的那一代经济学家们，“尤其那些在奥地利和美国的”，拓展了“边际理论的广泛应用。然而，这个生命在内容上应该有所改变，因为罗宾斯把“影响威克斯蒂德思想的”也包括“杰文斯和早期的奥地利学派学者们”。详见Wicksteed的*The Common Sense of Political Economy*第2卷第812页。

④ 对20世纪20年代奥地利学派作品的不完全回顾，发现鲜有人引用威克斯蒂德。这尤其体现在Hans Mayer. Classics in Austrian Economics：A Sampling in the History of a Tradition（Vol.2）［M］. Israel M. Kirzner，ed. London：William Pickering，1994：55-168.

⑤ Ludwig von Mises. The Ultimate Foundation of Economic Science：An Essay on Method［M］. Princeton，N.J.：D. Van Nostrand，1962：78.

它。[①]尽管所有的这些原因，如果20世纪晚期的奥地利学派仍认为威克斯蒂德与其志趣相投，[②]这肯定不是因为他和与他同时代的奥地利学者间密切的私人关系或者是任何相同的政治或意识形态视角，而在更严格意义上是因为他们拥有相同的学派见解。这些见解清晰并且深刻地认识到19世纪70年代把边际效用引入经济分析带来的极具革命性的意义，尽管这个时期马歇尔经济学占主导地位，但是他们并没有被马歇尔的影响而左右。威克斯蒂德作为奥地利学者的故事必须围绕着这些学派见解展开。

威克斯蒂德的故事

威克斯蒂德出生于1844年，父亲是拥护唯一神教派的牧师。1861年到1867年间，他在伦敦大学学院和新曼彻斯特学院接受教育，期间他取得了硕士学位并荣获了古典文学的金奖。[③]1867年，威克斯蒂德跟随他父亲进入唯一神教部，开始了他极为广泛的学术和神学探索。在他1897年离开神学讲坛后，他神学和道德学著作的撰写依然持续了很长时间，似乎开始了他对其他学科的学术探求。这些尤其是包括他对但丁的学术生涯深深感兴趣，这个兴趣不仅使威克斯蒂德发表了大量的著作，而且使他跻身最重要的中世纪史学家的行列。现代商业社会以令人不安的财富和收入的不平等为特征，受神学兴趣的驱使加上他对

---

① Ian Steedman. The New Palgrave：A Dictionary of Economics（Vol.4）［M］. John Eatwell，Murray Milgate，and Peter Newman，eds.，New York：Macmillan，1987：919. 这篇文章结尾指出，威克斯蒂德的*The Common Sense of Political Economy*，“完全证明了他同情当时的社会主义和工人运动，同时他有时也犀利地批评市场体系，然而他仍是一位纯粹的边际理论者”。Robbins（Introduction to Wicksteed，*The Common Sense of Political Economy*，第 vi页），指出在“他的一生中”，威克斯蒂德“保持了对土地国有化观点的同情”。尽管如此，需要强调的是，在传递给将来社会改革者的信息的过程中，威克斯蒂德一直都是作为一个训练有素的新古典经济学家。在提到那些“持续存在而无须维护的经济力量”时，威克斯蒂德提醒“社会改革者”，如果“我们能够利用这些经济力量，那么我们无须费力，那么就会自发起作用；同时如果我们逆其方向而行，我们必须考虑好代价”（第158页）。

② 穆瑞·罗斯巴德在这本书中引用威克斯蒂德多次：Murray Rothbard. Man，Economy，and State：A Treatise on Economic Principles［M］. Auburn，Ala.：Ludwig von Mises Institute，1993.当笔者自己（指科兹纳）在20世纪60年代，打算重述奥地利学派的价格理论时，我一而再再而三地用威克斯蒂德的作品作为参考来源。详见 Israel M. Kirzner. Market Theory and the Price System［M］. Princeton，N.J.：D. VanNostrand，1963.

③ 见Herford的*Philip Wicksteed*第25页。

商业社会的伦理学关注，使得威克斯蒂德开始了经济学研究，在这之前他还阅读了亨利·乔治1879年写下的《进步与贫困》（*Progress and Poverty*）。[1]

或许是因为在威克斯蒂德40多岁时经济学才进入他的学术视野，同时仅仅作为他的众多兴趣之一——在开始经济学研究之前，他已经对大多数兴趣研究了很多年，这使得熊彼得评论威克斯蒂德“某种程度上位于经济学行列之外”[2]。然而，仅仅几年间，威克斯蒂德就独立发表了一个极为重要的经济学作品，[3]他仔细阐述了从杰文斯的作品中学到的理论，同时成为了教育推广大学的经济学讲师。[4]在1894年，威克斯蒂德发表了他备受称赞的《分配规律的同位论》（*An Essay on the Co-ordination of the Laws of Distribution*），其中他尝试着用数学方法证明按照边际生产率支付要素所有者的工资后，分配系统最终将耗尽生产的所有产品。然而，他1910年发表的《政治经济学常识》（*The Common Sense of Political Economy*，以下简称《常识》），最全面地勾勒了威克斯蒂德的经济系统，同时也最清晰和有力地表达了那些现今奥地利学者认为最意气相投的观点。1913年，威克斯蒂德在英国科学促进会F部门众所周知的就职演讲，简练地表达了他作品中奥地利学者一面的重要要素。演讲以“政治经济学的范畴和方法——基于价值和分配的‘边际’理论”为题，发表在1914年3月《经济学杂志》（*Economic Journal*）上。威克斯蒂德于1927年逝世，除了参加1922年《经济学季刊》的研讨会，他在生命的最后十几年没有发表任何经济学著作。那么，到底是什么让后来的奥地利学派学者在威克斯蒂德经济学中找到了与他们的传统最相似的一面呢？

奥地利学派学者威克斯蒂德

里昂·罗宾斯对威克斯蒂德作为一个奥地利学派学者的评价，不仅精辟地

---

① 详见Herford的*Philip Wicksteed*第197页。乔治的书使得威克斯蒂德发现了杰文斯的作品，并对威克斯蒂德形成自己的经济思想产生了巨大的影响。详见William Stanley Jevons. The Theory of Political Economy [M]. London：Macmillan，1871.

② 见Schumpeter的*History of Economic Analysis*一书中的第831页。

③ 见Wicksteed的*The Alphabet of Economic Science*.

④ 这是一种在19世纪70年代发源于英国的成人教育项目，扩展“大学的教学，到把大学课堂中的一些边边角角，以一种便于理解和接受的方式，提供给那些没有机会坐到大学课堂的人们”。参见Herford的*Philip Wicksteed*第90页。

表达了威克斯蒂德对边际革命经济学的贡献，也表达了他自己对现代经济思想史的认识。罗宾斯影响深远的《论经济科学的性质和意义》（*An Essay on the Nature and Significance of Economic Science*，1932）一书，以“特别感谢路德维希·冯·米塞斯教授的作品和菲利普·威克斯蒂德的《政治经济学常识》”[①]这个致谢总结序言，绝非是一个偶然。至少是在1932年，罗宾斯认识到威克斯蒂德是1879年后经济学写作行列的开拓者，他明确并且清晰地指引经济学思想步入明显有别于古典经济学思想的方向。在这个意义上，罗宾斯认为威克斯蒂德与奥地利学派学者（尤其是米塞斯）有一致之处。罗宾斯这个对现代经济学的解读，完全不同于在英国经济学界占主导地位的阿尔弗雷德·马歇尔的观点。

> 在（英国）过去四十年，经济学思考的主要来源是通过马歇尔传播的古典经济学。……至少在意图上，马歇尔的基本立场是修正主义。他不是去破坏，而是正如他希望的去完成（完善）古典经济学的作品。相反，和杰文斯和门格尔他们那样，威克斯蒂德认为彻底的重建是有必要的。他不是一个修正主义者，而是一个革命者。[②]

接下来，我们将识别威克斯蒂德颠覆性地理解经济学方法中的核心要素。[③]每个要素都有很强的奥地利学派味道，可以说是来源于威克斯蒂德经济学思考的主观主义立场。我们将主要关注：威克斯蒂德对主观主义理解成本概念的强调；威克斯蒂德反对古典经济学狭隘地关注物质财富的现象的分析（使用经济人假设模型，仅仅关注获取物质财富）；威克斯蒂德（尽管有限但绝非不重要）关心市场实现均衡的过程（而非只关心已达到的均衡状态本身）。关于威克斯蒂德式奥地利学派的三个方面，我们可以冒险地推测，第一点可能给罗宾斯留下了最深刻的印象，第二点可能给米塞斯留下了最深刻的印象，同时

---

① Lionel C. Robbins. An Essay on the Nature and Significance of Economic Science［M］. 2nd ed. London：Macmillan，1935：16.

② 见Robbins的Introduction to Wicksteed，*The Common Sense of Political Economy*第xvf页. 斯蒂格勒把威克斯蒂德描述成为“在1870到世界大战之间重要的、显然抛弃了古典传统的两个英国经济学家”之一。详见George J. Stigler. Production and Distribution Theories：The Formative Period［M］. New York：Macmillan，1941：38–39ff. 斯蒂格勒提到的另外一个经济学家是威廉姆森·斯马特，庞巴维克和维塞尔作品的翻译者。

③ 需要注意的是，威克斯蒂德一贯地不捍卫他观点的原创性。他把自己看作是解释和详细说明他从杰文斯那里学到的经济学。

第三点可能是现代奥地利学派学者们，那些米塞斯和哈耶克的信徒们最感兴趣的。由于篇幅的限制，本文接下来扼要地逐一讨论威克斯蒂德作品的这三个奥地利学派特征。

威克斯蒂德和成本的主观性

基于成本在价值理论中的作用，威克斯蒂德认为自己非常明显地不同于他英国同辈们的马歇尔主义正统学说。他认为正统学说口头上赞同杰文斯提出的边际效用理论，但是拒绝承认这个理论所有的含义和影响，这意味着最终反对古典的成本价值论。威克斯蒂德在1905年写道：

> 基于真正的杰文斯式的观点，认为马歇尔教授是领衔、杰出的经济学家的经济学流派是一个由辩护者们组成的学派。这个学派接受杰文斯的《政治经济学原理》，这并不意味着他们是革命家，因为它宣称这本书中的理论对它要摧毁的理论是一种补充、澄清和进一步阐明。对于这个学派的学者，他们把修复过的消费理论纳入科学体系，却使得生产理论没有受到任何影响。作为正常价格的决定性因素，生产成本与需求计划是相协调的。①

换句话说，威克斯蒂德反对从严格技术关系的角度来看待生产活动，这个角度完全不同于边际效用的视角——它支配着消费活动。

马歇尔认为市场价格某种程度上是平衡客观的生产成本和主观的边际效用的结果，这个观点为其余的古典思想产生的混淆负责。威克斯蒂德坚持认为杰文斯的观点是完全不同的：

> 如果已经生产出来且成本已经产生，那么生产成本绝不可能对商品的价格产生直接的影响；然而，当还未产生生产成本时，制造商在决定是否生产和生产多少之前，他对可供他选择的那些方案作出估计；因此，制造商最终计划的供给量决定着边际价值和价格。那么，生产的成本影响一个物品价值的唯一表现，只从生产成本体现（放弃的）另外物品的价值的角

① 见Wicksteed，*The Common Sense of Political Economy*第2卷的第812页。

> 度而言。因而，交换价值的唯一并且最终的决定因素是那个被称之为效用或欲望的东西。[①]

对威克斯蒂德来说，成本能够在解释市场价格中起作用只能以如下形式表示，生产成本是另外可供选择产品的预期价值。然而，这个可供选择的产品是在作出生产决策那一刻，为了那个要生产的特定物品，而被放弃的未生产的产品。

正是威克斯蒂德的观点让詹姆斯·布坎南教授写道：

> 奥地利学派学者们和美国学者达文波特（H.J. Davenport）明确地提出了机会成本的概念，从这个原则所占据的绝对核心地位来看，没有哪本书能和威克斯蒂德的《政治经济学常识》相媲美。[②]

正如布坎南所强调的，威克斯蒂德的作品[③]“对20世纪20年代末30年代初，成本理论能够在伦敦政治经济学院形成起着关键作用”。当然，在那些年，罗宾斯对奥地利学派的重视和他作为伦敦政治经济学院的思想领袖，也肯定有助于巩固威克斯蒂德和奥地利学派在思想上的渊源联系。

威克斯蒂德和经济学范畴

在他的《常识》中，威克斯蒂德使用多页的篇幅阐述作为形容词“经济”的含义。同时，他在这篇题为《政治经济学的范畴和方法——基于价值和分配

① Wicksteed，ibid.，Vol. I，第391页（强调是作者所加）.威克斯蒂德，在他1913年的著名文章中，（“The Scope and Method of Political Economy in Light of the‘Marginal’Theory of Value and Distribution”，*Economic Journal*，1914），深入展开了这个观点，从而形成了他最知名的、最有启发性的分析观点之一：事实上并不存在独立的“供给曲线”。供给曲线只是威克斯蒂德所称呼的“总需求曲线”的一部分，它包括商品数量的计划表：这个商品现在的所有者们希望在不同价格下持有这个商品的数量。

② James M. Buchanan. L.S.E. Essays on Cost［M］. James M. Buchanan and G.P. Thirlby，eds. London：London School of Economics and Political Science，1973：14.

③ 详见James M. Buchanan. Cost and Choice：An Inquiry in Economic Theory［M］. Chicago：Markham Publishing，1969：17；Buchanan and Thirlby的L.S.E. Essays on Cost第14页。关于多大程度上布坎南相信威克斯蒂德对成本的理解，和布坎南有相同的理论深度，详见Buchanan的*Cost and Choice*第17页。

的“边际”理论》的文章中，最后重述了他全局性的视野。[①]其中，我们再次发现，威克斯蒂德追求杰文斯革命彻底的影响，进而必然使得他反对古典经济学对经济学范畴的认识。威克斯蒂德一再强调，把追求物质财富看作是经济学研究的唯一领域，是完全不合乎逻辑的；认为经济学的结论依赖于自利动机的支配（等同于古典的经济人假设），至少是武断的并且对分析没有帮助的。

在这一点上，我们发现威克斯蒂德和奥地利学者们，尤其是路德维希·冯·米塞斯，走在相同的道路上。威克斯蒂德和米塞斯都坚持认为结论的一般性来源于我们对人在作决策时的目的性和理性的理解。“我们习惯地说道。”威克斯蒂德写道：

> 某人“以名声为代价”获得了某个物品；或者对处心积虑疏远朋友的人说：“哦，好的！如果你选择付出代价的话，你当然可以这么做。”那么，“价格”，狭隘意义上是指“为了获得某个物品物、某项服务或者特权所需要支付的金钱”，它只是广义上“代价”的特例，指的是“我们放弃的那些选择”[②]。

“敏感的人们”，米塞斯写道：

> 肯定在理想的和现实的选择之间感到痛苦。然而，这……是事物的本质。即使没有货币计算，我们也可以作出价值判断，因而我们不能避免痛苦。孤立的人和社会主义社会都是同样的，同时真正敏感的人们绝不会认为这是痛苦的。当让人们在面包和荣誉之间作出选择时，他绝不会不知所措。如果荣誉不能吃，为了获取荣誉至少有食物可以被放弃掉。[③]

① 这也是他1913年英国科学促进会F部分就职演讲的一部分。

② 见Wicksteed《常识》一书的第28页。值得一提的是，这一页的引用得到了米塞斯的赞许。详见Ludwig von Mises. Epistemological Problems of Economics［M］. George Reisman, trans. Princeton，N.J.：D. Van Nostrand，1960：34.

③ Ludwig von Mises. Socialism：An Economic and Sociological Analysis［M］. London：Jonathan Cape，1936：116. In this early（the original German edition was published in 1922）expression of Mises's rejection of any sharp line separating the economic from the non-economic，Mises does not cite Wicksteed.

1933年，当米塞斯首先提出经济学仅仅作为“普适的人的行动的科学”的一个分支的观点，[①]同时论述“经济学阐述的交换学（catallactics）的规律适用于每个交换，而与人的行动是聪明还是愚笨，或者受到经济动机还是非经济动机驱使无关”[②]时，他在脚注中提到了我们前面引用的威克斯蒂德的那段话，这绝非偶然。

对于米塞斯，把利他动机排除出经济学是武断的，同时是基于误解的，驱动人类行为的仅仅是人的目的。“一个人所做的总是希望能够改善他自己现在的满意度。”只有在这个意义上，我们才能准确理解：

> 以改善其他人现状为目的的行动。……行动者认为让别人吃比让他自己吃更令他满足。他的忧虑来自于他意识到了其他人处在贫困中这个事实。[③]

威克斯蒂德也阐述了相同的见解，他坚信“把‘仁慈’和‘利他’的动机排除出经济学研究的提议……是完全不相关的，也是没有切中要害的”。奥地利学派基本的信条是人的目的的至高无上，比自我为中心和自私贪婪所表达的内容要广泛得多。正如罗宾斯所认识到的，[④]经济现象依赖于“有目的地行动”，正是这样的考虑使得我们能够完全不理会这个控告：“经济学假设一个经济人的世界，其中人们只关心赚钱和自利。”显而易见，威克斯蒂德和奥地利学派学者所做的是，他们始终如一地把经济学分析的焦点从古典经济学对物质实体的关注转移到了对个体行为选择和决策的影响上。

威克斯蒂德和市场过程

“市场”，威克斯蒂德写道：

---

① 见Mises的*Epistemological Problems*第12页。

② 同上书，第34页。

③ Ludwig von Mises. Human Action：A Treatise on Economics［M］. The Scholar's Edition. Auburn，Ala.：Ludwig von Mises Institute，1998：243.

④ 见Robbins的*Nature and Significance*第93页。关于“理性”行为的目的，罗宾逊引用了米塞斯的观点。罗宾逊注意到威克斯蒂德和米塞斯在这一点上的相似。（详见Robbins，Introduction to Wicksteed，*The Common Sense of Political Economy*，第xxiii页）.在是否是这个观点启发了罗宾逊第一版《论经济科学的性质和意义》中的核心观点上，是有争议的。

是一种机制，对于任一商品，为了使得交易能够在双方满意的条件下发生直至实现均衡，偏好尺度相对较高的人们和偏好尺度相对较低的人们之间通过市场进行沟通。但是，这个过程总是并且一定是需要时间的。①

毫无疑问，从威克斯蒂德对市场如何趋向均衡的仔细和详尽的讨论中②，现代奥地利学者能够找到很多点和他争论。然而，对于我们评价威克斯蒂德的奥地利式风格，重要的是他清晰地认识到市场是一个框架，一个需要时间的均衡过程发生于此——在这个过程中，市场参与者能够逐渐“加入其中并相互沟通”——而不是一个社会工具，假设完备的共同知识最初能够存在，同时知识能立刻转化为一系列均衡价格和数量。

罗宾斯敏锐地把注意力放在了威克斯蒂德作品的这个方面。

> 威克斯蒂德的方法和帕累托的绝不相同。他对均衡条件的分析本来不是一个重点，更多的是作为一个工具来解释给定条件下的趋势。他更关注经济现象作为经历一段时间的过程，而较少关注它的短暂结果。③

需要承认的是，在伟大的新古典经济学家中，威克斯蒂德不是唯一一个把市场看作竞争过程的经济学家。上述引用的罗宾斯的观察中提到了与其相对比的帕累托，威克斯蒂德从帕累托那里也学到了很多。但是，在瓦尔拉斯学派之外，对竞争过程的理解，并不像20世纪晚期新古典经济学描绘的图景那么稀奇。④然而，在20世纪早期的讨论中，人们很难发现像威克斯蒂德的作品那样，能够详尽讨论竞争性市场过程的细节（在这个过程中，错误会被纠正，共有知识是派生出来的而不是初始假定的）。我们看到威克斯蒂德属于奥地利学派传统，他没有把市场参与人的决策看作是某种程度上已经假定存在的均衡条件的结果，而是把决策看作是均衡过程开始的原因（和步骤）。

---

① 见Wicksteed，*The Common Sense of Political Economy*第1卷的第236页。

② 同上书，第219–229页。

③ 见Robbins，Introduction to Wicksteed，*The Common Sense of Political Economy*，Vol. 1，第xix页。

④ 在这一点上，详见他的重要著作：Frank M. Machovec. Perfect Competition and the Transformation of Economics［M］. London：Routledge，1995.

总而言之，威克斯蒂德被认为是奥地利学派学者的最佳理由或许可以从米塞斯对杰出经济学家特征的评价中发现。“经济学家”，他写道：

> 处理在每个人面对的和从事的事务……区分（经济学家）和其他人的不是那些秘密的机会来处理不为外人所知的特殊物质，而是他看待事物的方法并发现别人未能觉察到的方面。当菲利普·威克斯蒂德从歌德的《浮士德》中为他杰出的著作选择格言时，出现在他脑海中的就是书中的这句话：人生——每人都有人生，但只有少数人懂得人生。①

精选阅读

［1］James M. Buchanan，*Cost and Choice: An Inquiry in Economic Theory.* Chicago：Markham Publishing，1969.

［2］James M.，Buchanan，and G.F. Thirl by，eds. *L.S.E. Essays on Cost.* London：London School of Economics and Political Science，1973.

［3］F.A. Hayek，*Money, Capital, and Fluctuations: Early Essays.* Roy McCloughry，ed. Chicago：University of Chicago Press，1984.

［4］C.H. Herford，*Philip Wicksteed: His Life and Work.* London and Toronto：J.M. Dent，1931.

［5］William Stanley. Jevons，*The Theory of Political Economy.* London and NewYork：Macmillan，1871.

［6］Israel M. Kirzner，*Market Theory and the Price System.* Princeton，N.J.：D.Van Nostrand，1963.

［7］Frank M. Machovec，*Perfect Competition and the Transformation of Economics.* London and New York：Routledge，1995.

［8］Hans. Mayer，*The Cognitive Value of Functional Theories of Price.*（German original in H. Mayer，ed. *Die Wirtschaftstheorie der Gegenwart.* Vienna，1932.Vol. 2.）English translation in *Classics in Austrian Economics: A Sampling in the History of*

① Ludwig von Mises. The Ultimate Foundation of Economic Science：An Essay on Method［M］. Princeton，N.J.：D. Van Nostrand，1962：78.

a Tradition. Israel M. Kirzner, ed. London: William Pickering, 1994. Vol. 2. 1932: 55–168.

[9] Ludwig von. Mises, *The Ultimate Foundation of Economic Science: An Essay on Method*. Princeton, N.J.: D. Van Nostrand, 1962.

[10] Ludwig von. Mises, *Epistemological Problems of Economics*.Translated from the German by George Reisman. Princeton: D. Van Nostrand. 1960.

[11] Ludwig von. Mises, *Human Action: A Treatise on Economics*, The Scholar's Edition. Auburn, Ala.: Ludwig von Mises Institute. 1998.

[12] Ludwig von. Mises, *Socialism: An Economic and Sociological Analysis*. London: Jonathan Cape. Translated from the second German edition, 1932. 1936.

[13] Lionel C. Robbins, *An Essay on the Nature and Significance of Economic Science*. 2nd ed. London: Macmillan. 1935.

[14] Murray N. Rothbard, *Man, Economy, and State: A Treatise on Economic Principles*. 2 Vols. Princeton, N.J.: D. Van Nostrand, 1962.

[15] Joseph A. Schumpeter, *History of Economic Analysis*. New York: Oxford University Press, 1954.

[16] Ian. Steedman, "Wicksteed, Philip Henry." *The New Palgrave: A Dictionary of Economics*. John Eatwell, Murray Milgate, and Peter Newman eds. 4 Vols. New York: Macmillan, 1987.

[17] George J. Stigler, *Production and Distribution Theories: The Formative Period*.New York: Macmillan, 1941.

[18] Philip H. Wicksteed, *The Alphabet of Economic Science*. London: Macmillan, 1888.

[19] Philip H. Wicksteed, *The Common Sense of Political Economy and Selected Papers and Reviews on Economic Theory*. Lionel Robbins, Introduction and editor. London: Routledge and Kegan Pau, 1933.

8

欧根·冯·庞巴维克：资本、利息与时间

罗杰·G.加里森

欧根·冯·庞巴维克
（1851—1914）

欧根·冯·庞巴维克对奥地利经济学派的发展作出了巨大贡献，这其中不乏时势运气的因素。1871年，20岁的他在维也纳大学读书时，正值卡尔·门格尔的《国民经济学原理》问世。虽然庞巴维克在大学攻读的是法律（所以他并不是门格尔的学生），但他在1875年攻读完法学博士之后就开始在国内外继续求学，准备在祖国奥地利教授经济学。跟他经历相似的还有他的同窗，日后的连襟，因1893年《自然价值》（*Natural Value*）一书而闻名的弗里德里希·冯·维塞尔。门格尔的著作塑造了庞巴维克的思想，再加上他与维塞尔终生的友谊，最终使庞巴维克成为阐释和发展奥地利经济学派理论的巨擘。①

① 庞巴维克跟卡尔·克尼斯和阿尔伯特·谢夫勒（早期写作反对社会主义教条）学习了早期德国历史学派的思想。这些维也纳经济学家对庞巴维克思想的形成有着举足轻重的影响。参考Klaus Hennings. The Austrian Theory of Value and Capital：Studies in the Life and Work of Eugen von Böhm-Bawerk［M］. Brookfield，Vt.：Ed- ward Elgar，1997：54. 熊彼得在其著作 History of Economic Analysis（New York：Oxford University Press，1954）的第846页中认为，庞巴维克“因为是门格尔极其忠实的门徒，因而很难受到别人的影响”。

庞巴维克的学术生涯并不连贯。他最重要的一段学术活动完成于德国因斯布鲁克大学（1881—1889）。19世纪80年代，他出版了三卷巨著《资本与利息》（*Capital and Interest*）的前两卷。90年代以后，庞巴维克几次担任奥匈帝国的财政大臣，或以其他身份于政府任职。由于庞巴维克的成就，他的头像被印到了奥匈帝国100先令的纸币上。1904年，他回到维也纳大学教书，成了维塞尔的同事和门格尔的继任。在庞巴维克最后十年教学生涯中（他死于1914年），他指导过约瑟夫·熊彼得和路德维希·冯·米塞斯等学生。

1959年，长达1200页的《资本与利息》由汉斯·森霍兹（Hans Sennholz）和乔治·洪奈克（George Huneke）翻译成英文并出版。米塞斯在书评中认为"这部巨作是对于现代经济学理论最杰出的贡献"[①]。他还认为，没有通晓这本书里的思想，就不能自称是经济学家。米塞斯甚至说，任何要认真行使自己投票权的公民，都应该先读读庞巴维克（大概也就是他有资格这样说）。

《资本与利息》的第一卷《资本利息理论的历史和批判》（*History and Critique of Interest Theories*，1884）是对于各种利息理论的全盘研究，涉及使用理论、生产力理论、节制理论等。这部早期著作中最重要的内容，是他对马克思及其先驱剥削理论的毁灭性批判。庞巴维克认为，资本家并不剥削工人；恰恰相反，资本家造福工人，因为他们在工人产出的价值进入市场前就预先付给了工人工资。十几年后，庞巴维克又重新审视了社会主义者提出的问题。在《卡尔·马克思及其体系的终结》（*Karl Marx and the Close of His System*）中，[②]庞巴维克提出，生产要素间的收入分配归根结底是经济问题，而非政治问题。庞巴维克的回答有力地驳斥了剩余价值理论和所谓"工资铁律"[③]的说法。

庞巴维克《资本与利息》的第二卷《资本实证论》[④]（*Positive Theory of Capital*），对于我们理解经济中的耗时生产过程和利息支付作出了重大而深远的贡献。但这一卷的意义绝非仅仅如此。基于门格尔的《经济学原理》，庞巴

---

① Ludwig von Mises. Capital and Interest：Eugen von Bohm-Bawerk and the Discriminating Reader［J］. The Freeman，1959，9（8）：52.

② 该文原本出现在1896年为纪念卡尔·克尼斯（Karl Knies）出版的一卷集子中。这一驳斥在1898年被翻译成英文，成册出版。

③ 译者注："工资铁律"是一条关于劳动市场的经济学定律，它声称实物工资处于长期将永远倾向接近于仅可维持工人生活所需的最低工资额，资本家借此剥削工人。

④ 译者注：《资本实证论》这个书名其实翻译有误，《资本正面论》可能更为准确，但出于习惯我们还是使用了《资本实证论》这一书名。

维克对于“价值和价格”的探讨成为奥地利学派边际效应论的雏形。本卷中包含了庞巴维克著名的开荒农民的例子：一个开荒农民需要决定如何处置他的四袋谷物：喂饱自己、喂鸡、喂鹦鹉或者酿酒。奥地利学派边际效应理论的精华体现在这样的提问方式：假如农民少了一袋谷物，以致无法同时继续做这四件事情，那么他会牺牲哪项活动呢？答案很可能是喂鹦鹉。这个故事及其变体后来成了持续数载的教科书经典。庞巴维克的发现与另外两个理论几乎同时产生并互相照应：一是由杰文斯的边际效用理论发展而来的完全效用二价公式（twice-differentiable total-utility functions），另一个则是瓦尔拉斯著作中的一般均衡等式（general-equilibrium equations）。

《资本与利息》第二卷第三版中的附录（1909—1912）在1921年作为单独的第三卷出版，卷名为《资本与利息论文续集》（*Further Essays on Capital and Interest*）。在本卷中，庞巴维克不仅解释、限定和延伸了现有利息理论，还回应了理论的质疑者。这些内容翔实的论文也反映了作者的治学和修辞方法。庞巴维克推理时像经济学家，论辩时则像出庭的律师。他最猛烈的批评，恰恰是留给那些跟自己主张最接近的理论。例如，他彻底驳斥了古斯塔夫·卡塞尔（Gustav Cassel）认为利率可以平衡“等待”中的供需关系的理论。虽然奥地利经济学派以其对于方法论的重视而闻名，不过庞巴维克却并非如此。熊彼得曾总结过这一庞巴维克的信条，即“不要让方法停留在纸面，要将所有可能的方法付诸实践”[①]。

现代经济学经常犯的错误是忽略了资本作为中间品在调节商品生产顺序中的作用。生产需要时间，从制订多时段的生产计划，到生产出实际的产品并满足顾客需求，这当中的时间差必须由资本来弥补。如此重要的经济事实，却很少有人注意。即便当这个问题被写入教科书时，作者也常常会将其归为“棘手的资本理论问题”，而拒绝对这一关键问题作出解释。与之相反，奥地利经济学派从创始之初，就给予长久被忽略的资本理论以极大的关注。庞巴维克深知这一问题的难度，并将他的学术生命都倾注于对这两个问题的理解上：资本与利息的关系和主观价值论在跨时间分配上的应用。

像他的前辈和同行一样，庞巴维克早期的工作围绕这么一个问题进行：资

---

① Joseph Schurnpeter. Ten Great Economists［M］. New York：Oxford University Press，1951：158.

本所有者放贷收取利息是正当的吗？[①]在庞巴维克看来，利息的正当性建构在一个简单的事实上——现货的价值高于同等数量、质量的期货。期货折成现货，价值必然要打折扣。支付利息体现了跨时间的价值差别。资本家在收取一定利息的前提下发放贷款给企业家，企业家再在未能实现回报之前就提前发放工资给工人，等于是将未来的工资折到了现在，使工人能一边工作，一边获得回报。庞巴维克的"折扣理论"比起他的竞争者"剥削理论"[②]的优越性，无疑为他赢得了经济史学家的认可。因为这一理论性突破，他可以将自己对社会主义教条的驳斥上升到对资本主义理解的新高度。庞巴维克的《资本实证论》中最大的亮点就是利用宏观经济学的一般均衡模型解答了资本累积和技术进步的经典难题，并回答了新古典主义中利息的存在和计算等问题。

庞巴维克将自己的"折扣理论"与门格尔的边际价值理论相结合，认为在市场决定工资水平的前提下，追求利益最大化的资本—企业家，不仅要在生产活动中最大限度地雇用劳动力，还要尽可能地吸收资金。[③]庞巴维克基于最经典和最基本的奥地利学派理论，对整个经济领域进行综合观察，从而将跨时间条件下的生产结构与工人的时间偏好完美结合。比凯恩斯和他的《就业、利息和货币通论》还早半个世纪，《资本实证论》就阐明了劳动力市场、资本市场和必需品市场可以同时达到它们各自的平衡。

基于这些成就，我们可以把庞巴维克视作宏观经济学的先驱之一，他自己对这个学术角色也颇为自知。虽然当时还没有这样的区分，后人仍然把李嘉图这样的古典主义经济学家看作是宏观经济学家。"宏观经济学"这个词本身则相对现代。20世纪中期，保罗·萨缪尔森才以"宏观经济学"和"微观经济学"二分法重组经济学研究。他将这一区分上溯至拉格纳·弗里希（Ragnar Frisch）和简·丁伯根（Jan Tinbergen），并考据"宏观经济学"一词首次出现

---

① 在The *Genesis of a Theory*的一章中，Hennings指出在庞巴维克开始写作的时候，就多有对这个问题的讨论。请见The Austrian Theory of Value and Capital，第53–73页。

② 译者注：剥削理论（Exploitation theory）认为企业家雇用工人和资本家收取利息都是剥削的体现。

③ 同上，第2页和第65页；另见Schumpter的*Ten Great Economists*第187页。庞巴维克在1891年对于奥地利学派贡献的评价就极其切题。庞巴维克主要引用了门格尔和自己的作品，认为"奥地利学派经济学家在试图解决企业家利润和租金问题的同时，提出了一个崭新的资本理论，建立了新的工资理论"。参见Eugen von Böhm–Bawerk. The Austrian Economists Shorter Classics of Böhm–Bawerk［M］. South Holland，Ill.：Libertarian Press，1962.

于1937年埃里克·林达尔（Erik Lindahl）的作品。①但是庞巴维克早在1891年论“奥地利学派经济学家”的论文中就写道：“如果要研究一个发达国家的宏观经济，就必须先对微观经济有正确的认识。”②这句简短的方法论原理，体现了庞巴维克的宏观经济研究成果和他对微观经济对于宏观经济的重要性的认识。这一观点直到20世纪60年代中期才被主流经济学理论采纳。

为了在宏观经济学上更好地解释资本和利息，庞巴维克使用同心环靶模型（bull's-eye figure）来表示生产的时间结构。生产者先从原始的生产要素（土地、劳动力），也即靶心开始；随着时间的推移，生产过程向外扩散，最终满足消费者需求的商品在最外面的一环。为了对比发达经济和欠发达经济，庞巴维克在书中连续两页画了两个靶心图。③

这一极具特点的描述方法，被视作哈耶克在第一次世界大战后提出的“方法-目的”框架的原型。哈耶克三角在不否认显著的非线性关系的同时，捕捉到了生产结构中关键的线性关系。哈耶克将其三角形的时间轴按照“生产阶段”划分，与靶心模型按照“成熟期”区分的方法遥相呼应。

虽然靶心模型和哈耶克三角都是静止的模型，但两者的存在都是为了方便动态分析。是什么样的市场力量决定了资源在环内的分布？庞巴维克的形式分析配上简单易懂的示意图和数学计算，即可帮助读者了解大意。但对于庞巴维克来说，了解大意仅仅是“讲清故事”的前提。他的所谓“故事”，也就是他对于经济发展变化过程的分析。这种分析完全脱离了靶心模型的静态表达。

在静止的状态下，庞巴维克的同心环有两种解释：一是一个在一段时间内、由生产起初投入到最后产出的一个生产过程；二是同心环区域代表在指定时间点、不同种类的资本（中间商品）的投入量。

但是静态描述仅仅是动态讨论的出发点。庞巴维克简述了这样一个问题：“如果要保持原有资本的价值，需要怎样操作？”他随即给出的回答，其实提

① Paul A. Samuelson. Credo of a Lucky Textbook Author［J］. Journal of Economic Perspectives，1997，11（2）：157.

② 见Hennings的*The Austrian Theory of Value and Capital*第74页。庞巴维克很少对方法论作出评论，这更使得他的表述惹人注目。

③ 这些示意图虽然很少出现在现代对庞巴维克的评价中，但却是他资本经济观点的核心。这些示意图出现于第二卷《资本实证论》第二篇《资本在生产中的职能》第五章《资本形成的理论》。靶心模型出现在第106和107两页上。其中一张图出现于Hennings的*The Austrian Theory of Value and Capital*第131页。

出了一个更重要的问题："如果要扩张资本，又应该如何操作？"对这一关键问题的回答，成为奥地利学派宏观经济学与主流宏观经济学的根本区别。庞巴维克的解答是改变同心环的布局。同心环的布局可以通过多种方式改变——庞巴维克提出了数种资本扩张的模型，但每一种都牵涉到储蓄和消费的相对关系。内环资本量只可通过储蓄增加，而储蓄必将压缩外环中的消费部分。庞巴维克认为，在市场经济中，储蓄和消费的结构性变革只能通过企业家完成。不同环内资本品的相对价格，就是他们行动的风向标。

不管是形式分析还是非形式研究，庞巴维克的观点都很鲜明：资本结构的扩张，并不是资本在每一个成熟阶段里的同时和均匀增长，而是资本在不同成熟阶层中的重组。虽然这一市场机制长期以来被庞巴维克的前辈和主流经济学家忽略，这种跨时间的生产结构是符合消费者时间偏好的关键。与庞巴维克意见相左的约翰·贝茨·克拉克（John Bates Clark）则认为，资本要素一旦就位就可以自动维持，生产和消费可以同时进行。虽然现代读者可能会认为庞巴维克的看法更符合现实，或者将哈耶克视为在与弗兰克·奈特（Frank Knight）的类似争论中的胜者，但主流宏观经济学却始终将克拉克和奈特的观点奉为教条。①

现代奥地利经济学家可以清楚地看到庞巴维克的理论，离奥地利学派的商业周期理论仅一步之遥。这一步最终由米塞斯和哈耶克走出，而实际上可以被看作是对庞巴维克同心环模型的完善。商业周期理论只是认识到同心环中不同要素的比重变化，可以由大众偏好决定，也可以是政策诱因引发的变化。大众对资本的时间偏好降低，则有利于资本积累和可持续性增长；而在信贷环境方面的政策性变化，如人为印钞来降低利率的做法，则会使资本组合失衡，损害经济的持续性发展，甚至引发经济危机。

商业周期理论的发展之所以不在庞巴维克的研究范围，是因为他对货币理论的排斥。庞巴维克对于货币问题的态度，在他给瑞典经济学家克努特·维克塞尔（Knut Wicksell）的信件中有所体现。②维克赛尔对于市场利率和自然利

---

① Clark 对 Capital and Interest的书评："The Genesis of Capital"，*Yale Review*，1893（11）：302–315. 庞巴维克回应于"The Positive Theory of Capital and Its Critics"，*Quarterly Journal of Economics*1895（9）：113–131. 对于克拉克–奈特资本观的回顾，请见Israel M. Kirzner. Essays on Capital and Interest：An Austrian Perspective［M］. Brookfield，Vt.：Edward Elgar，1996：60–64 and 75–77.

② 40封庞巴维克和维克赛尔于1893年到1914年间的通信被收录在Hennings著作 *The Austrian Theory of Value and Capital*的附录中。

率分歧的观点，后来成为奥地利经济学派理论的重要部分。1907年，庞巴维克在给维克赛尔的信中写道："我从未以学者的身份思考或者研究过货币，所以我并没有信心直面这一领域。"1912年，他补充道："考虑到货币理论极端艰深，我不觉得自己能胜任这一问题。"仍然是1912年，庞巴维克跟维克赛尔提到米塞斯的著作《货币理论和信用》（在此书中，米塞斯第一次阐明奥地利学派的商业周期理论）时说：

> 这是一本关于货币理论的著作，作者是年轻的维也纳学者米塞斯博士。虽然米塞斯博士是我和维塞尔教授的学生，我却并不能为他的观点负责。我自己也是刚刚开始读他的书，并不熟悉其中的内容。

最后，在1913年，也就是他去世的前一年，庞巴维克写道："我没有思考过任何货币理论，所以宁愿在这些棘手的货币问题上持保留态度。"

熊彼得曾经列出庞巴维克研究未涉及的五个领域，其中一个就是货币理论：庞巴维克采信数量理论的"不容置疑的内核"，却坚持认为货币只是真正商品的"面纱"。庞巴维克之所以从未涉足商业周期理论，也和他在货币理论的研究空白有直接的关系。庞巴维克认为经济危机"并不是内在或者普遍的经济现象。从本质上讲，危机来源于经济生产中的偶然干扰"（庞巴维克其他三个鲜有涉及的领域，分别是人口理论、国际贸易以及价格分配的应用理论）[①]。

我们不必对庞巴维克的涉猎不广过于苛责。当深邃的思考者让人类知识跨出了一大步时，我们没有资格对步伐的细节挑挑拣拣。庞巴维克的继任者们（米塞斯、哈耶克等）的卓绝努力，恰恰使得庞氏的奠基贡献显得更为重要。

庞巴维克理论的诸多漏洞，早期和现在的经济学文献都多有指出。许多批评来自于奥地利学派内部。他的理论太过主观主义；他的利息折扣理论过多地依赖于心理学；而他对于生产时间的理解是回溯的，而非朝前的[②]。来自奥地利学派以外的批评，通常对庞巴维克的数学模型作出了过度的关注，还试图用新古典主义的形式化论证重新阐述庞巴维克的理论。基于这样的方法，非奥派经

---

① 见Schumpeter的*Ten Great Economists*第161–162页。

② 根据科兹纳的*Essays on Capital and Interest*第125–128页。前三条批评均是米塞斯提出的。

济学家批评庞巴维克对利率和生产迂回程度间关系的模型，并不具有作者声称的一般性。与庞巴维克所说相反，经济体中的资本时间结构并不能通过数学计算来求出。他在定义“平均生产时间”这一概念时过于依赖于利息的概念，使得他的理论很可能空洞无物。幸运的是，这些批评都没能动摇庞巴维克的中心思想和他对于奥地利经济学派理论作出的贡献。

像熊彼得这样的重量级经济学家，也会把利率看作是一个非平衡现象，并幻想在长期平衡中由市场的力量将利率削减为零。声名如凯恩斯，则将利率想象成单纯的货币现象。弗兰克·奈特是哈耶克口中“资本的神话”的缔造者。他与卡拉克一样，认为生产和消费同时发生，生产过程所需的时间是无关条件，而利率的出现完全是出于技术上的考虑。这些20世纪经济学家对于资本和利息经历的迂回曲折，让庞巴维克的智慧格外熠熠生辉。

精选阅读

[1] Eugen von. Böhm-Bawerk，*Shorter Classics of Eugen von Böhm-Bawerk.* South Holland，Ill.：Libertarian Press，1962.

[2] Eugen Von. Böhm-Bawerk，*Capital and Interest*（3 vols.in one）.GeorgeD. Huneke and Hans F.Sennholz，trans. South Holland，Ill.：Libertarian Press，1959.

[3] Eugen Von. Böhm-Bawerk，*Karl Marx and the Close of His System.* Alice McDonald，trans.London：T. Fisher Unwin. 1949.

[4] Eugen von.Böhm-Bawerk，“The Positive Theory of Capitaland Its Critics.” *Quarterly Journal of Economics* 9 Ganuary，1895：113-131.

[5] Roger W. Garrison，“Austrian Capital Theory：The Early Controversies”. *History of Political Economy*，supplement to Vol. 22. 133-154. Published in Carl Menger and His Legacy in Economics，Bruce J. Caldwell，ed. Durham，N.C.：Duke University Press，1990.

[6] Klaus H. Hennings，*The Austrian Theory of Valueand Capital: Studies in the Life and Work of Eugen von Böhm-Bawerk.* Brookfield，Vt.：Edward Elgar，1997.

[7] Klaus H. Hennings，“Böhm-Bawerk，Eugen von.” In *The New Palgrave Dictionary of Economics.*Vol. 2. John Eatwell，Murray Milgate，and Peter Newman，eds.London：Macmillan，1987：254-259.

[8] Israel. Kirzner，*Essays on Capital and Interest: An Austrian Perspective.*

Brookfield, Vt.: Edward Elgar, 1996.

[9] Robert E. Kuenne, *Eugen von Böhm-Bawerk.* Vol. 2.*Columbia Essays on Great Economists*. New York: Columbia University Press, 1971.

[10] Ludwig von. Mises, "Capital and Interest: Eugen von Böhm-Bawerk and the Discriminating Reader." *The Freeman* 9, No. 8 (August, 1959) : 52–54.

[11] Joseph A. Schumpeter, *History of Economic Analysis.* New York: Oxford University Press, 1954.

[12] Joseph A. Schumpeter, *Ten Great Economists.* New York: Oxford University Press, 1951.

9

法兰克·A.菲特：被遗忘的巨擘

杰弗里·M.赫伯纳

法兰克·A.菲特
（1863—1949）

在学派的开创者（门德尔、庞巴维克、维塞尔）与新生一代（以米塞斯和哈耶克为领袖）的间隔期，奥地利学派的标杆人物是法兰克·A. 菲特。菲特1904年的著作《经济学原理》[①]（*Principles of Economics*）是一部基于奥地利传统的经济学通论，一直到1940年才被路德维希·冯·米塞斯的《国民经济学》（*Nationalökonomie*）超越。然而，尽管菲特早在两次大战间的大移民之前就已经是知名的美国奥派经济学家，但他对学派作出的重大贡献却尚未获得应有的重视。

菲特运用公理演绎的方法，将经济学法则归结为人类个体的行动。他采用这种理论说明，正如消费品的价格仅由主观价值决定一样，利率也仅由行为人的时间偏好决定。资本品的价格则由企业家的需求决定，且等同于边际产品折现后的价值。耐用品的资本价值等同于其未来租金总和的折现。菲特用这套统一、主观的价值理论，宣告了劳动剥削论、李嘉图地租论以及生产率决定利息论的死亡。

---

① Frank A. Fetter. The Principles of Economics［M］. New York：Century，1904.

基于奥地利学派的资本、货币和利息理论，菲特甚至构建了贸易周期理论的雏形。他认为，经济繁荣时期的特征是人为导致的资本价值膨胀，并伴随着货币与信用扩张。随着泡沫被逆转，繁荣期被高估的资本价值突然往正确方向下行，从而导致危机，并进一步引致破产、失业与生产萎缩等萧条现象。

菲特对资本与货币领域的贡献，即便在奥派内部也鲜有企及，但却未能得到足够的重视。显然，他不仅仅是对庞巴维克的生产率决定利息论作出了修正，而且在其基础之上有了长足的发展。他的理论为资本化（capitalization）领域的著作奠定了基础，并决定性地驳倒了生产率决定利息的观点。

背景

菲特1863年3月8日出生在秘鲁镇（印第安纳州中北部）的农场中，16岁开始就读印第安纳大学。大三时，他暂停学业，代替生病的父亲打理家里的书店。在此后八年，他是一名成功的企业家，并阅读了很多在工作中接触到的书籍期刊，其中包括亨利·乔治的《进步与贫困》。这本书对他日后走上经济学道路的影响极深。

1890年他回到印第安纳大学，并于1891年获得文学学士学位。他为家里帮工看似延误了学业，实则意义重大，因为这恰好让他赶上了杰里米·W.金克斯（Jeremiah W.Jenks）的指导。1892年，金克斯前往康奈尔大学，给菲特争取到一份奖学金。同年，菲特拿到了康奈尔大学哲学硕士学位。金克斯鼓励菲特像他本人一样拜入约翰斯·康拉德门下学习。 于是，菲特在进修完巴黎索邦大学课程后，于1894年在康拉德指导下获得海德堡哈雷大学博士学位。他的博士论文以人口理论为主题，并视其为一般福利理论的一部分。毕业后的菲特，开始致力于发展关于福利与价值的一般理论。[①]

① 菲特的学位论文以Versuch einer Bevolkerungslehre ausgehend Von einer Kritik des Malthus's chen Bevolkerungsprincips（基于对马尔萨斯人口论之批评的人口学论文）（Jena：Gustav Fischer，1894）出版。他论人口问题的文章，一部分发表于世纪之交，还有一篇写于1907年。他也把人口问题作为其美国经济协会主席年度致辞的主题。见“Population and Prosperity”，*American Economic Review，supplement*，1913（3）：5–19. 他的论点在于，文明只有在克服马尔萨斯困境后才可能孕育、成熟。克服人口瓶颈的手段包括制度内的“自愿控制”，例如以私人财产代替部落财产；以及“社会”或“心理”动因，例如关心后代、追求更高的社会地位或生活水平等。见Fetter的Principles第184–194页。菲特最早讨论价值理论的作品是“Theories of Value in Their Application to the Question of the Standard of Deferred Payments”，*American Economic Association Publications，supplement*，1895（10）：101–103；以及“The Exploitation of Theories of Value in the Discussion of the Standard of Deferred Payments”，*Annals of the American Academy of Political and Social Science*，1895（5）：882–896.

主观价值论

在成熟期的路德维希·冯·米塞斯登场前，菲特是主观价值论方面的世界性先驱。早在米塞斯1912年把货币理论纳入主观价值经济理论之前，菲特就在1904年把主观价值论的原理加以拓展，将要素价格以及利率定价归入到一个统一的理论当中。①

菲特卓越的贡献在专业上得到了广泛的认可；学界普遍将他的贡献纳入奥地利学派的范围。1905年，著名的《经济学季刊》（*Quarterly Journal of Economics*）刊登了一篇关于菲特论文的20页评论，作者是罗伯特·F.霍克西（Robert F. Hoxie）。文中写道，菲特"透过兼容并蓄的综合"，使"奥地利学派与传统经典理论达到和谐"。霍克西指出，菲特反对在专业领域中"走回头路"的倾向，拒绝"从利用'效用'对经济现象作纯心理解释，退回到客观成本论的解释"。菲特认为：

> 奥地利学派走在正确的、对经济活动进行融贯解释的道路上。他们之所以还没成功，不是因为已经偏离经典概念太远，而是因为他们还没从旧的经济理论中彻底解放出来。②

霍克西认为菲特再一次提起"奥地利学派的最初理念"，并意图"将该学派富有特色的思想谱系推演至其逻辑的恰当终点"。菲特"将经济学的本质视

---

① 见路德维希·冯·米塞斯，《货币与信用理论》（New Haven，Conn.：Yale University Press，1953）以及法兰克·A. 菲特《经济学原理》。菲特在前言中说道，他"只是想把广为接受的经济理论作一总结"。但是，"他希望能够统一各经济学原则的表述"，并走向"对分配理论的新理解"，这种新概念将会"是一种前后融贯的对货物与需求之间关系的纯主观主义分析，用以取代传统上租金、利息、价格等理论中主观—客观的混合概念……长久以来，这种统一各个经济学分科的可能，就不断鼓舞着经济学家。他们认为对价值问题进行整体把握是可行的。这种整体把握将统一各种各样的"法则"——租金法则、工资法则、利息法则，等等。米塞斯和菲特都将主观价值论推进到庞巴维克不愿达到的深度。作为米塞斯的导师，庞巴维克在他著名的研讨班上大量否决米塞斯在《货币与信用理论》中进行的拓展分析。菲特在1910年对欧洲做过长期访问，借此机会与庞巴维克相识。两人保持着频繁的通信，直到1914年庞巴维克去世。然而，他也无法说服庞巴维克赞同他关于时间偏好与利息的理论。

② Robert H. Hoxie. Fetter's Theory of Value［J］. Quarterly Journal of Economics，1905（19）：210–211.

作对价值的研究，并将所有的经济现象都视作统一的价值理论在不同环境下的体现”。[①]

菲特对经济学中的主观价值论是如此深信不疑，以至于他不喜欢将1870年经济学思想发展的分水岭称为“边际革命”，而更喜欢用“主观”或“心理学”这类词来描述新理论。菲特甚至拒绝将里昂·瓦尔拉斯归入通常所谓的“边际革命三杰”。他认为，瓦尔拉斯并不像另一位数理边际主义者杰文斯那样，承认革命的本质是把主观价值重新引入价值理论。根据菲特修正后的历史，真正的“边际革命三杰”应是卡尔·门格尔（非同寻常的活力，独立以及思想的原创性让每位与他接触的人都感受颇深，并赢得了他们的尊重），杰文斯（涉猎广泛，富于原创，充满活力的思想展现于他每一页著作），以及J. B. 克拉克（J. B. Clark，他被友好的美国评论家列入“最优秀的六位盎格鲁—美利坚经济学家”之中，而某些外国学者也不情愿地承认他是美国学界的执牛耳者）[②]。

工资理论

菲特注意到主观价值论取代客观价值论在经济思想史上的重要性。他指出亚当·斯密犯下的一系列思想上混淆的错误，是因为他“仅经过肤浅的讨论，就接受了劳动价值论”。亚当·斯密相信“投入劳动与支配劳动的两分，并将劳动视作价值的来源与尺度”。他还将“利润与租金当作价格形成的要素，而非将它们本身视作价格”。他的结论是：“亚当·斯密在思想上遗传的混乱，对下一代经济学家影响倍深。”[③]

菲特认为大卫·李嘉图的思想尤其值得注意，因为他接受了亚当·斯密的

---

① Robert H. Hoxie.Fetter’s Theory of Value［J］. Quarterly Journal of Economics，1905（19）：210–211.

② 对边际主义者，菲特认为，“杰文斯、门格尔、J. B. 克拉克乃是边际理论中最具代表性的三个创造性来源。当然，庞巴维克与维塞尔在某些领域的杰出贡献，也是毫无疑问的伟大”。见菲特. Value and the Larger Economics I：Rise of the Marginal Doctrine［J］. Journal of Political Economy，1923（31）：594. 菲特认为边际革命是由遵循逻辑和对人类的关怀这两股潮流的混合而造就的。菲特认为，“当知识的力量与对人道的兴趣统一在如杰文斯、门格尔或J. B. 克拉克这样的人身上时，我们对经济思想史上闪光时刻的迸发就毫不奇怪了”（第600页）。菲特的目标是在思维的严谨与思想的深邃上追随这些伟人的足迹。

③ 同上书，第596页。

劳动投入概念，并取得了“前所未见的、巨大的、负面的影响。劳动是价值源头……劳动是价值原因；劳动创造一切财富。这些论断的伦理与政治终点再明显不过：如果劳动创造了一切财富，那么劳动者就应当获得一切财富。”①

这一结论让所有“李嘉图社会主义者”热情难耐，并在卡尔·马克思手中发挥了最大威力。

李嘉图-密尔理论将一件强大的武器交到马克思主义者手中，使后者得以将其理论建立在劳动价值论中的剥削论之上。这种做法麻痹了不少资本主义经济学家，因为他们自己珍爱的理论，似乎与马克思主义建立在相同的价值概念上。菲特对此有亲身体会：

> 我还记得当时从柏林到旧金山，到处都能听到（19世纪）90年代的社会主义者在满怀热情与自信地宣讲马克思主义真理。当时的人们普遍误以为大多数资产阶级经济学家仍是正统的李嘉图主义者。②

然而，来自马克思主义的威胁，并不是边际主义者为理性与福利辩护的唯一动因。菲特认为：“亨利·乔治的半马克思主义土地充公论，乃是基于劳动价值论、至少是该理论的地租部分，这迫使（19世纪60年代的经济学家）重新考察整个价值理论。”他继续指出：“密尔留下的劳动理论含混不清、自相矛盾，无法抵抗从剩余价值角度对私有产业与私有财产发起的攻击。”③菲特认为，从主观价值论出发对马克思主义与乔治主义进行反驳，可在J. B. 克拉克的资本价值概念中找到，而“更清楚、重要的阐述”则来自维塞尔的《自然价值》与庞巴维克的《卡尔·马克思及其体系的终结》。④菲特在其《经济学原理》第一部分演示了如何从产品到劳动的全过程确定价值的归因。

---

① Robert H. Hoxie. Feffer's Theory of Value［J］. Quarterly Journal of Economics，1905（19）：596-597.也可见Frank Fetter. Price Economics versus Welfare Economics［J］. American Economic Review 1920（10）：483-486.

② Fetter. Value and the Larger Economies I：Rise of the Marginal Doctrine［J］. Journal of Political Economy，1923（31）：601.

③ 尽管菲特为亨利·乔治的《进步与贫困》“深受感动”，他仍是乔治理论与政策上严厉的批评者。见Joseph Dorfman，The Eco-nomic Mind in American Civilization（Vol.3）［M］. New York：Viking Press，1959：360.

④ 见Fetter的*Value and the Larger Economies I*第604页。

他用米塞斯式的思路解释各种原理：

> 我们的目的将通过前后相继的步骤达成。就像几何证明一样，从每个人生活中简单、熟悉的经验出发，经过更复杂的联系，前进至最复杂、现实的经济问题。①

除了运用逐次逼近法之外，菲特在方法上是严格的米塞斯式逻辑主义者。菲特认为："任何理论最终都必须接受两种标准的检验：其一，理论内部是否融贯一致；其二，理论是否符合现实。"第二种标准并不通向经验主义，而是指"与充斥了各种事件的世界保持密切的接触，让这些事件考验、驳倒理论。与此同时，经济学家还要考虑那些脱离常轨的力量"②。霍克西在评论《经济学原理》时说：

> 他给了经济系学生们一个在逻辑上前所未有之融贯的理论体系。从第一个基础概念开始，一直到最后结论，毫无中断……菲特著作中连贯的逻辑与和谐的对称性，至少为其包含的核心理论提供了强有力的论证。③

---

① 在另一场合，菲特表示其方法"发端于对人类本性与希求的审察和思考，并透过观察、比较那些决定人类行动的印象、希望、动机与满足达成之间的关系来进行研究"。摘自Dorfman的The Economic Mind第3卷第361页。这些表述与米塞斯论方法的文字有相似之处。见Ludwig von Mises. Human Action：A Treatise on Economics［M］. 3rd rev. ed. Chicago：Henry Regnery，1966.

② 关于这两个评判标准，菲特在Value and the Larger Economics 1第601–602页写着：

> 每一个标准都是非人格化、合逻辑、无偏见的，也并不屈从于预设结论的信条。即便是主观主义学派最严厉的批评者也很难否认这一学派的大量著作，都是经济学文献中批判与推理的最高峰。

对于经验与逻辑之间的关系，米塞斯在《人的行动》展现出的立场有更严格的人类行动学（praxeological）特点：

> 科学的目的是要知道真实……所以人类行为学的研究限之于在现实世界的那些条件和前提下的行为……但是这样讲到经验并不妨碍人类行为学和经济学的先验性。经验是指使我们好奇心从某些问题转向到另一些问题上面去。经验告诉我们应该探究什么，但它并不告诉我们如何可以进行求知的研究。（译者注：本段中文翻译参考米塞斯. 人的行为［M］. 夏道平，译. 台北：远流出版事业股份有限公司，1991：117.）

对菲特来讲，经验是对理论的事后"检验"。构造的不仔细的理论将面临经验上的挫败，这将迫使经济学家返回黑板检查他们的逻辑建构。对米塞斯来说，基于经验建立的假设构成了逻辑建构的约束条件，只有在这样的约束下，最终的理论才能符合现实。

③ 见Hoxie的Fetter's Theory of Value第230页。

菲特的体系以“简单”甚至“几乎自证的”假设开始：“经济动力来自于人的感觉”，人的欲求催生行动。一开始，人的追求可以很简单，但随着欲望推动着人们积累财富、创立文明，“人类的欲求开始进化，并改变世界”。更深一步讲，人的欲求也并不仅局限于狭隘的自利或物质上的成就，它包括人类全部“社会的与精神的”欲望。①

菲特认为，在研究价值问题时，必须“识别出任何指导人类将行动、事物附以重要性的动机”，因为，“价值与欲求有着最密切的联系，并且“通过对个人估价的满足、比较，才有了市场价格”②。某人对于某消费品的需求，受到边际效益递减规律的限制（边际规律本身又是“基于人类天然本性”的假设）。人对消费品需求等于该商品的“边际效用”，或者“每一份额外的产品带来的满足”③。既然“边际效用这个词就同时表达了供给与需求的概念”，那么价格也就只“建立在主观估价的基础上，并且与边际买家以及边际卖家的主观评估高度相关”。所谓边际买家与边际卖家，菲特指的是“买家中购买欲望最低者，与卖家中出售欲望最低者”④。

菲特将生产资料的价值做了两类区分：一种关乎租金，也即对当期使用价值的解释；另一种关乎资本，也即对永久控制与所有权的解释。⑤某一生产要素之租金取决于普适的回报递减规律，比如边际效用递减。⑥“回报递减的概念乃是比例律的一个方面”，而比例律则是“基础的公理，即在人的行动中，目的与手段总会被调试到最佳”，“在此基础上，重要的租金与资本理论得以发展”⑦。

既然“满足”是所有价值的基础，那么适用于消费品价格的推论，也必定同样适合于要素价格。把“同质消费品构成的一组消费品”当成一个单位来

---

① 见Fetter的*Principles*第9–14页。

② 同上书，第17–20页。

③ 见FeHer的Principlel第22–23页。这里表述的理论与罗斯巴德“序数边际效用论”有惊人的相似之处。见Murray N. Rothbard，“Toward a Reconstruction of Utility and Welfare Economics”，in *The Logic of Action One: Method, Money, and the Austrian School*（Cheltenham，U.K.：Edward Elgar）.菲特也和罗斯巴德一样区分“直接消费品”和“间接消费品”，直接消费品直接满足人们的欲望，间接消费品则无法直接满足欲望。见Fetter的*Principles*第20页；以及Murray N. Rothbard. *Man*，Economy，and State［M］. Auburn，Ala.：Ludwig von Mises Institute，1993：6–7.

④ 见Fetter的*Principles*第32–35页。

⑤ 同上书，第53–60页。

⑥ 同上书，第62–64页。

⑦ 同上书，第71–72页。

看，并给定“该类消费品满足人类欲求的能力”，那么这一单位的消费品价格将完全由边际效用递减决定。一系列质量不同的消费品会有彼此不同的价格。如果某一消费品完全没有边际价值，那么它将成为“免费”品，而与其类似却质量更高的产品，将会有“自零开始的、更高的价格”。较低品类能在多大程度上“获得价值”并被投入使用，取决于“较高品类的稀缺程度”①。

生产要素的租金，根据该要素所生产之“产品质量的好坏”以及“产品数量的多寡”而有高有低。菲特认为，在解释消费品价格时不怎么有效的“差别优势”理论，在解释要素价格时也十分乏力。要素就像消费品，必将被使用到满足其稀缺程度为止。所谓稀缺程度，指的是该要素相对于其存量的价值。对于那些“生产某一产品必不可少”的互补要素的定价，则“透过每一市场中每一时刻的边际效用来决定”。“正如买家间的竞价决定产品价格，要素不同用途间的竞价也将决定要素的边际价值。”②

对劳动力的竞争性竞价，结果就表现为工资定律。这条定律是说，每一种、每一类的劳力都等同于其边际产品的价值。“产业中的每种要素，不管是一匹马、一头犁、还是一个人，都和其他要素联系起来定价。”因此，“任何要素总的服务量”都不决定其回报。决定回报的是最后一单位该要素供给所创造的价值。对菲特来说，要素的边际贡献决定其重要性，进而决定其租价。这一“工资定律属于价值的一般理论的一部分，只不过是在人们为了满足欲求的特定努力的条件下发挥作用而已”③。

菲特的理论比边际价值理论走得更远，他认为某一要素的租价等同于该要素边际产品价值的折现。虽然应用于不同任务的资本都服务于“达成满足”的目的，然而“这些任务距离最终达成满足的远近却大大不同”，因而满足在达成之前，必将经过耗时不一的若干阶段。对不是立即可得之产品的期望价值的估算，将会事先折现，因为菲特认为，尽管所有的满足在时间尺度上有所不同，但折现能让它们“在同一个时点（也就是当下）进行比较”。

在市场上，“劳动力根据当前的时间—价值比率加以分配，这个比率近似等同于利率”。因此，菲特认为：所有投入跨期产品的劳动力的工资，“乃是基于该劳动力对实现将来的满足所作的贡献之折现值或当下价值”。当菲特注

① 见Fetter的*Principles*第73–75页。
② 同上书，第74–78页。
③ 同上书，第213–214页。

意到该理论可用来驳斥社会主义剥削论时，他就把分析拓展到了所有要素上。时间—价值是一般价值理论的一个子类别：“它与每一个与跨时间行动有关的问题都深有联系……在租金问题上它的应用更频繁也更明显一些，因为只有物质资料的使用得到了完全的资本化（永续出售）。”[①]

资本化理论

在转向资本理论后，菲特将资本定义为“通过价值的通用度量手段表达的经济财富”。尽管资本包括了任意时刻存在的所有经济品，菲特却认为大部分资本“由耐用品构成”。出于这个理由，“当把利息定义为使用资本的对价时，它就和所有以资本形式表达出来的财富建立了联系”[②]。

对菲特来说，所有需要耗费时间的行动都涉及利息，且利率本身是对资本进行估价的先决条件，而非反过来被资本估价决定。为了理性衡量包括耐用品在内的任一商品的市场价值，“该商品的重要性必须回溯至某种需求的‘满足’”。某一耐用财富的买家“付出一笔款项，换取享受未来一系列租金回报的权利”。因此，资本价值不可能先于收入。也因此，“一说到资本总价值，就牵扯到利息问题，并必然与利率挂钩”[③]。

不管利息以怎样的方式显现，它都基于无处不在的时间—价值。时间—价值是“当下产品的贴水”，它以利率的形式表现出来，只在“一个方面与市场上一般的商品价格有所不同”。“利率所表现出的交换价值具有特殊的性质，它来自于当下以及未来的产品。”资本化（“未来租金在产品中的折现”）十分必要，因为当下存在的满足是稀缺的；这意味着存在着某种剩余，或者说“某种净回报，超过资本本身的价值”。因为未来的使用价值已被折现，新生产出来的产品价格将“低于它们实际能带来的租金”。这不仅驳斥了社会主义剥削理论，而且还清楚表明：“将利率解释为某种从原材料中‘生产’资本的过程所产生的东西，乃犯了错误”——把应该回答的“是什么决定了利率”这

---

① 见Fetter的*Principles*第219–222页。如同序数边际效应，罗斯巴德接纳并发展了菲特的边际产品价值折现的概念。见Rothbard的*Man, Economy, and State*第387–409页。

② 见Fetter的*Principles*第115页。

③ 同上书，第122–124页。

个问题当成了对这个问题的解释。[①]

穆瑞·N.罗斯巴德对菲特在资本、租金、利息上的精彩演绎推崇备至。他认为，菲特“填补了（奥地利学派）经济理论中资本、租金、利息方面的巨大空白”。他“对租金理论创造性的贡献就是抓住了商人对租金的直觉定义：对任一所采用的要素支付的对价”。凭此，菲特“将分配的边际生产力理论改造为任一生产要素之租金决定的边际生产力理论”。菲特亦阐明：“（资本品投资者所获得的净回报），只有在将边际生产力的概念与利息分开之后才能理解清楚”，因为“边际生产力只解释要素租金价格的高低，然而无论出于何种原因、基于怎样的原则，这些租金得以折现为要素资本化价值的现值，仍然需要另一个原则来解释”。这里所谓的另一个原则，就是时间偏好。因此，罗斯巴德宣称菲特“是第一个单纯用时间偏好来解释利率的经济学家”[②]。不过，菲特对主观价值论、经济学的一般理论的贡献，并不止步于资本与利息。

增长、货币与周期理论

在认识到利率是“当下”与“将来”的交换比率的基础上，菲特提出时间偏好会影响财富积累的论断，因为“储蓄意愿与折现率密切相关”。只有当未来产品的价值至少等同当下产品的价值时，储蓄者才愿意牺牲当下的欲求，进行储蓄。通过将储蓄转化为耐用的非直接产品，人们才得以积累财富。这个过程依赖于人们“对规划未来与满足当下之间进行的有效权衡”。根据菲特的说法，“储蓄将社会从贫困带入富裕，因为它不断扩大未来财富享受的源泉”。在现代产业中，储蓄往往表现为资本。将这些资本贷给那些干劲儿十足的企业家，放款人必须在消费上做出牺牲，而借款人“相应地扩充（他们）生产资料的储备”。较低的利率意味着较深的资本化，从而刺激了资本品的生产。较低的利率也使得“把新形成的资本投入之前并不合算的途径更加有利可图”；这些用途包括扩大当下的投资，并“将新的联系添加进技术生产链条”。储蓄的

① 见Fetler的*Principles* 第141–151页。

② 罗斯巴德对菲特在资本与利息历史上的贡献极其佩服，以至于他将菲特论述这个主题的文章都搜集起来，编成一本集子，书名叫*Capital，Interest，and Rent：Essays in the Theory of Distribution*（Kansas City：Sheed Andrews and McMeel，1977）。上文所引罗斯巴德的言论，来自于这本集子的导论，第2–4页。

好处并不仅限于“积累财富的人”，它同时也透过提高生产效率，“扩散到整个社会”①。

尽管菲特并没像米塞斯一样将主观价值论彻底应用于货币，但他的理论仍然预示着后者的纯主观主义分析。菲特将货币价值视作价值的一般理论之一部分。菲特首先对三种货币进行区分：首先是“基础货币”，由金银构成；其次是“货币替代品”，由“可兑换的”银行券构成；最后是政府货币或“政治货币”，起源于“法定偿付”与“政治势力”。随后，菲特指出，在自由铸币体系下，货币本身没有任何特殊的价值。“作为金块与货币的黄金，其价值由边际需求给定”，这些需求“浮现自黄金不同用途之间持续不断的竞争”。

对菲特来说，1美元的价值因时因地不同（对菲特来说，所谓“1美元”不过是对“23.22格令纯金”的简便说法而已）。货币“作为对抗不时之需最好的选择，而被当作有价值的资产加以持有”。而货币的使用也“受制于边际效用递减法则”。因此，“给定其他条件不变，货币价值随数量增多下降，随数量减少上升”。每当黄金供给增加，就会带来更多货币储备，从而改变货币所得与货币持有之间最优的配置比例。个体面对“货币盈余”所做的反应就是购买商品以减少自身的货币储备，这就导致物价上涨。只有当配置比例重新建立，物价上涨才会停止。②

菲特也发展出一套初步的商业周期理论。他首先意识到“危机就是关键性的转折点。对工业来说，这个转折点就是繁荣的突然终结”。他将商业周期分解为三个阶段：繁荣、危机与萧条。每一次危机的根源都来自金融，都是“动摇了银行、经纪人、商人、制造业者之信誉的价格震动”。繁荣阶段的特征是持续扩张的货币、信贷与信心。“旧的投资维持不断，新的投资接踵而来”，“利润大涨，但相当部分只虚幻地存在纸面上”。利润增长刺激了原材料购买，从而导致“价格上升、成本增加”并“越过有效边际，使更多劳动力，投入使用，拉动工资上涨”。由于“（以美元计算）的国外价格并不像国内上涨得那么迅速”，所以“硬通货会持续不断地大量流出”，信贷与货币扩张终于被逆转。通货紧缩与信贷收缩带来危机，并降低“银行硬通货储备”与“银行持有的股票证券的价值”。银行变得警惕，股票经纪人与投机者被迫将资源转

① 见Fetter的*Principles*第160–169页。

② 同上书，第431–442页。

向先进。回落的价格、破碎的信用，再加上金融损失，共同导致破产、失业和经济收缩。

菲特认为："就其本质来说，危机必须被看作对生产资料错误资本化的强有力且突然的调整运动。"资本化进程"在产业中突飞猛进"，并伴随着"新机器与新工艺"大量的投资扩张，这意味着"时间与空间维度上价格的双重失衡"。菲特的结论是：如果不同产业间的资本化与不同时段之间的租金都是不真实的，"不可避免的调整过程会让很多人损失惨重，但重灾区将会是之前过度扩张的产业"①。

企业家精神

菲特认识到"企业家"作为劳动分工组织者的重要性。企业家的主要技能是判断，是对未来事件的准确预测。这种技能每个人或多或少都有，但"由于个人判断力不同"，市场将会透过"永不止歇的竞争"对企业家本身做出分工，确保"较高的位置属于那些最有能力的人，从而同时改善雇主与雇员双方的效率"②。

企业家相应地安排劳动分工，并建立"组织的形式"，"通过成果来判定他们的努力是否成功"。利润是企业家"预见"与"判断"才能的回报。利润并不是"契约工资，并没有合约来保障……而是对企业家能力的回报"。没有人能保证企业家必然得到这种回报。企业家承诺对资本所有者支付固定回报，并支付给工人固定数额的工资——他们的劳力被用在生产的上游。与此同时，"企业家自身担负风险，放弃固定的回报，而代之以利用不确定性的机会"。企业家"是专业化的风险承担者；他们是弹簧和缓冲器，负载、分散产业中的压力"。"他们的利润不是由风险而来，而是对其承担风险之优秀能力的回报。利润不是从劳动所得中攫取的，而是挣得的。就像劳动力凭自己的技能挣得工资一样。"③

---

① 见Fetter的*Principles*第345–355页。

② 同上书，第265–272页.

③ 同上书，第282–291页。

福利及国家理论

菲特意识到，正如不同资源满足人们欲求的能力不同，不同的人在劳动的能力上也彼此各异。由于“人类天才的多样性与不平等乃生物性的”，因此菲特批评亚当·斯密“在假定所有人有相同自然能力的基础上讨论工资问题”。他也批评“激进社会改革者”，认为那些改革者“将人们彼此有不相等的成就这一事实全部归结为政治上的不正义”。他得出结论：“对那些无视人类不平等的人来说，产业中的报酬问题肯定是个不可解的神话。而粗鲁的社会主义信条，只能打动那些对人类能力之截然不同视而不见的人。”[①]“起源于个体之间自然区别”的劳动分工，将扩展至“产业、地区以及民族之间”，以多种方式“改善效率”，并“提供给个体劳动者最好的经济机会”。他们可以“自由选择劳动分工中最适合自身才能的职业”。菲特指出：“社会的每个成员能够达到他的最高效率，对社会、对个人，都同样重要。”[②]

菲特也注意到“在工业系统中，有些人拥有并掌握资本的使用，以竞争性价值购买那些无资本者的劳务”。这种工业的组织形式，“将工人从未来产品售价不定的风险中解放出来，并将风险转嫁于雇主”。因此，对于菲特来说，“工资就是对工人支付的某种保险，以及某种给务工者的信贷，特别是当这些人的劳务还未生产出下游产品时”。同样，在大多数情况下，工人“获得其劳务所值的竞争性工价，远远超过仅仅‘维持生活’的程度。市场体系对改善效率者承诺较高回报，增加人们改善生活的欲望以及每个人的壮志雄心”。最重要的是，“现存的工资体系对广大群众来说是前所未见的自由环境”，并将真实工资“推至前所未见的高位”。这说明，所谓“现存的工资体系代表了对工人福利持续不断地压迫”的说法实乃一派胡言。与生活水准提高相应的，是“越来越多的工人获得更高的职位”。这意味着，“在可预见的未来，一般群众的条件会愈发改善”，并进一步表明“进步之成果的不断扩散，相对富人而言，使群众获利更多”[③]。

菲特对资本主义的推崇，由于其福利学说的缘故不那么纯粹。在他看来，财富可以看成是一个集合名词，用来指代“那些使人们感到和满足欲求相关的

① 见Fetter的*Principles*第177–182页。

② 同上书，第202–204页。

③ 同上书，第229–234页.

事物”，而福利与之相反，指的是“持续不断的良好生活条件”。这种区分“很类似哲学家们对愉快与幸福之间的习惯性区分，也就是‘暂时的满足’与‘终极的、持续的福利’之间的区分”。这就像是“冲动且欠思量的孩子或野蛮人与更耐心更富于远见的人所过的理性生活之间的区别”。菲特并不否认在两种人类行动之间存在重叠，但他认为，尽管“财富”概念对于价值理论来说是合适的，但想要回答“社会繁荣的问题”，只有采取“社会哲学家们的立场”并考虑“财富的长久效果”[①]。基于这种区分，菲特认为私人财产（他将私产定义为“个体对经济资源之收入的所有或控制”，并认为私产是价值理论的前提）必须通过如下福利理论的测试加以判断：“这种经济财富的所有权形式，比之其可能的替代形式，更好的促进了社会福利吗？”尽管一般来说，“私有财产促进了社会进步”，但“社会合意的要求仍然促使对私有财产制度的调整”[②]。

有这样一种信念：如果“每个人都能完全自由地由他们的利益指导，追求每个人都会遵循的最高最好的效率”，那么整个社会秩序就会给予人们“竞争的好处与经济自由的美德”，换言之，“每个人的经济利益都是彼此和谐的”。菲特认为这种信条“是对政治哲学真理的夸张表达”。现实与之相反：“经验表明，人们的利益只是部分的（而非全部）彼此和谐。”菲特据此认定“在人们的利益不彼此和谐的地方，社会有所行动是合理的”。他认为，政府出于“维护竞争带来的好处、减少竞争的缺点”的目的，进行规制与限制，这可以把竞争提升至更高水准，并……带来水平更高也更为真实的经济自由”[③]。

20世纪20年代的菲特认为福利理论超乎经济学价值理论之上，这大概也激

① 见Fetter的*Principles*第17–18页。

② 同上书，第360–366页。菲特阐述的福利理论与帕累托法则先驱者们的路径不同。奥派经济学家与“新”福利理论家都接受帕累托法则。这个法则认定，人际间的效用不可能客观比较。因此，它将社会福利定义为个体的主观估价，并在这个约束下发展福利理论。与之相反，菲特以客观标准来定义福利，这种路径更像是米塞斯的“正确理解的自利”的概念。米塞斯用这个概念来为自由放任辩护，认为自由放任是达成“正确理解的利益”最佳的社会系统与教育手段。见Mises的*Human Action*第673–682页。菲特所谓”持久福利的概念“，则让他认定干预主义是最佳的社会体系，而政府强制对于达成社会持久福利也是可欲的手段。

③ 同上书，第426–430页。

励了他的“理性干预主义”计划。[1]他写道：“更广泛、更真实的政治经济学，乃是关乎福利而非关乎价值的理论。”这绝不是说“价值理论要被废弃”，相反，“价值理论在概念上更广的、作为人类福利理论的经济学中，有其自身的位置”。只有当私人竞争的结果对社会财富与福利并无明显贡献的情况下，“价值—价格原则才不会被当作社会政策的指南”。如果“作为手段的竞争有所不足、商品的竞价者十分无知（‘他们的欲望和其自身的、国家的真实福利并不一致’）或私人竞争加剧而不是缓解了稀缺”，那么就会有市场失败。对菲特来说，“如果价值原则和福利（效用、功利）原则发生冲突，价值原则必须让步。真正的政治经济学必须由效用原则主导”[2]。

菲特认为，设计符合效率的最优社会，需求助富于科学精神且无偏私的头脑。“只有长期努力训练，才能培养科学精神。这种精神对文明之进步，保存至关重要。”菲特为拥有如此精神的经济学家没能在公众中获得足够声望深感惋惜，因为只有他们可以用“无偏见的公正精神”指导社会政策。菲特在1915年宣称：“只有彻底在治国之道中贯彻科学精神与人性中一切最好的可能性，才有可能从毁灭世界的危险中力挽狂澜。”富有科学精神的经济学必须“如何提供理性使用财富的智慧。这样的知识不但可使整个经济免于产业的奴役，还能反过来让产业服务于人类”[3]。

在提出上述政治经济学观点20年后，菲特为米塞斯的《官僚体制》撰写了一篇书评。其中，菲特高度评价了米塞斯的作品，同时也讨论了哈耶克《通向奴役之路》，并再度重申自己对资本主义的推崇。菲特比较了古斯塔夫·施

① Fetter. Value and the Larger Economics Ⅱ：Value Giving Way to Welfare［J］. Journal of Political Economy，1923（31）：790–803，and Fetter. Price Economics versus Welfare Economics［J］. American Economic Review，1920（10）：719–737.

② 见Fetter的*Value and the Larger Economics Ⅱ*第801页。

③ 见Fetter. The Economists and the Public［J］. American Economic Review，1925（15）：24–26. 菲特这一努力的坚实贡献体现在反垄断理论中。他与威斯康星大学的约翰·R. 康芒斯和哈佛大学的威廉·Z. 雷普利一道，在匹兹堡的反垄断案中扮演关键角色。菲特在这一领域的两部主要著作是“The Economic Law of Market Areas”，*Quarterly Journal of Economics*，1924（38）：520–529，以及“Exit Basing Point Pricing”，*American Economic Review*，1948（38）：815–827. 他认为国家力量在反垄断中的角色应是严格受限的。“缓解腐败之恶的趁手解药，乃是要求厂家统一价格，以防止歧视性定价，或进行不经济的跨地域倾销，同时进行反托拉斯立法，阻止有害竞争的合并。”这些手段的目的，在于“创造、巩固各交易者可以在自由竞争下公平买卖的开放市场”。他将国家的这份责任与中世纪的“商人法”联系起来：当时，集市当局运用法律来确保良好的市场秩序。见Frank Fetter. The Masquerade of Monopoly［M］. New York：Harcourt，Brace，1931：410–425.

穆勒领衔的德国历史学派与卡尔·门格尔的奥地利学派之间的异同，并得出结论："前者指向极权主义的道路，后者则通往在经济和政治制度上都更为纯净的自由主义。"他称米塞斯与哈耶克为"当代最卓越的社会主义批评家和最英勇的自由企业制度捍卫者"，并认为两者的著作"是对目前有关（政治、经济）自由与极权主义潮流之相关议题的绝妙论述"。对《官僚体制》一书，菲特写道，"在计划经济面前捍卫自由企业制度的著作中，本书尤其简短有力，是其中的佼佼者"①。

结论

菲特一路上升至美国经济学界的最高地位，对他的贡献来说是顺理成章的。他的著作经常刊载在《美国经济评论》《经济学季刊》《政治经济学》等主流期刊上。他在数个声名卓著的大学或学院执掌教席，受邀在显赫的经济学团体活动上讲话，为社会科学百科撰写条目，并为欧洲学者引介美国经济学思想。②他任职于美国经济学会，并最终成为主席。他同时也是美国哲学学会的成

① Frank A. Fetter. Economic Systems：Post-War Planning［J］. American Economic Review，1945（35）：445-446. 这篇述评也提到了约翰·梅纳德·凯恩斯："当他（凯恩斯）成为国家计划的拥护者时，他会放弃'经典教条'，并将国家置于价格仲裁者的位置，这一点不奇怪，也并是不出于偶然。"

② 菲特在美国经济协会1912年主席年度致辞，"Population or Prosperity"，1924年威斯康星大学T.Ely雕塑揭幕式演讲"The Economists and the Public". 他的纪念J.B.Clark的演讲："Tribute to Professor John Bates Clark at Dinner in His Honor"（*American Economic Review*，supplement，Vol. 17 June 1927）：11-13 以及美国哲学社的欢迎致辞"The Early History of Political Economy in the United States of America"，（*American Philosophical Society Proceedings* 87，July 14，1943）：51-60. 菲特为 *Encyclopedia of the Social Sciences*（New York：MacMillan，1930-1935）写了三个条目："John Elliot Carnes"，第3卷第140页；"Capital"，第3卷第187-190页；and"Rent"，第3卷第289-292页。他于1910年、1914年、1931年以及1932对欧洲进行了长期访问，受邀在1927年为维塞尔文集撰写长篇文章介绍美国经济学思想现状"Amerika"，*Die Wirtschaftstheorie der Gegen-wart，Friedrich Wieser in Memoriam，in Gestembild der Forschung in den einselnen Landern*（Vienna：Julius Springer，1927），第31-60页。并在1930年介绍他自己的经济学概念"The New Conceptual Basis of Economics，" *Economia Politica contemporanea，saggi di economia efinanza in onore del ProfCamillo Supino* 1（Padova：A. Milani，1930），第93-102页。

员。[①]《美国经济学评论》少见地纪念了菲特的80岁生日，并在他去世时发布了讣告。[②]

在19、20世纪的世纪之交，菲特是一位高举奥地利学派旗帜的理论家。他基于主观价值论，构建了统一的经济学的一般理论，并运用自己的资本与利息理论将这些困难领域完全纳入到一个统一的框架之中。弗兰克·A.菲特是奥地利学派黄金年代的一颗闪耀之星。

精选阅读

［1］Frank A. Fetter，*Capital, Interest, and Rent: Essays in the Theory of Distribution*. Murray N. Rothbard，ed. Kansas City：Sheed Andrews and McMeel，1977.

［2］Frank A. Fetter，"Economic Systems：Post–War Planning." *American Economic Review* 35.（Oune，1945.）：445–446.

［3］Frank A. Fetter，"Value and the Larger Economics I：Rise of the Marginal Doctrine". *Journal of Political Economy* 31.（October，1923）：594.

［4］Frank A. Fetter，"Price Economics versus Welfare Economics". *American Economic Review* 10（September，1920.）：483–486.

［5］Frank A. Fetter，"Population and Prosperity". *American Economic* Review，Supplement 3（March，1913.）：5–19.

［6］Frank A. Fetter，*Principles of Economics*. New York：Century，1904.

［7］Frank A. Fetter，"Theories of Value in Their Application to the Question of the Standard of Deferred Payments". *American Economic Association Publications,* Supplement 10（March，1895.）：101–103.

［8］Robert F. Hoxie，"Fetter's Theory of Value". *Quarterly Journal of Economics* 19（February，1905.）：210–211.

---

① 菲特在1901—1906年间出任美国经济学会的财务负责人，1906—1911年与1944—1045年间任职于执行委员会，1912年担任主席。他于1935年加入美国哲学会，并是该会议事会与研究委员会的成员。菲特也是美国艺术与科学学院成员，并于1927年获得奥地利经济学会颁发的卡尔·门格尔奖章。

② Stanley E. Howard and E.W. Kemmerer. Frank Albert Fetter，A Birthday Note［J］. American Economic Review，1943（33）：233–234，and J. Douglas Brown. Memorial：Frank Albert Fetter，1863–1949［J］. American Economic Review，1949（39）：979.

10

路德维希·冯·米塞斯：奥地利学派的领军人物①

穆瑞·N.罗斯巴德

路德维希·冯·米塞斯
（1881—1973）

虽然路德维希·冯·米塞斯是我们这个时代最出色的经济理论家。少年时的他感兴趣的却是历史，尤其是经济史和管理史。米塞斯上高中的时候，经济历史学派倡导的相对主义和历史主义正在德语国家大行其道。米塞斯对此十分反感。在早期对历史的钻研中，米塞斯沮丧地发现许多历史研究只不过是重述政府的官方文件；年轻的米塞斯对历史研究中的国家中心倾向深恶痛绝。他想记录的是真正的经济史。对此，米塞斯在他的自传中写道：

> 对历史知识的强烈兴趣，让我迅速觉察到了德国历史主义的不足。它并没有在解决科学问题，而是沉迷于赞美普鲁士政府的政策，并为独裁政权开脱。德国的大学属于官方机构，教员都是公务员。教授们清楚自己工作的公共服务性质，也愿意把自己看作普鲁士国王的仆人。②

① 本文基于罗斯巴德的*Ludwig von Mises: Scholar, Creator, Hero*（Auburn，Ala.：Ludwig von Mises Institute，1988）.

② Ludwig von Mises. Notes and Recollections［M］. South Holland，Ill.：Libertarian Press，1978：7.

米塞斯在19、20世纪之交进入维也纳大学学习。他的专业导师，经济历史学家卡尔·格林贝格（Karl Griinberg）是德国经济历史学派的一员，倡导国家主义，对劳工史、农业史以及马克思主义很感兴趣。格林贝格同时也是德国经济历史学家乔治·弗里德里希·克纳普（Georg Friedrich Knapp）的追随者。克纳普认为货币纯粹是政府设计的产物，他的相关作品是这一观点的经典著作。科纳普在斯特拉斯堡大学的经济史中心与许多自己的学生从事研究，研究主题通常是农民如何在不同的德意志诸侯国里从农奴制下解放出来。格林贝格教授希望在维也纳成立一个类似的中心，所以他安排自己的学生去调查在奥地利不同省份农奴制的废除情况。年轻的米塞斯被分配去调研自己的家乡加里西亚。米塞斯为这一研究所写的著作在1902年出版。后来再谈起这本书的时候，他感叹道，由于采用了科纳普·格林贝格的研究方法，“这本书最多记录了政府的政策措施，而不能算真正的经济史”[①]。他的第二本历史著作有关于奥地利儿童的劳工法律。米塞斯认为第二本书“好不了多少”[②]。

尽管他对经济历史学派倡导的国家主义和普鲁士主义心存芥蒂，那时的米塞斯还未开始发掘奥地利学派的经济学理论和经济自由主义。在大学的最初几年，米塞斯虽然很快拒绝了马克思主义的影响，但他仍然是个偏左派，赞同国家干预。他加入大学里的社会科学教育社团，投身到实际中的经济改革中。三年级的时候，米塞斯在尤金·冯·菲里波维（Eugene von Philippovich）教授的指导下调查了当地住房情况，并在随后一个学期中作了些刑法方面的研究，调查有关家佣的法律变化。在对这些问题的深入学习当中，米塞斯开始意识到法律改革有时是适得其反的，而工人生活条件的改善主要是通过资本主义的发展。在1903年圣诞假期前后，米塞斯阅读了卡尔·门格尔的《国民经济学原理》，并第一次开始接触奥地利学派的观点。他开始理解与自己先前观点完全相反的经济学理论和自由主义，再加上他亲身观察到的干涉主义的无能，米塞斯的思想倾向发生了很大变化。

米塞斯接下来推出了两本经济史的著作，并在1906年获得了博士学位。此

---

① 见Mises的*Notesand Recollections*第6页。四十年前伊迪丝·摩尔·林克在做相关问题的博士论文时，认为米塞斯的作品仍然是同类作品中最完善的。关于格林贝格的更多研究，请查阅Earlene Craver. The Emigration of Austrian Economists［J］. History of Political Economy，1987（18）：2.

② 见Mises的*Notes and Recollections*第6页。

时的他遇到了行将困扰自己一生的问题：学术界拒绝给予他一个全职付薪的工作。令人不可思议的是，虽然米塞斯长期被迫从事政治经济学的实用研究，他依然凭其多产和才思，于知天命之年在经济理论和哲学方面获得巨大的成就。总的来说，中年以前的米塞斯只能在业余时间钻研经济学理论，撰写他那些伟大且极富影响力的书籍和论文。要是他能像其他学者一样享受休假，而在工作时间全力钻研理论，他的成就无疑会更伟大，而世界也会大大地受益。米塞斯自己也说他在经济史和社会史上的研究计划，往往受制于空闲时间的缺乏。他伤感地说："我一直没有机会来作这些研究。自从完成学业以后，我就找不到时间徜徉在文献和图书馆中作学术。"①

米塞斯的博士学位是在维也纳大学的法学院取得的，所以在1906年后的几年里，他在各种政府部门、商业机构和刑事法庭担任职员，并成为了一家法律事务所的合伙人。除此以外，为了以后的教职做准备，米塞斯开始在维也纳女子商业学院给高年级讲课，教授经济学、宪法以及管理。他的这份兼职一直做到1912年。那一年，他完成了人生第一本重要著作。②

从1909年到他20年后离开奥地利这段时间，米塞斯的全职工作是在维也纳商会③担任经济分析师。在奥地利，商会类似于"经济议会"，由政府设立，代表由商人选举产生，由国家财政出资赞助。商会向政府提供经济方面的建议，其权力中心是代表大会，由各级地方和省份的商会代表组成，并配有相应的委员会。向商会和代表大会建言的专家，会被召集到各级商会的秘书处。19、20世纪之交，在维也纳商会（奥地利最重要的商会）秘书处工作的经济分析员，都是奥地利政府重要的经济顾问。第一次世界大战晚期，米塞斯在商会半官方的位置上小有成就，成为当时政府主要的经济顾问，为自由市场和稳健货币赢得了不少胜利。

货币与信用理论

1903年，著名货币经济学家卡尔·赫弗里希（Karl Helfferich）在他关于货

① 见Mises的*Notes and Recollections*第6-7页。

② Margit von Mises. My Years with Ludwig von Mises［M］. 2nd ed. Cedar Falls, Iowa: Center for Futures Education, 1984: 200.

③ 米塞斯在1909年加入的组织原名为奥地利工商业初级联合会。1920年组织改名为维也纳商业、手工艺以及工业联合会。

币的著作里向奥地利学派提出了一项挑战。他指出，尽管伟大的奥地利学派经济学家，比如门格尔、庞巴维克以及他们的信徒们，在分析市场以及商品和服务的价值上（也即“微观经济学”）颇有建树，但他们还未能真正地解决货币问题。边际效用理论还没有被延伸到货币价值上。货币被继续放在“宏观”的大框架下，与效用、价值以及相对价格严格区分开——这与英国古典经济学的做法没什么两样。即便是通币学派的李嘉图和美国的费雪所著的作品，也仅仅是在“价格水平”和“流通速度”这样的集合概念上下苦功，完全忽略了对个体行为的微观分析。

要将奥地利学派的货币分析进行拓展，需要克服一个看似不可逾越的障碍，即“奥地利学派货币理论中的循环论证”。循环论证的问题如下：我们可以很直白地理解对消费品的需求的来源。消费者发现商品，衡量商品，并通过自己的价值尺度对商品排序。商品对于不用消费者的效用互相作用，形成市场需求。市场的供应由预估的市场需求所决定，两者间相互影响，决定市场价格。但这个框架在分析货币的效用和需求上捉襟见肘。货币之所以有市场需求，个人之所以会在账户里持有货币，并不是为了存放本身，而是为了购买其他产品。货币与众不同的地方是它不能被消费，只能作为交换媒介，疏导市场交易。因此，只有当货币有着事先存在的购买力、价值或者价格，市场才能产生对它的需求。对于消费品和服务来说，需求在价格之前，需求决定价格。货币的价值尽管由需求决定，却存在于需求之前。事实上，我们对货币的需求，是以货币已有的既定价值为前提的。用需求的因果关系解释货币的价值，似乎陷入了一个不可避免的循环论证。

1906年，博士毕业的米塞斯决定应对赫弗里希的挑战。他的任务是将边际效用理论运用在货币上，以解决奥地利学派经济理论中的循环论证问题。他花费了大量时间和精力，全身心投入货币问题的理论和实证研究上。米塞斯最初的研究成果是三篇在1908—1909年间被刊载的学术论文，其中两篇发表于德国的期刊，一篇发表在英国《经济学杂志》（*Economic Journal*）上，讨论的是外汇管制和奥匈帝国的金本位制度。在写作期间，米塞斯逐渐树立起一个与当时的主流论调相悖的观点：货币膨胀是贸易收支逆差的罪魁祸首，银行信贷不应该为了满足所谓的贸易需求而进行“弹性”变化。

米塞斯关于金本位的论文在当时极具争议性。他认为奥匈帝国在原则上可以回归到黄金兑换制度，并指出这是现存制度的必然逻辑结果。米塞斯的观点在货币膨胀、低利率以及低汇率支持者中掀起了轩然大波，同时也遭到了奥匈帝国银行（奥匈帝国的央行）的强烈反对。帝国银行的副主席甚至暗示要给米塞斯一点小恩惠来缓和他的立场。几年以后，米塞斯从财政部部长庞巴维克那里得知央行极力反对金本位制度的原因：黄金的合法赎买很有可能使央行失去投资外汇的权力。央行利用这些投资的利润，积聚起了一大笔隐蔽的非法公关基金，用来向官员、政客和有影响力的记者行贿。央行害怕失去这项公关基金，进而指示它们的受贿对象——《经济学杂志》的出版人——坚决反对米塞斯的提议。

在这次事件以后，米塞斯决定不再揭露论辩对手的腐败之处，而专心辩驳对方的错误逻辑和论点，这项决定贯穿他在奥地利的职业生涯。米塞斯将反对者视为客观公正的学者，虽然是出于高尚和克制的立场，实际上起到了为腐败开脱的效果。最起码，米塞斯在公共辩论中给了对手不应得到的社会地位。假设公众得知政府干预经常伴随着腐败，那么国家主义者和通货膨胀论者就更容易被拉下神坛，米塞斯一生中与国家主义者史诗式的搏斗也许会更加成功。也许采取一个折中办法效果会更好：自由主义者可以既指出国家主义者在经济理论上的缺陷，也向大众揭示取消政府特权能带来的实际好处。[①]

1909年，在完成了初步调查以后，米塞斯开始写作他第一部里程碑式的作品。该书在1912年以《货币与信用理论》（*Theories des Geldes and der Umlaufsmittel*）的名字出版。自英国古典经济学派李嘉图将宏观和微观经济理论分离后，本书第一次将宏观和微观再次统一，是个了不起的成就。自此，经济学作为一个整体性学科，终于可以以人类个体行为进行按部就班的逻辑分析，并完美地将货币整合到市场经济和个人行为分析的整体框架当中。

米塞斯的分析是建立在个体行为上的，因而他能够揭示货币数量论和费雪所提出的“交易方程式”的缺陷。货币数量论是当时英美学界的主流，缺点是有其机械僵化的一面：货币量的增长并不像数量论者所想的那样，能在不影响相对价格的情况下自动将“物价水平”提高相应的百分比。恰恰相反，货币量的增长不仅会降低单位货币的购买力，也会不可避免地改变相对收入和价格。这里，米塞斯展示了宏观和微观经济是如何相互交织的。通过关注个体行为和社会对货币的需求以及选择，米塞斯不仅将货币理论与奥地利学派的价值和价

---

① 米塞斯写过关于黄金和外汇交易、庞巴维克启示的文章，还阐述了自己的观点。细节请查阅Mises的*Notes and Recollections*第43–53页。

格理论结合到一起，还完全改造了原有的货币理论。通过将研究重心转移到研究个人选择，米塞斯修正了先前理论不切实际的、对总量之间机械关系的关注。[①]

此外，米塞斯还让李嘉图和英国19世纪前半叶的通币学派的独特观点重获新生：尽管货币作为一种商品，与其他商品一样由供需关系决定价格，但它也有非常独特的一面。其他商品的供给增加，通常意味着生活水平的提高，但货币与之截然相反。货币只具备一种功能，即在当下或者未来的某一刻，为货币持有者换来资本或者消费品。货币并不会像消费品一样被吃掉或者用完，也不会像资本品一样在生产过程中磨损。货币量的增长只是减少单位货币的购买力，而无法造福人民。实际上，政府及其掌控的银行系统倾向于增加货币供给而非热爱通胀，就是它们明白多出的货币不会平均分到每个人头上。增发的货币往往先到政府自身和中央银行手上，再流入银行新贷款客户、政府服务承包商和政府官员手里。米塞斯指出，最早收到增发货币的人，必然是牺牲了别人来获益的；而处于利益链下端、晚得到增发货币的人，或者是那些依靠固定收入生活，没现金收入的人，必然是货币增发的受害者。从更深层的意义上看，货币膨胀是一种隐秘的税收和财富再分配手段，能将大部分人的财富转移到政府和支持的利益集团。米塞斯因此得出结论：一旦货币作为商品的地位在市场上得以确定，就不需要人为增加货币供给。这意味着任意货币供应量都是“最优的”，而政府鼓动的货币增发可能带来危险后果。[②]

在否定费雪关于货币是一种价值尺度的观点时，米塞斯顺便对效用理论作出了重大贡献，还纠正了门格尔和庞巴维克等老一辈奥地利学人犯下的错误，即认为效用是可以数字化的。他们的错误虽然不至于像杰文斯和瓦尔拉斯那样严重，但有证据表明早期奥地利经济学家认为效用是可以被衡量的，或者认为商品为社会提供的“总体效用”与商品的“边际效用”息息相关。在这个问题

---

① 米塞斯十分强调现金余额的效用和人们对它的需求，这与阿尔弗雷德·马歇尔及其剑桥学派中的信徒庇古（Pigou）和罗伯特森（Robertson）不谋而合。不过两者之间还是存在着不同，马歇尔k值，即对现金余额的需求，是一个同费雪v值，即货币流通速度一样的集合概念，具有机械性的缺陷，所以剑桥学派的k值是可以看作是费雪v值的数学反演。米塞斯对现金余额需求这一概念的考虑，是基于个体需求的分析，因此不能以这种方式进行数学简化。

② 当黄金或其他有用的商品被当作货币，黄金库存的增加确实会为其非货币的使用带来相应的社会效益，比如现在就有更多的黄金被用于制造珠宝、工业或补牙等领域。只有在其被当作货币使用时，任何数量的黄金供给才能被当作是最优的。相反地，当纸币成为货币本位，它是没有非货币的使用方式来解释供给增加的合理性的。

上，米塞斯的观点受到捷克经济学家弗朗茨·居赫尔（Franz Čuhel）的重要启示。居赫尔是庞巴维克研究生讨论班的一名学生，他认为，既然边际效用完全取决于个人，那么它便是纯粹的喜好排序，没有任何理由对个人喜好做加减运算或是进行估值，更不能在不同人之间进行比较。米塞斯进一步丰富了这个主题，揭示了所谓边际效用总和的“总体效用”这一概念的荒谬性。在衡量商品的边际效用时，我们只需要看多加一部分商品带来的效用。假如我们在考虑一箱鸡蛋的边际效用，那么将这箱鸡蛋的效用算成“每个鸡蛋的边际效用”之和，是极不妥当的。在一箱鸡蛋和一个鸡蛋的对比问题上，我们只是在处理两个大小不同的商品而已。关于两种商品的效用之比，我们最多只能说一打鸡蛋的效用比一个鸡蛋的效用高，而无法说出高几倍，高出多少。效用只能排序，不能加减乘除。米塞斯纠正前辈错误的方法，与奥地利学派的一贯作风一致：永远将焦点放在个人的真实行为上，而不是偏离至机械性的集合概念。①

假如居赫尔-米塞斯的先见之明能够被吸收到主流的效用理论中的话，经济学家在19世纪30年代晚期也不用完全弃用边际效用理论，把它当作是一个毫无希望的基数，以至于拥抱无差异曲线和边际替代率。此外，今天的微观经济学课本也不会充满关于“效用”的荒谬讨论，更不会对一个虚构的个体进行测量和数学操作。

那么，对于这个奥地利学派理论中的循环论证问题，米塞斯又有什么看法呢？实际上，米塞斯对这个问题的解答，构成了他最重要也是最被忽视的经济学贡献：回归定理（regression theorem）。米塞斯发展了门格尔对货币取代物物交换的历史解释，并且富有逻辑地证明了货币只可能由这种方式产生。由此，他解决了解释货币效用时遇到的循环论证问题。循环论证问题指的是，在某个既定的时间点N，当时的货币价值（购买力）由两个因素决定：N时的货币发行量和N时的货币需求。这两者都是基于N-1时刻中存在的货币购买力作出的判断。米塞斯跳出这样的论证方式，准确地理解并抓住了货币价格推演的时间问

① 关于相关讨论的更多细节，请参阅Murray N. Rothbard. Toward a Reconstruction of Utility and Welfare Economics［M］. New York：Center for Libertarian Studies，1977：9-15.弗朗茨·居赫尔贡献的观点请看Franz Čuhel's contribution is in his *Zur Lehre von den bedurfnissen* 的第186页。庞巴维克反驳居赫尔尝试可以在该书中找到：Eugen Von Böhm-Bawerk. Capital and Interest（Vol.3）［M］. South Holland，Ill.：Libertarian Press，1959：124-136.

题。当天的货币需求取决于前一天的货币购买力和需求，前一天又取决于大前天，如此循环反复。但是这样的解释依然是循环论证，向过去追溯源头是一个永远不可能结束的过程。因此，这样的逻辑仍不足以逃离循环论证。

米塞斯的高明之处，在于指出奥地利学派在货币问题上的逻辑推导并不是无穷无尽的。米塞斯认识到，货币在某个时刻必然只是物物交换时的商品。让我们假设在时刻1，某种商品开始扮演交换物的角色（也就是"货币"）。在那个时刻之前，这种商品尚不是交换物。货币价值产生的因果链条从第N天开始向前溯源，一直到第1天为止，然后再从第1天向起始推导。第1天的黄金需求由起始的黄金购买力决定，而在起始的黄金需求，只与当天黄金在用于消费时的直接价值有关。自此，我们的逻辑溯源就达到了尽头：起始的货币价值不用再涉及任何过去的因素（比如前一天的货币价值）。

除了确定货币价值或购买力的决定因素、解决了奥地利学派的循环论证问题，米塞斯还阐明了货币的特殊性——货币价值的决定因素需从历史的角度考虑。回归定理还说明，在任何社会，货币能从物物交换中脱颖而出并确定其地位的过程，只有在市场中才可能发生。货币不可能是由社会约定产生，经由政府强行推广经济学家提出的计划。货币只能从市场中"自发"地产生。①

理解米塞斯的回归原理，有助于我们认清许多不可行的货币计划，例如奥地利学派学者和半奥地利学派学者提出的新货币或新货币本位制度。比如，哈耶克就曾提议"达卡金"的使用，计划将记账单位与交换媒介分开。

米塞斯除将通币理论和经济学基本原理结合到一起，除了为之打下了微观经济学的基础以外，还在《货币与信用理论》中改进了当时的对银行业的分析。他重拾了李嘉图通币学派的传统，进一步说明废除日益扩张的部分准备金信贷的合理性。米塞斯区分了银行的两大功能：将存款转化成生产信贷（"商品信贷"），以及作为货币仓库的保管现金的作用。两者都合法，且不会造成

① 回归定理的阐述在Ludwig von Mises. The Theory of Money and Credit［M］. 3rd ed. New Haven，Conn.：Yale University Press，1953：108–123.米塞斯之后还回应关于这一定理的一些批评，见Hunuzn Action（NewHaven，Conn.：Yale University Press，1949）的第405–413页。回应吉尔伯特和帕廷金的批评，见"Toward a Reconstruction of Utility and Welfare Economics"的第13页，and Rothbard的*Man，Economy，and State*第1卷第231–237页，特别是448页。另见Rothbard The Foundations of Modern Austrian Economics，EdwinDolan，ed. Kansas City：Sheed and Ward，1976：170.关于回归定理的最新讨论，以及对莫斯批评的回应，见James Rolph Edwards. The Economist of the Country：Ludwig von Mises in the History of Monetary Thought［M］. New York：Carlton Press，1985：49–67.

通胀。一旦货币仓库（银行）发行虚假的存储回执（钞票或活期存款），将那些根本不存在于银行保险柜中的资产变为现金（“信用贷款”），这些没有硬通货支撑的信用就会扩大货币的供给并造成通货膨胀。米塞斯因此赞同通币学派的看法，认为银行的债务必须有100%的现金保障。他指出，英国根据通币学派原则制定的1844年《皮尔法案》（*Peel's Act*）只为市面流通的钞票准备了100%的准备金，因此违背了制定者的初衷。他们没有看到活期存款其实是现金的替代品，可以看作货币供给的一部分。在米塞斯成书的年代，大部分的经济学家还没有认识到这一点。

不过，米塞斯不指望政府会推行完全准备金制度，因此他提倡依靠自由银行制度来实现这一理想。《货币与信用理论》指出，协调和推动银行信贷增长的始作俑者是各个国家的央行，因为它们有央行准备金，能够救急陷入困境的其他银行，并确保所有银行一同增长信贷。《货币与信用理论》认为个体银行很难有扩张信贷的空间，因而不会在自由银行制度下进行通胀。

但是故事还没结束。米塞斯在自己的货币和银行业理论的基础上继续钻研，开创了后来闻名于世的奥地利学派商业周期理论。米塞斯将这个理论与微观经济学的基础理论结合到了一起，并在分析个人行为的基础上开拓创新。这颗种子在1924年出版的第二版《货币与信用理论》中继续生根发芽。

首先，米塞斯绝妙地在银行活动中辨认出了两个几乎雷同的过程：（a）银行扩大信用，就必然面对存货紧缩和兑现需求的增加。（b）所有银行在央行的指示下，增加货币供给，提高信用，从而为休谟—李嘉图的价格—铸币流动机制提供了足够的生成时间。随着信用和货币供给增长，收入和价格的上升，黄金开始流向国外（例如通过国际收支逆差），从而导致银行和信用的崩溃，银根紧缩，价格下降，现金流动的方向重新指向国内。米塞斯不仅发现这两个过程大体一致，而且第一个勾画出了繁荣—萧条周期的原始模型，模型中，繁荣由货币增发所产生并推动，“创造”出的银行信用先是促成增长，进而被迫紧缩。

19世纪20年代，米塞斯在三大前人观点的基础上构思了自己商业周期理论；通币学派的繁荣—萧条周期、瑞典“奥地利学派学者”克努特·威克塞尔对“自然”和银行利率的辨析以及庞巴维克的资本利息论。米塞斯卓越的贡献在于他把之前毫不相关的分析联系到了一起，并且说明了如下这套事实：不管是往经济中注入货币，还是将商业贷款的利率降低至市场的时间偏好以下，任何虚高甚至凭空创造出的银行信用，都不可避免地导致资本市场中不良投资过剩，超过消费者的需求。当银行信用持续增长，不良投资的比例越来越大，这些不良资产再次流动的需求也逐渐增大。一旦信用增长停止或转向，甚至只是大幅度地减速，不良投资不可持续的问题就会显现出来。米塞斯笔下的经济衰退并不是一个陌生、无法解释的不正常现象，而是一个市场经济中的必要过程。市场经济需要把那些繁荣时期造就的不良投资拆解并重构，让市场回归正确的消费—投资比例，以便更有效地满足消费者的需求。

因此，与干预主义者和国家主义者不同的是米塞斯不赞同政府必须与经济衰退抗争，并把经济衰退当作是自由资本主义内在机制造成的。他的观点恰恰相反：政府必须停止对经济衰退的干涉，只有这样，衰退期才能纠正政府制造的通胀所造成的扭曲。

和许多人一样，米塞斯的职业生涯在第一次世界大战中被迫中断。开始三年，米塞斯作为炮兵军官奋战在前线。最后一年，他在战争部的经济司任职。在那里，他写了些外贸方面的期刊论文，继续反对通货膨胀，并为少数族群的民族和文化自由出版了《民族、国家和经济》（*Nation, Staat, und Wirtschaft*，1919）。

教职的问题在战争结束后得到了正视。维也纳大学提供了三个付薪的经济学教授席位；战前，这三个位置分别由庞巴维克、他的小舅子弗里德里希·冯·维塞尔和欧根·冯·菲利波维奇所占据。庞巴维克在开战后没多久就悲惨地去世。菲利波维奇战前就退休了，而维塞尔紧随其后，战后没多久也退休了。第一个空缺被米塞斯过去的老师卡尔·格林贝格（Carl Grünberg）补上，但格林贝格在20年代初就辞职去了法兰克福大学主持工作。所以维也纳大学的三个空缺，普遍猜测米塞斯能够得到其中的一个。确实，依照任何学术标准，米塞斯得到教职都是实至名归的事。

但是米塞斯从未选上过任何一个付薪的学术职位。连续四次，他在选择中被直接跳过。他竞争的两个理论研究的职位分别给了奥斯马·斯潘（Othmar Spann）和汉斯·迈耶（Hans Mayer），斯潘是在德国受教育的奥地利有机论社会学家，很少因经济学而被人所熟知，倒是不久之后成了奥地利最重要的法西斯主义理论家，迈耶是由维塞尔亲自挑选的继承人，尽管对奥地利学派的效用理论作出了贡献，但不能和米塞斯同日而语。

在采访过米塞斯的朋友和学生以后，爱莲娜·克雷娃（Earlene Craver）指出米塞斯未能入围教授席位的提名，是因为有三股力量在反对他：其一，他在政策上是坚定的自由放任主义者，很快就成了社会主义者的靶子，无论这些人是左派的马克思主义者还是右派的社团主义—法西斯主义者；其二，他是个犹太人，身处一个日益反犹的国家；其三，他个人拒绝妥协，在原则问题上不愿意做出让步。米塞斯的学生F.A.哈耶克和弗里茨·马赫卢普（Fritz Machlup）总结说："虽然米塞斯的成就之大可以让人忽视这三条缺点中的两条，但还是无法让人完全无视全部三条缺点。"①

不提教职，20世纪20年代米塞斯的观点、声望和作品，在奥地利和欧洲的其他国家声名鹊起。不过由于《货币与信用理论》直到1934年才被翻译成英文，他在英语国家的影响有限。美国经济学家小本杰明·M. 安德森是第一个称赞米塞斯作品的英语作家，这在他1917年的《货币价值》（*The Value of Money*）中有所提及。米塞斯影响英美学界的机会，直到20世纪30年代早期才到来。年轻的凯恩斯当时担任英国经济学重要学术期刊《经济学杂志》的主编。要不是他带着轻视口吻、完全不着调的书评，《货币和信用理论》原本可以有更大的影响。凯恩斯写道，这本书作出了"巨大的贡献"，因为它"最大限度地使人豁然开朗"。凯恩斯还写道作者"博览群书"，但又在结尾处表示失望，因为他觉得这本书没有"建设性"和"原创性"。这个评论实在令人挠头：不管论者以为《货币与信用理论》是好是坏，这本书都极具建设性和系统性，其中新颖的观点层出不穷，这些都是事实而非价值评价。这么看来，凯恩斯的反应着实令人费解。不过15年后，凯恩斯在他的《货币论》（*Treatise on Money*）一书中写道，"对于德语著作，我只能清楚地理解我之前就已知道的观点——外语的难度使得新观点与我之间隔了一层纱"。谜团就此解开。凯恩斯智识人格的所有特点，都在这件事里得到了体现：令人咂舌的傲慢，厚颜无耻地评论自己一知半解的外文书，然后宣称这本书里没有任何新的观点。②

---

① 见Craver的*The Emigration of Austrian Economists*第5页。

② 凯恩斯的书评可以在这找到*Economic Journal*，1914（24）：417–419.他承认的细节请见A Treatise on Money（New York：Harcourt，Brace，1930），第1卷第199页脚注2哈耶克在评价凯恩斯的时候非常特别地忽略了他的自大和厚脸皮，并且把这一插曲当作是学习上的缺漏，他总结道："如果凯恩斯爵士的德语更好一点的话，世界上可能会有更多的苦难得到拯救。"凯恩斯的问题不仅仅局限于他不懂德语！请见"ATribute to Ludwig von Mises"，in Mises的*My Years with Ludwig von Mises*第219页。

20世纪20年代的米塞斯：学者和开创者

布尔什维克革命，以及第一次世界大战之后日益增长的社团主义情绪，逐渐将社会主义由乌托邦似的幻想和目标转化为不断扩展的事实。在米塞斯思想的探照灯投射到这一话题之前，学界对社会主义的批评局限在道德和政治范畴，强调集体团结的滥用。当批评涉及经济问题时，论者也只是关注公社或集体所有制所带来的不利影响（典型的评论家会用嘲讽的语气说："社会主义制度下，谁会自告奋勇去倒垃圾呢？"）。但是米塞斯在其递交给经济协会（National ökonomisch Gesellschaft）的一篇论文中讨论了这个问题，提出了对计划经济最具毁灭性的反驳意见：在社会主义国家中，经济计算是不可能的。对于思考型的社会主义者来说，米塞斯理论带来的震惊是千真万确的。米塞斯指出，在计划经济中，生产工具没有真实的定价系统可依靠，计划制订者无法准确计算成本、利润和资源的生产力，更无法理性地在现代复杂的经济中分配资源。

米塞斯这一观点的重大影响还在于它运用自身逻辑推翻了社会主义。社会主义很重要的一个目标是让中央计划制订者分配资源，以达到既定的目标。但米塞斯却揭示了，即使我们暂且不去考虑计划制订者的目标是否和大众的意愿相符这一复杂问题，社会主义本身是不允许计划制订者理性地实现自己的目标，更不用说消费者或大众的利益了。理性的计划和分配资源要求进行经济计算的能力，而这样的计算反过来需要资源价格在自由市场中得到确定，而这个价格又是私有财产所有者间进行交换产生的。但是社会主义的标志是国家和集体所有（至少也是国家或集体控制）全部人力以外的资源，生产所需的土地和资金，这也就意味着社会主义无法计算和理性地计划一个现代经济体制的运行。

米塞斯深刻的观点在欧洲社会主义者中投下了一枚重磅炸弹，尤其是在德语国家。在接下去的20年间，他们前赴后继地尝试解决米塞斯提出的问题。30年代末，社会主义者自信地宣称他们运用数理经济学解决了米塞斯的问题。问题是，他们所使用的新古典经济学的完全竞争和一般均衡理论基本是不切实际的。这点在奥斯卡·兰格（Oskar Lange）和阿巴·P. 勒纳（Abba P. Lerner）的构想中尤其明显。他们设想让中央计划委员会规定各家"社会主义公司"的行为，从而使它们能够在市场上"过家家"，形成市场价格。在1922年出版的《社会主义》一书中，米塞斯更深入地探讨了自己的观点，并发表了自己对计划经济最为完整的批评。之前那篇会议论文直到1935年才被翻译成英文，而这篇《社会主义》更是在1936年才被翻译。哈耶克还在其中添加更详细的说明和其后发展的观点。最后，米塞斯在其1949年出版的里程碑式的作品《人的行动》中给了社会主义致命一击。

20世纪40年代，社会主义在知识分子圈中如日中天，官方的课本甚至裁定兰格和勒纳已经解决了米塞斯提出的主要问题。但米塞斯和自由市场还是笑到了最后。即便是共产主义国家的人，今天也不得不承认计划经济在实践中的巨大失败和米塞斯与哈耶克的正确性。

米塞斯的早期研究表明政府干预经常会适得其反；他在货币和商业周期上的探索，进一步论证了他的观点。在20世纪20年代发表的一系列文章中，米塞斯调研了多种形式的政府干预，并认为它们无一例外地低效，且经常产生反作用（这部分文章在1919年以书的形式出版——《干预主义批评》（*Kritik des Interventionismus*））。实际上，米塞斯还得出了一个定律：一旦政府为解决某个问题而干预经济，结局往往不能达到预期，甚至制造出另一个或另外许多问题。这些制造出来的问题似乎又都迫切需要政府的进一步干预，问题和干预不断循环。这就是为什么政府干预主义下的经济，即“混合经济”是不稳定的。在面临经济问题时，“混合经济”政府不得不做出一个选择：要么废除之前的干预，要么继续新的干预。从逻辑上推导，这样的政府要么回到自由放任主义，要么就得推行完全的计划经济。

米塞斯对社会主义的研究，阐明了社会主义制度在现代社会的“不可能”。计划经济缺少经济计算必不可少的定价机制，更谈不上运行一个现代工业化的经济。如果国家干预下的经济是不稳定的，社会主义经济也是不可行的，那么现代工业化体制中唯一合理的经济方针就只剩自由放任的市场经济了。因此，米塞斯将他奥地利学派前辈对市场经济的松散支持，对其反复锤炼，最后形成一个有逻辑、前后一致、坚定信守自由放任主义的市场经济模型。为了把这些思路记录下来，米塞斯在1927年出版了《自由主义》（*Liberalismus*），在其中全面探讨了“古典”自由主义，也即自由放任的思想。

令人惊讶的是，写了这么多，我们还没有道尽米塞斯在20世纪20年代为学术界和经济学作出的卓越成就。早年，米塞斯就曾挑战过在德国经济学界占主流的历史学派。历史学派认为不存在经济规律，只存在特殊的时间地点和环境下发生的特殊事件。经济学存在的价值不在于它的理论，而在于它对于历史的审视。这一观点的政治意味在于，一旦取消了经济规律，政府就铲开了一大绊脚石；政府政策带来的不良后果，也就没有经济规律来指证了。

逻辑实证主义也向经济学理论提出了严峻的挑战。该主义认为经济规律的确认是一个试探性的过程，并认为必须使用经验事实（通常指的是数据）来证实经济规律的预测。根据他们对自然科学方法论的解读，实证主义者试图铲除经济学中“不科学”的研究方法。

制度主义和实证主义者对经济学理论的猛烈抨击，迫使米塞斯重新思考经济学的方法论和研究人类行为学科的基本认识论。他为早期奥地利学派学者和其他一些新古典主义学者采取的方法论第一次作了哲学上的辩解。米塞斯还说明，只有人类行为学的方法论才具备“科学”的特质。在新古典经济学中日益流行的实证主义方法论，有着极大的缺陷和不科学性。简而言之，米塞斯认为，关于人类行为的知识，必须建立在二元论的方法论基础上。对人类的研究，与对石头、分子和原子的研究，必须在方法上有根本的不同。因为人类个体是有意识的，他们吸收价值观，并为了维系价值观和达到目的而作出选择。他指出，解释人类行为的公理是不言自明的，人类行为的公理具有以下两个特点：（a）一旦被指认出来，该公理是否正确，对于个体是显而易见的。（b）除了自相否定外，该公理不能被否定，或者说不存在任何否定它的其他公理。既然关于人类行为的公理是不言而喻的，那么任何从人类行为中作出的逻辑推理一定是绝对的、不可辩驳的、清楚明了的。既然经济学中的主干部分是绝对地正确，这些公理又是不言而明的，那么实证研究必然要采用这些公理的——任何说要用事实来检验公理的说法，都是荒谬和无意义的。此外，历史事件不像发生在实验室里的自然事件；人类历史缺乏同质性、不可复制，并且没有可控制变量，所以也不可能有所谓对历史事件的检验。一切历史事件都与众不同、不可复制，并且是由复杂的因素共同作用产生的。不管是过去还是现在经济史，都不能用来检验理论，但是可以用来说明发展中的理论，并且用理论来解释历史事件。

米塞斯把经济理论视为描述人类行为——一个不可变更的事实——的形式逻辑。这样的理论不关心行为本身的内容以及关于行为价值和动力的心理学解释。经济学理论是行为事实的形式描述。因此，米塞斯晚年把这种方法称为“人类行为学”，这是关于人为行为的逻辑。

米塞斯从1928年开始发表他一系列关于认识论的文章，并在1933年出版了合集《经济学的认识论问题》（*Grundprobleme der Nationalökonomie*）。这是一部具有开创性的哲学和方法论作品。

20世纪20年代的米塞斯：教师和导师

正如前面所提及的，米塞斯在维也纳大学的教学工作深受限制，他在学校的影响也非常有限。虽然米塞斯在20世纪20年代的时候有哈耶克、戈特弗里德·冯·哈伯勒、奥斯卡·摩根斯特恩这样突出的追随者上过他的课，他手下却只有一名博士生——弗里茨·马赫卢普。马赫卢普还因为经济学教授中普遍存在的反犹情绪而被拒绝授予任教资格。没有这个资格，他无法以私人讲师的身份教书。[①]

米塞斯在他位于商务部的办公室里创办了一个私人研讨会，他作为老师和导师的巨大影响都是从这里开始的。从1920年到1934年他搬到日内瓦之间，每两周的周五晚上7点到大约10点（根据参与者的情况而定），米塞斯都会举办一个研讨会。研讨会结束后，他们会到意大利餐厅Anchora Verde享用集体晚餐。之后，大概在半夜左右，研讨会的主要参与者会到Künstler，维也纳最受经济学家欢迎的咖啡厅继续聊天，直到凌晨1点甚至更晚才尽兴而归，这其中也包括米塞斯。米塞斯的研讨会不对参与者打分，也不授予任何大学或商务部的官方认证。尽管如此，米塞斯作为老师和导师的非凡品质很快就体现出来。他的私人研讨会成为了全欧洲最卓越的研讨会和论坛，参与者可以尽情讨论、研究经济学和社会科学的相关话题。收到参与米塞斯研讨会的邀请函成了很光荣的事。不久，研讨会成了一个非官方但又非常关键的博士后研究中心。在参会者名单上的人，不管是在英国、美国还是在奥地利都是响当当的人物，他们后来又以“米塞斯圈”而闻名。

大多数的维也纳人，包括米塞斯的朋友和学生都抱着极度乐观的心态，觉得纳粹主义不可能在奥地利发生。但在20世纪30年代早期，米塞斯就预见到了这场灾难，并催促他的朋友趁早移民。

---

① 卡尔·波普尔回忆在20世纪20年代的维也纳，“任何有着犹太血统的人都不可能成为大学老师”。马赫卢普是米塞斯非常卓越的学生和追随者，但同时也是犹太人，因此被拒绝授予任教资格，这项资格相当于二分之一的博士学位，并且是在维也纳大学作为一名私人讲师教书的门槛。和他形成鲜明对比的是米塞斯其他三位获得任教资格的学生：哈耶克、哈伯勒和摩根斯特恩，他们都不是犹太人。

比起其他同事，米塞斯对日益逼近的纳粹威胁更加警觉。也正因为这一点，他在1934年接受了一份在日内瓦大学国际关系研究院的教授工作，方向是国际经济关系。因为一开始与日内瓦大学的合同只有一年，米塞斯还在商务部兼职，拿之前三分之一的薪水。米塞斯的合同每年都有续签，一直到他1940年离开日内瓦。尽管他为离开自己深爱的维也纳十分伤心，但在日内瓦的六年他过得非常开心。他在第一份（也是最后一份）付薪的学术职位上做得十分出色。不仅研究院宾客满堂，而且米塞斯身边还有许多志同道合的同事。

米塞斯每周只需上周六早晨的一堂大课，而且不再需要履行商务部的政治和行政义务。他终于可以享受他的业余时间，着手准备完成他最伟大的杰作。在这本书中，他将宏观和微观经济结合到一起，分析了市场以及政府在市场中的干预，所有的这些研究都依赖于他在20世纪20年代至30年代早期开创的人类行为学方法。这本书最后于1940年以《国民经济学》的名字在日内瓦发表。

第二次世界大战开战以后，米塞斯承受了很大的压力。一方面，第二次世界大战带走了学校里许多非瑞士国籍的学生。另一方面，战争意味着像米塞斯这样的难民将愈发不被瑞士欢迎。当纳粹德国在1940年春天攻占法国后，米塞斯在妻子的鼓动下决定离开这个被轴心国包围的瑞士，作为暴政的受害者，前往心中的“麦加”美国避难。

米塞斯夫妇俩在1940年8月抵达纽约，由于缺乏就业的可能性，他们只能依靠多年积蓄维持生活，不断变换住所，入驻不同的酒店和临时公寓。这是米塞斯人生中的低谷。安顿下来没多久，米塞斯就开始撰写自己的传记。这本带着绝望，但又散发着知识分子心灵的炽热的书，于当年11月完成，但到他死后才被翻译并以《札记和回忆》（*Notes and Recollections*，1978）的书名出版。[①] 这本忧伤的书的一大主题是绝望和消极。这是许多古典自由主义者，包括米塞斯的朋友和导师都感同身受的。他们看到国家主义的日趋强势，并亲眼看见了20世纪的毁灭性战争。门格尔、庞巴维克、马克思·韦伯（Max Weber）、奥匈

---

①“十几年后，米塞斯在纽约大学开办了自己的研究生讨论会，我们间的一些同学趁着课后休息时间，在儿童餐馆向米塞斯建议他应该写写自己的自传，因为他和我们说过很多很有趣的在维也纳的旧时光以及名人轶事。米塞斯站起来，用少有的严肃口气说道：‘拜托！我还没老到写自传的年纪呢。’这种语气阻止了类似讨论的进行。不过那时候米塞斯已经是古稀之年了，对在场的其他人来说是很大的岁数了，那时候在美国二十几岁的愣小伙子都已经出版他们的‘自传’了，我们很自然，尽管是在私底下，不太赞同大师的看法。”

帝国的鲁道夫大公、米塞斯的朋友兼同事威廉·卢森堡（Wilhelm Rosenberg）都在精神上备受打击，有些甚至被当时的政治热潮推向了死亡。米塞斯终其一生都试图克服在战斗过程中遇到的挫折，尽管这样的抗争可能最终没有希望。在解释为何身边的古典自由主义者会向第一次世界大战时的绝望低头时，米塞斯这样描述自己当时的反应：

> 长此以往，我陷进了这样毫无希望的悲观中。同样的感受，也给欧洲最聪明的人们施加了厚重的压力。悲观击垮了卡尔·门格尔，也给马克思·韦伯的人生罩上了一层阴影。这是性格使然，得看个人如何在得知一个无法逃脱的大灾难后安排自己的人生。在高中，我选择将维吉尔（Virgil）的诗作为人生信条：不要向邪恶低头，而要更勇敢地继续与之对抗（*Tu ne cede malis sed contra audentio ito*）。在战争最黑暗的时候，我回想起这则格言。一次次，面临理性思考找不到出路的处境。但总有出人意料的事情发生，让我绝处逢生。直到今天，我还是没有失去勇气。我会尽到作为经济学家的职责。为了传达心中的真理，我永远不会感到疲劳。[①]

米塞斯面对人生中遇到的所有逆境，都以如此巨大的勇气来面对：对抗通胀、抵制纳粹、第二次世界大战中的背井离乡。每一次，不管环境如何险恶，米塞斯都能持续抗争，继续自己对经济学以及人类行为学科的贡献。

到美国后，米塞斯的生活有了起色。约翰·范·西克勒和洛克菲勒基金与米塞斯是旧交情，给他带来了一笔微薄的年金。这笔经费通过国家经济研究所发放，从1941年1月开始，一直续期到1944年。用这笔经费，米塞斯出版了两本重要的作品，都在1944年由耶鲁大学出版社出版。其中一本是《全能政府：全权国家与全面战争的兴起》（*Omnipotent Government: The Rise of the Total State and Total War*），这是米塞斯第一本用英语写成的作品。在那个年代，对纳粹主义的解释，主要来自于哥伦比亚大学教授、德国难民弗朗茨·诺依曼（Franz Neumann）。诺依曼用马克思主义观点来看纳粹：他认为纳粹是德国大财团临终前迫切想要摧毁崛起的工人阶级的最后挣扎。这个观点在今天看来十分可笑，但在当时《全能政府》却是第一本向其发出挑战的著作。《全能政府》指

---

① 见Mises的*Notes and Recollections*第69–70页。

出，任何形式的集体主义，不管是左派还是右派，其本质都是国家主义和集体主义。米塞斯出版的另外一本书《官僚主义》（*Bureaucracy*）是一部令人称赞的经典读物。从来没有人能像米塞斯那样清晰地勾画出追求利益最大化的企业、非营利机构的官僚体制和政府官僚制度的本质不同。

那个年代主要的出版商几乎都热衷于社会主义和国家主义读物，只有耶鲁大学出版社反其道而行之，出版了米塞斯的第一本英文作品。米塞斯在美国的第一位新朋友是著名的经济学记者亨利·黑兹利特。他思维清晰，同时也是《纽约时报》特聘的专栏作家和经济学家，是他说服了耶鲁出版米塞斯的作品。

米塞斯的朋友，威廉·沃尔克基金的哈罗德·鲁诺（Harold Luhnow）①，则踏上了为米塞斯寻找合适教职的长征路。一份付薪的教职对于米塞斯是几乎不可能的，所以沃尔克基金准备为米塞斯支付全额薪水。即使是在有资助的情况下，寻找教职的任务还是很艰巨。最后，纽约大学商学院同意接收米塞斯，给他一份永久的“访问教授”的工作，米塞斯得以再次主持他所热爱的研讨会并教授经济学理论。从1949年开始，米塞斯每周二晚上给他的讨论小组上课，一直到他87岁的时候退休。在这二十年间，他一直活跃在讲坛上，生机勃勃，堪称美国大学里最老的一名活跃教授。②

早在1942年，米塞斯就对他《国民经济学》的惨淡命运感到失望。但他并没有气馁，反而开始这本书英文版的写作。新书并不只是简单的翻译《国家经济》，而是经过了修订，润色和扩充，算得上是一本新书。这是米塞斯学术生涯的扛鼎之作，受到了尤金·戴维森（Eugene Davidson）的关照，由耶鲁大学出版社在1949年出版。书名定为《人的行动：关于经济学的论文》。③

---

① 哈罗德·鲁诺是威廉·沃尔克公司和基金会的总监。公司位于堪萨斯城，经营家具配送和仓储。20世纪40年代至60年代，威廉·沃尔克基金会在为自由主义和保守主义学者提供资金上扮演了重要的幕后角色。在一段时间内，米塞斯教授除了主持他的研讨会以外，还教授与社会主义相关的课程。几年以后，研讨会成了他在纽约大学的唯一课程。

② 内华达大学拉斯维加斯分校的经济学教授汉斯·赫尔曼·霍普为我提供了很多有用的信息。他是我的德裔美国籍同事，同时也是一名博学又有创新精神的人类行为学家和米塞斯的追随者。

③ 本杰明·安德森博士（Dr. Benjamin Anderson），货币经济学家、经济史学家，同时也是米塞斯的朋友，蔡斯国家银行的前经济学顾问。1945年1月，他为英文版的《国民经济学》写了一份很有价值的评估，并将其寄给了戴维斯。《国民经济学》是米塞斯第一本关于经济学基本原理的书。货币问题是该书的主要议题，而社会主义在书中只扮演边缘角色。这本书对社会主义和货币问题作出了重要推论见Mises的*My Years with Ludwig von Mises*第103页。

令米塞斯开心的是，他的首期研讨会正好是《人的行动》一书的出版日，即1949年9月14日。《人的行动》是米塞斯最伟大的成就，也是本世纪人类智慧最好的产物之一。在他所开创的人类行为学方法论的基础上，米塞斯融合了微观和宏观经济学。他基于“人类存在”这一事实，围绕这么一个难以逃避并且至关重要的公理展开论述：人在这世界上活动的意义，在于寻找一种方式来完成他们最有价值的目标。米塞斯将经济学理论的大厦建造在最基本的个体行为的逻辑上。他为被分割为许多相互隔绝、碰撞的小领域的经济学提供了安居之所。《人的行动》是自“一战”以前的陶西格和菲特以来第一部将经济学理论进行整合的著作。除了提供了完善的、集大成者的经济学理论以外，《人的行动》批评了奥派在方法论上的对手，譬如历史学派、实证主义、新古典主义的数理经济学和计量经济学等。他还更新了自己对社会主义和国家干预主义的批评。

除此之外，米塞斯还对前辈的理论进行了修正。庞巴维克在他头一卷《资本与利息》中舍弃了利息生产力论，之后却又把这个假命题带回了经济学领域，而米塞斯在经济学领域引进了美籍奥地利人法兰克·菲特解释利息时用的时间偏好理论，纠正了庞巴维克的理论漏洞。

耶鲁大学对《人的行动》的畅销程度和质量深感惊讶，主动要求做米塞斯二十年内作品的出版商。1951年，全新加长版的《社会主义》出版；1953年，耶鲁出版加长版的《货币与信用理论》。然而，在《人的行动》出版以后，米塞斯并没有坐在桂冠上休息。他接下来写的关于“盈亏问题”的论文，也许是关于企业家的作用和市场盈亏体制最重要的讨论。[①]1957年，耶鲁出版了米塞斯最后一本著作，内涵深刻的《理论与历史》一书。在这本哲学杰作里，米塞斯解释了人类行为和经济学理论与人类历史间的关系，并且对马克思主义、历史主义和各种形式的唯科学主义进行了批评。《理论与历史》成了米塞斯除《人

---

① “盈亏问题”最初是为了1951年9月在法国博瓦隆由朝圣山学社举办的学术会议而写的。这篇论文在同年由自由主义者出版社以小册子的形式发行，现在它作为一个独立章节，可以在下面这本米塞斯论文集中找到 Ludwig von Mises. Planning for Freedom［M］. 5th ed. SouthHolland，Ⅲ.：Libertarian Press，1980：108–150.

的行动》以外最中意的作品。[1]然而好景不长，1959年，负责米塞斯作品出版的尤金·戴维斯离职去了保守派季刊《现代》（*Modern Age*）担任创始人兼编辑，耶鲁大学出版社不再是米塞斯作品的安身之处。[2]在其运作的最后几年，沃尔克基金会的出版项目负责发行了米塞斯剩余的作品，包括1962年出版的《自由与繁荣国度》和《经济学中的认识论问题》。除此以外，在沃尔克基金会存在的最后一年里，基金还发行了米塞斯最后作品《经济学的最后基础：经济学方法论和对逻辑实证论的批评》。[3]

第二次世界大战之后的美国岁月，米塞斯在观察他之前的学生、朋友和追随者的行为和影响中，了解了人生的起起落落。一方面，他非常荣幸能成为朝圣山学社（成立于1947年）的创始人之一。这是一家由信奉自由市场的经济学家和学者组成的国际社团。他非常欣慰地看到他的朋友——路易吉·伊诺第成为意大利的总理，雅克·吕埃夫成为戴高乐将军的经济顾问，勒普克和阿尔弗雷德·米勒-阿尔马克成为路德维希·艾哈德的重要顾问。20世纪50年代，他们在各自国家向着自由市场和硬通货方向转变的过程中扮演了重要角色。但米塞斯对朝圣山学社的领导并没有持续多久。愈发明显的国家主义倾向和对于经济政策暧昧不明的观点，使他对学社的美梦破灭。尽管米塞斯和哈耶克至死都保持着亲密的关系，米塞斯也从未说过他这位老朋友和门徒的坏话，但是他显然对哈耶克在第二次世界大战之后的改变感到不满。他觉得哈耶克逐渐脱离了米塞斯主义人类行为学和方法论个人主义，向着逻辑经验主义和新实证主义靠拢。例如，在20世纪60年代，当米塞斯听说哈耶克在纽约大学“内部和外

---

① 见Mises的*My Years with Ludwig von Mises*第106页。令人遗憾的是，《理论和历史》被1974年后的奥地利学派复兴所悲哀地忽视了。请见Murray N. Rothbard，“Preface，” in Ludwig von Mises. Theory and History：An Interpretation of Social and Economic Evolution［M］. 2nd ed. Auburn，Ala.：Ludwig von Mises Institute，1985.

② 1963年第二版《人的行为》背后有个令人不安的故事，详见Mises的*My Years with Ludwig von Mises*第106–111页。这一版本质量低劣，而且看上去是出版社故意使坏。米塞斯因此起诉耶鲁大学出版社不堪的印刷工作，不过双方在庭外达成和解，出版社基本上同意了米塞斯的所有要求。《人的行为》出版权随后转给了Henry Regnery and Co，由他们负责1966年发行的第三版，但耶鲁大学出版社至今仍然拿着一部分版税。整件事情最糟糕的部分，是对82岁高龄的米塞斯的精神折磨。看到自己毕生的心血被人胡乱印刷，实在是件很令人沮丧的事。

③ 所有这三本作品都是由D. Van Nostrand出版社发行的。这家出版社的主席同情米塞斯的遭遇，并与沃尔克基金有着出版业务上的合作。乔治·瑞斯曼翻译了《经济学中的认识论问题》，拉斐·莱科翻译了《自由与繁荣的国度》。两人从高中时代（1953年）就开始参与米塞斯的学术研讨会。见Mises的*My Years with Ludwig von Mises*第136–137页。

部秩序”（Nomos and Taxis）课上含蓄但清楚地否定了哈耶克自己在《科学的反革命》（*Counter-Revolution of Science*）中所用到的人类行为学方法论时，感到十分“震惊”。总体来看，米塞斯虽然欣赏哈耶克20世纪60年代所写的关于政治哲学和政治经济学的作品，特别是《自由秩序原理》（*The Constitution of Liberty*）。他坚定地批评了哈耶克认为福利国家与“自由相容”的这一观点。① 在生命的最后两年里，米塞斯的病情不断恶化。1973年10月10日，20世纪的思想界巨匠之一路德维希·冯·米塞斯去世，享年92岁。

从1974年起，奥地利经济学开始复兴，对米塞斯及其思想的关注程度也与日俱增，尽管米塞斯的思想在他生命的最后四十年受尽了嘲笑，但奥地利学派经济学，尤其是其中米塞斯的贡献，至少是今日混乱的经济学界中难得的一缕清风。

精选阅读

[1] Ludwig von. Mises, *Human Action*, The Scholar's Edition.Auburn, Ala.: Ludwig von Mises Institute. 1998.

[2] Ludwig von. Mises, *Epistemological Problems of Economics.* New York: New York University Press, 1960.

[3] Ludwig von. Mises, *Notesand Recollections.*South Holland, Ill.: Libertarian Press, 1978.

[4] Ludwig von. Mises, *On the Manipulation of Money and Credit.* Dobbs Ferry, N.Y.: Free Market Books, 1978.

[5] Ludwig von. Mises, *Theory and History.*Auburn, Ala.: Ludwig von Mises Institute, 1985.

[6] Ludwig von. Mises, *The Theory of Money and Credit.* Indianapolis, Ind.: Liberty Classics, 1980.

[7] Ludwig von. Mises, *Socialism: An Economic and Sociological Analysis.* Indianapolis, Ind.: Liberty Classics, 1981.

[8] Ludwig von. Mises, Mises, Margit von. *My Years with Ludwig von Mises.* Cedar Falls, Iowa: Center for Futures Education, 1984.

---

① 见Mises的*Planning for Freedom*第219页。

11

亨利·黑兹利特：人民的奥地利经济学家

杰弗里·塔克

亨利·黑兹利特
（1894—1993）

亨利·黑兹利特凭着他卓越的文笔，将奥地利学派的经济理论与政策介绍给了学术界以外的众多读者，为奥地利学派的推广作出了重大贡献。他主要以自由市场派记者、新闻评论员和公共知识分子的身份，在公共领域普及路德维希·冯·米塞斯的理论。[①]以其特有的分析能力，黑兹利特将米塞斯复杂而又微妙的理论精准地展现给世人，而丝毫没有妥协其完整性。

① 保罗·库克（Paul Cwik）、罗杰·加里森、小卢埃林·H. 罗克韦尔（Llewellyn H. Rockwell，Jr.）和约瑟夫·萨勒诺为本文提供了非常有帮助的注释。作者文责自负。黑兹利特对奥地利学派做出的宣传、评论和组织贡献，请详见 John L. Kelley. Bringing the Market Back In：The Political Revitalization of Market Liberalism［M］. New York：New York University Press，1997：33，35，53，60，64. 以及 George H. Nash. The Conservative Intellectual Movement in America［M］. Wilmington，Del.：Intercollegiate Studies Institute，1996：5，9，10，14，18-19，22-25. 罗斯巴德在*The Free Market*的第4页中写到：

> 在笔者的经历中，我从黑兹利特开始信奉奥地利学派，直到几年后深入接触米塞斯。我也是先听说黑兹利特，才经由他知道米塞斯的。在第二次世界大战前后，我对自由市场经济学刚刚开始感兴趣的时候，黑兹利特真是无处不在，从《新闻周刊》到广播到电视采访，到处都是沉稳、坚定而又睿智的他在传播自由市场经济学。他几乎是独自一人。

仅凭普及米塞斯的成就，黑兹利特就足以跻身于奥地利学派经济学大师之列了。尤其值得注意的是，他在凯恩斯主义的鼎盛时期发表的对凯恩斯《通论》的详尽回应。如果没有黑兹利特的不懈努力，和他为坚持原则而在事业上作出的牺牲，奥地利学派在美国的历史必将被改写。

黑兹利特1894年出生于费城，父亲在他两岁时去世。他的求学生涯始于歌德学院，该学院专向早年丧父的男孩提供良好的教育。母亲在黑兹利特9岁时改嫁，全家随之搬到了布鲁克林。[①]黑兹利特也因此进入了布鲁克林男子高中。高中时期的他，深受赫伯特·斯宾塞和威廉·詹姆士的影响，并将两位思想家奉若“神明”。在纽约市立学院学习了一年之后，由于筹集学费无门，黑兹利特不得不退学开始工作。

在干了一系列短工之后，黑兹利特在《华尔街日报》找到了一份速记员的工作。[②]与此同时，他开始创作自己的首部著作《思考的科学》[③]，并在20岁时就为该书找到了大出版商——这在同龄人中称得上是惊人的成就。1915年，在陆军航空队度过了短暂的时光后，黑兹利特完成了批评精神分析法的《通往意志力之路》一书。[④]随后，他先后在纽约晚邮报（1916–1918年）、机械与金属国家银行的投资指南部（1919–1920年）、《纽约晚间邮报》（1921–1923年）和《纽约太阳报》（1924–1929年）担任全职新闻评论员。在《纽约太阳报》的职位上，黑兹利特为自己建立起了文学评论家的声誉，并引起了《国家》（*The Nation*）杂志的关注。1930年到1933年间，他不仅在《国家》杂志担任文学编

---

① 黑兹利特被他的继父收养，并用了继父的姓“普里巴斯”，直到16岁继父去世时，他才换回了生父的姓。

② 在与*Reason*（1984第37期）杂志的采访中，黑兹利特说道：

> 我记得自己当时没有一技之长，任何工作都只能干两三天，之后老板就会把我开除。我从没有觉得难过或者惊讶，因为我只需要再去《纽约时报》上看广告，当天就又能找到另一份工作。这就是自由市场的力量。当时没有什么最低工资，也没有生活保障。你可能蹭到一碗粥，但是根本没有系统性的福利措施。有的只是市场。所以我每次都会工作三四天，被开除，再继续找工作。在这个过程中，我学到了不少技能，并开始稳定地赚3–4美元的时薪。

③ Henry Hazlitt. Thinking is a Science［M］. New York：Nash Publishing，1969.

④ Henry Hazlitt. The Way to Will Power［M］. New York：E.P. Dutton，1922.

辑，同时还为当时出版的许多重要书籍撰写文学方面的章节。①

在那几年间，黑兹利特结识了经济学家本杰明·安德森。“那时我每周都与他讨论经济发展的问题，”黑兹利特说：“我拜读了他的鸿篇巨制《货币价值论》（*The Value of Money*），一部称得上是美国经济学和世界货币理论的经典著作。”②虽然黑兹利特仍在为《国家》工作，继续撰写经济学和文学批评方面的文章，但是他反对罗斯福新政的立场，思想也越来越与杂志的主流评论观点相左。③

《国家》杂志并没有因此直接解雇黑兹利特，而是在1939年5月24日安排了一场辩论；辩论在社会主义者路易斯·费舍尔（Louis Fischer）和黑兹利特之间展开。针对大萧条的成因，费舍尔重申了马克思主义的观点：在20世纪20年代，工人受到资本家的剥削，因此没有能力消费他们需要的商品。与此同时，资本家占据着所有的财富，却无法消费所有工业产品，这导致商品供过于求。对此，费舍尔的解决方法是财富再分配，劫富济贫。黑兹利特反对这种做法。针对费舍尔的论据，黑兹利特指出20世纪20年代劳动力回报持续增长的事实，并反以奥地利商业周期理论对大萧条做出解释。他认为，第一次世界大战和20世纪20年代美联储的信贷扩张人为提高了商品价格，并促生了“大量房地产和股市投机行为”。1929年的股市崩盘是对过度投机的一个修正，但随后的调整却被政府的经济调控所阻碍。黑兹利特因此建议彻底停止政府的经济调控，否则，经济萧条还将持续。

---

① 其中包括“Humanism and Value，”in *The Critique of Humanism*，Clinton Hartley Grattan，ed.（Freeport N.Y.：Books for Libraries Press，1968）；“Emerson，”in *American Writers on American Literature*，Jon Albert Macy，ed.（Westport，Conn.：Greenwood Press，1931）；“Introduction，”to Stephen Crane，*Maggie and Other Stories*（New York：Alfred A. Knopf，1931）；“Our Greatest Authors（How Great Are They?），”in *Essays and Addresses Toward a Liberal Education*，A.C. Baird，ed.（Boston：Ginn，1934）；“Literature as Propaganda，”in *The Practice of Book Selection*，Louis Round Wilson，ed.（Chicago：University of Chicago Press，1940）；and，with Dorothy Thompson and Mark van Doren，“Nietzsche：Beyond Good and Evil，”in *New Invitation to Learning*，Mark van Doren，ed.（New York：Random House，1942）.

② Henry Hazlitt. Henry Hazlitt：An Appreciation［M］. lrvington-on- Hudson，N.Y.：Foundation for Economic Education，1989：9. 那几年间，黑兹利特曾受W.W. 诺顿委托写一本罗素的传记。“在1928到1929年间，我俩不管在伦敦还是纽约都联系紧密。直到有一天在回忆往事的时候，他突然说：‘你知道吗，我的一生也非常有趣。不如我写一本自传吧。’”

③ 黑兹利特离开《国家》杂志的情形，请见Jeffrey Tucker. Hazlitt and the Great Depression［J］. The Free Market，1993：2-4.

在辩论后，《国家》杂志社终于开始公开反对黑兹利特及其主张的自由市场政策。黑兹利特随即离开了《国家》杂志。与此同时，黑兹利特开始欣赏甚至崇拜《美国信使》的编辑——传奇评论家H.L.孟肯（H.L. Mencken）。他们二人是鲜见的既反对罗斯福新政，又拥有极高公众声望的知识分子，在政治与文学上均有观点相似之处。孟肯邀请黑兹利特接手自己的主编职位；他认为黑兹利特是“鲜见的杰出艺术批评家——同时还是接受过理论和实践训练的合格经济学家”。不仅如此，孟肯还补充道：“黑兹利特是人类历史上少数会写作的经济学家。”[①]在为《美国信使》工作的那段时间里，黑兹利特处处攻击罗斯福新政，同时也完成了他知名度最低的一部著作——《解剖文学批评》（*The Anatomy of Criticism*）。此书主要以三方谈话的形式为文学批评的作用和功能辩护，同时也直接解答了一些经济学中的理论问题。在书中，黑兹利特试图调和文学艺术的主观经济价值，与作家、艺术家作品的客观价值之间的矛盾。[②]

同年，黑兹利特发表了一篇名为《拒绝独裁》（*Instead of Dictatorship*）的短篇论文。在该文中，他提出设立一个由商人构成的委员会，来反制行政机关及其背后的立法机构的霸权。[③]如今看来，这个想法不免天真。黑兹利特设想一个由5~7名专业货币和银行经济学家组成的独立理事会，来解决与经济相关的问题，并参与法案的起草。从此，黑兹利特对政治改革产生了兴趣，并撰写了《美国新宪法》一书，主张美国由总统制向欧洲议会制转型。[④]罗斯巴德对此的评价是：

> 无论一个人是否完全同意黑兹利特的观点，他指出的行政权不受约束的问题，在今天显得格外重要。他坚定地认为美国宪法存在重大缺陷——行政权会在宪法默许的情况下被滥用，而不受国会或公众的约束。[⑤]

---

① 该评语出自《一课经济学》的侧封上，应该之前就见过报。

② Henry Hazlitt. The Anatomy of Criticism［M］. New York：Simon and Schuster，1933. 黑兹利特认为，我们可以通过“社会心灵”来理解一部作品的艺术和文学价值。而这种价值是创作者名声的基础。通过使用“社会心灵”这个概念，我们不至于陷入极端主观主义的陷阱（黑兹利特在附录里猛烈批评了马克思解构主义），也不至于彻底否认个人爱好和品味，陷入极端客观主义。

③ Henry Hazlitt. Instead of Dictatorship［M］. New York：John Day，1933.

④ Henry Hazlitt. A New Constitution Now［M］. New York：McGraw，1942.

⑤ Murray N. Rothbard. Henry Hazlitt Celebrates 80th Birthday［J］. Human Events，1974（30）.

离开《美国信使》后，黑兹利特被聘为《纽约时报》的新闻评论员，并在该报富有影响力的"周日书评"栏目担任书评人。在《纽约时报》为他开设的专栏中，黑兹利特撰文批评的范围极广：从国家工业复兴管理局到工会霸权，乃至股票市场管制、通货膨胀、贸易保护主义、产业计划、国家主义经济、工时限制、失业保险、福利救济、社会保险、高税收、遗产税、政府赤字，以及各种形式的政府权力扩张。[①]

黑兹利特的两篇书评在奥地利学派的历史上意义尤为重大。第一篇是黑兹利特对米塞斯的《社会主义》的评价。该书成书于米塞斯在日内瓦执教期间。此篇书评中，黑兹利特写道：

> （米塞斯）从各个角度考察社会主义——其充满强迫性的教条和生产资料的集体所有制；平等的理想；性别与家庭问题；生产和分配的解决方案；在静态和动态条件下的经济行动；其对于国家和国际社会的影响……不得不承认，这部书称得上是迄今为止对社会主义最严苛的批评。我想，即便是反对社会主义的读者，也会时有感觉米氏在夸大其词。另一方面，即便是坚定的社会主义者，也不得不赞美其充满艺术性的论证。本书可谓是米塞斯给这个时代留下的一部经典。[②]

黑兹利特把自己的评论寄给了在日内瓦的米塞斯，二人随后相互通信。两年后米塞斯前往美国，从此开始了他们持续后半生的友谊。玛吉·冯·米塞斯写道："黑兹利特是路德维希在纽约最先认识的人之一。他从一开始就努力帮助路德维希在美国安顿下来……他非常清楚路德维希的处境（没有学术地位和家当），而且十分好客和蔼。"[③]古道热肠的黑兹利特利用与助理国务卿布雷肯里奇·朗的关系，帮助玛吉的女儿姬达·塞雷尼离开被占领的法国。"只有当过母亲的人才能明白这对我意味着什么。亨利自己可能早就忘记了这件事，但

① 在同时写作的书评专栏中，黑兹利特评价了罗素、杜威、H.G.韦尔斯、桑塔亚娜和斯图尔特·蔡司等人的作品。他的声望和文笔使书评经常位于头版位置。

② *New York Times Book Review*（January 9，1938）. Excerpt reprinted in Bettina Bien Greaves，*Mises：An Annotated Bibliography*（Irvington-on-Hudson，N.Y.：Foundation for Economic Education，1993）第159页。

③ Margit von Mises. My Years with Ludwig von Mises［M］. Cedar Falls，Iowa：Center for Futures Education，1984：57-58.译者注：玛吉·冯·米塞斯是路德维希·冯·米塞斯的夫人。

我不曾忘记，也永远不会忘记。”①

黑兹利特的第二篇重要书评是为哈耶克的《通往奴役之路》（*The Road to Serfdom*）所写，发表于1944年9月24日《纽约时报》书评栏目的头版；黑兹利特在书评中评价它是“当代最重要的著作之一”。是黑兹利特的影响力，帮助这本书取得了极高的声誉：《通往奴役之路》在芝加哥大学出版社的首印数仅为三千本，但在黑兹利特的书评发表之后，该书销量急剧上升，促使《读者文摘》出版缩写本，使得哈耶克对纳粹主义、共产主义和美式社会主义之间的关系分析广为人知。

1946年，在《纽约时报》工作的同时，黑兹利特撰写了他最广为人知的《一课经济学》（*Economics in One Lesson*）一书。②他原本对此书畅销不抱任何期望③。然而，超越百万的销量，却使该书跻身于有史以来最畅销的经济学书籍之列。因为《一课经济学》的思想脉络完全以奥地利学派为导向，该书的审阅人中就包括米塞斯本人，黑兹利特也在初版序言中向其致谢。④《一课经济学》日后演变成了有力的教育工具，用来向学生和企业家指出日益流行的凯恩斯主义经济学的谬论。

《一课经济学》强调了经济学推理方式的两大关键点。第一，经济学“不仅在于研究任何法案或政策的短期效果，更在于法案和政策的长期效应”。第二，“经济学在于跟踪研究政策的影响——不仅是对单一群体的影响，还包括对所有群体的影响”。⑤这两条原则首先通过巴斯夏的“破窗谬论”进行了示范。凯恩斯主义者认为砸破窗户可以为玻璃工提供就业机会而拍手叫好，实际上却忽略了窗户主人的损失也会传导到经济体当中。黑兹利特随后将上述两个原则应用在许多经济问题上，包括税收、信贷扩张和价格补贴问题。通过一个

---

① Margit von Mises. My Years with Ludwig von Mises［M］. Cedar Falls，Iowa：Center for Futures Education，1984：70.

② Henry Hazlitt. Economics in One Lesson［M］. New York：Harper and Brothers，1946.

③ 这是他在1987年10月的访谈中亲口告诉我的。

④ “我对米塞斯教授耐心阅读本书并提供建议表示感谢。”黑兹利特只感谢了米塞斯一个人。在知识传承上，黑兹利特提到了巴斯夏、菲利普·威克斯特德和米塞斯等人的影响，特别是威克斯特德。黑兹利特说他读*Common Sense of Political Economy*时，第一次体会到经济学与人类行为的共存——后来米塞斯的著作使他彻底领悟到这一点。见*The Wisdom of Henry Hazlitt*（Irvington-on-Hudson，N.Y.：Foundation for Economic Education，1983）.

⑤ 见Hazlitt的*Economics in One Lesson*第5页。

接一个的事例，黑兹利特说明实行强制性的政府干预在帮助特殊群体的同时，会侵犯其他多数群体，尤其是消费者的利益。因此，尽管干预政策可能在短期内取得成功，然而从长远来看，只会降低经济效率和生活水准。

《一课经济学》的出版，标志着黑兹利特对奥地利学派和自由市场事业的全身心投入。自1934年6月起，他凭着《纽约时报》新闻评论员的身份，一直极具影响力，但是有两件事最终导致了他的离开。第一，他被公开认定为自由市场事业的支持者——这一立场在当时并不受欢迎。虽然他写的文章多属匿名社论[①]，但细心的读者不难发现他文笔和思想的痕迹，而不少读者对他的政治立场并不感冒。第二，黑兹利特一直发表评论，反对布雷顿森林货币协议下的伪金本位制。黑兹利特写道："我发现自己几乎是孤身一人地呼吁公众关注这份协议的危险性——尤其是在新闻界。"[②]在布雷顿森林货币协议签署后，编辑阿瑟·萨尔斯伯格对他说："亨利，我曾经允许你发表这些社论，但是现在已经有43个国家签署了这份协议，我们不能继续反对它了。"黑兹利特不愿支持该协议，所以干脆完全不再评论这件事。"这使我们的关系稍稍有点紧张，"黑兹利特向一位采访者表示，"但他们并没有解雇我。"[③]

两年后，因为《一课经济学》的畅销和在布雷顿森林体系议题上跟编辑部的冲突，黑兹利特离开了《纽约时报》。他离开的原因不止于此。随着他是《纽约时报》诸多社论的作者这一事实逐渐明朗，许多社民主义者将怒火发泄到了他的专栏上。乔治·索尔在评价《一课经济学》时写道：

> 就像一个在贫民窟的主日学校里教书的老师一样，亨利·黑兹利特告诫我们应当回归经济学的真理。整个世界都迷失了方向，唯有坚持信奉自由市场经济的美国可能是个例外。然而，即便在美国，伪先知也将带着我们误入歧途。在黑兹利特看来，真相是如此清晰而又完整……多年来，

① 一直到1994年，我们都并不确定到底有哪些社论是黑兹利特的手笔。那年，黑兹利特全部作品的索引面市，首次指明了三千余篇未署名文章均为黑兹利特所作文章。请见Henry Hazlitt的A Giant of Liberty，该书由本文作者调查雪城大学的George Arents Research Library而成。

② Henry Hazlitt. From Bretton Woods to World Inflation：A Study of the Causes and Consequences［M］. Chicago：Regnery Gateway，1984：10. 在本书介绍中，黑兹利特非常大度地没有提及他丢掉工作的原因——他对布雷顿的反对。

③ "An Interview with Henry Hazlitt，" *Austrian Economics Newsletter*（Spring 1984）；"Henry Hazlitt，" *Reason*（December 1984）：38.

> 《纽约时报》这类报纸都因冷静平和地反对经济改革而激怒进步派人士，而黑兹利特正是此类观点的中流砥柱。[①]

具有讽刺意味的是，黑兹利特自己似乎并不知道他的观点多么偏离主流。他此前最后一次与左派打交道是在以意识形态为导向的杂志，而非在行业主流的大报上。

> 当我在1946年撰写《一课经济学》时，我并没有意识到当时大部分的经济学著作已经开始倾向于社会主义。这对我而言是件好事，因为我的书并不像他们的一样，充斥着愤怒的情绪，只是嘲弄了经济干预者和垄断定价者。我认为这正是我吸引读者的特质之一——我的书中几乎从未表现出愤怒的情绪。我只是反驳了那些根本不知道自己在说些什么的干涉主义者。[②]

虽然离开了《纽约时报》，黑兹利特为奥地利学派作出的伟大贡献却才刚刚开始。他的新职位——《新闻周刊》“商潮”专栏的作家——能让他每周都有机会表达自己的立场，同时也向他提供了为奥地利学派学术与新闻贡献余力的时间和机会。他开始撰写一系列关于战后经济主要问题的文章，包括价格调控（及其他形式的“稳定”经济政策）及越发严重的罢工问题。他主张立即废止一切价格调控政策，并指出价格调控正是经济不稳定的元凶。他还呼吁立即废除所有工会的特权，以免工资水平达到战后的新高。他专栏的主题是，价格是企业和消费者评估资源和服务价值时必不可少的参考数据。如果没有自由浮动的价格，那么即便是名义上的资本主义国家，也会遭遇发展瓶颈、效率低下的问题，或是像计划经济一样遭遇经济混乱。他也解释了为什么在自由市场中，工会罢工是众人都不希望见到的事情。现实中的罢工是特权的结果。值得一提的是，当时的杜鲁门政府曾鼓励工会罢工，并将其作为政治工具。

1949年，杜鲁门政府开始推行国内消费计划以配合其国际消费计划。但黑兹利特抨击了这种借由学生补助和社会保障而发展的美国福利体系，并批驳了认为信贷扩张可以解决一切宏观经济问题的通货膨胀论调。他建议美国回归19

---

① George Soule. The Gospel According to Hazlitt [J]. The New Republic，1946（19）：202–205.

② “An Interview with Henry Hazlitt.”

世纪的金本位制。在一系列具有里程碑意义的专栏中，黑兹利特揭穿了杜鲁门政府试图将反对外援者刻画为逃避现实的孤立主义者（这种“努力”一直持续到今天）的企图。黑兹利特认为，真正的国际主义并非依靠国际舞台上的官僚政治与援助性贷款，而是借由不受限制的国际贸易（杜鲁门和艾森豪威尔政府都不提倡自由贸易）。黑兹利特还撰写社论反对赤字开支，反对将漏税视为补贴，反对登月计划和补贴农业，反对向富裕阶层过度征税和抑商政策。

与此同时，黑兹利特连续出版了一系列极富创造力、解释奥地利学派理论的著作，并以此作为他对其他学说和干涉主义进行批判分析的基础。《美元会拯救世界吗》（*Will Dollars Save the World*？）和《第四点的幻想》（*The Illusions of Point Four*）两书抨击了马歇尔计划和美国发展援助计划。[①]援助计划曲解了财富创造的本质，也忽视了以市场为导向的投资对促进经济发展的重要性。在其后几年，马歇尔计划支持者都将黑兹利特的批评视为反对派的代表。1951年，黑兹利特撰写了一部小说，描述计划经济逐渐解体的过程。他设想一个开明的独裁者如何一步步放开计划体制对经济的干涉。穆瑞·罗斯巴德把它称为“唯一一部能够例证并解释米塞斯的经济计算问题的作品”。[②]1989年东欧社会主义国家的崩溃，兴起了对这部小说的新一轮关注；针对“政治转型应循序渐进还是一夜剧变”的辩论接踵而至。1956年，黑兹利特撰写了《自由人的图书馆》（*The Free Man's Library*），该书按照字母顺序对自由主义书籍一一进行了详尽的注释。[③]黑兹利特在哲学和经济学上的阅读面之广，在《图书馆》一书中展露无遗。该书也成为了日益崛起的自由市场运动的基本参考书[④]。

黑兹利特的下一个项目是逐页反驳凯恩斯的《通论》。[⑤]此前，从未有经济学家进行过如此尝试。实际上，正如黑兹利特指出，在大量凯恩斯主义的著作中，鲜有针对凯恩斯著作本身的评论。大多数凯恩斯主义者认为他们的作品

---

① Henry Hazlitt. Will Dollars Save the World?［M］. New York：Appleton Century，1947.；Hery Hazlitt. The Illusions of Point Four［M］. Irvington-on-Hudson，N.Y.：Foundation for Economic Education，1950.

② Annotation in *Henry Hazlitt：Giant of Liberty*的第24页。

③ Henry Hazlitt. *The Great Idea*［M］. New York：Appleton，1951.；reprinted as *Time Will Run Back*（New Rochelle，N.Y：Arlington House，1966）.

④ Henry Hazlitt. The Free Man's Library［M］. Princeton，N.J.：D. Van Nostrand，1956. 20世纪60年代文献的缺乏使得该集只有165页。现在要编写这样一部指南，长度将难以想象。

⑤ Henry Hazlitt. The Failure of the “New Economics”：An Analysis of the Keynesian Fallacies［M］. Princeton，N.J.：D. Van Nostrand，1959.

是对大师的解读，却颇为遗憾地忽视了大师本身。少数详细评论《通论》的人则先入为主地认为该书清晰连贯、见解深刻，他们只需探讨凯恩斯是如何呈现他的观点的。黑兹利特则采取了相反的做法。他不预设立场，而是实事求是地讨论《通论》是否具有上述优点。经过一段又一段的阅读，他发现凯恩斯理论结构的错位、矛盾、逻辑上的失败、不完整的论证、佯装三段式论证的解释，以及站不住脚的政策建议。这项计划的最终结果，是一部长达458页的著作——《“新经济”的失败》（*The Failure of the “New Economics”*）。本书批判了那个时代最伟大的经济学家——凯恩斯。米塞斯对此评价道：“黑兹利特完全推翻了凯恩斯主义者所持的错误观念。”①

从奥地利学派的角度来看，这本书应被视为黑兹利特对思想史独特的贡献。黑兹利特已经预料到之后奥地利学派将对宏观经济学做出的批评。黑兹利特指出，凯恩斯是在两种矛盾的条件下讨论储蓄与投资间的关系。第一，凯恩斯认为二者在定义上一致。第二，凯恩斯认为它们总是失衡，需要通过某种形式的干预予以纠正。这两样假设都站不住脚。②

罗斯巴德将这本反驳凯恩斯的著作称为黑兹利特的代表作，但黑兹利特却认为自己论述社会道德的书更胜一筹。③在《道德的基础》（*Foundations of Morality*）中，黑兹利特将米塞斯的社会协作理论作为评估公共政策的道德标准，这样的观点也被称为规则功利主义。虽然许多作家遵循奥地利学派传统，像罗斯巴德（甚至安·兰德）一样，把经济理论与基于权利的道德构架结合，但米塞斯本人坚持权利诉求不可能借由理智确定。④米塞斯认为，个人和社会的

---

① 见*The Failure of the “New Economics.”*的侧封。

② 见*The Failure of the “New Economics,”*的217-235页。黑兹利特还出版了辅助读物*The Critics of Keynesian Economics*（Princeton，N.J.：D. Van Nostrand，1960），包括以下作者的作品：J.B. Say，John Stuart Mill，Jacob Viner，Frank Knight，Etienne Mantoux，F. A. Hayek，Franco Modigliani，Benjamin Anderson，Philip Cortney，R. Gordon Wasson，Garet Garrett，Jacques Rueff，John H. Wil- liams，L. Albert Hahn，Ludwig von Mises，Joseph Stagg Lawrence，Wilhelm Ropke，W.H. Hutt，Arthur E Burns，Melchior Palyi，and David Mc Cord Wright. 在他的努力下，该书成了反凯恩斯主义者的发言平台，并展示了凯恩斯在他《通论》中犯的诸多错误，实际上早已有先例。

③ Henry Hazlitt. Foundations of Morality［M］. Princeton，N.J.：D. Van Nostrand，1964. 黑兹利特的最后一项计划是汇编斯托亚学派的经典。见*The Wisdom of the Stoics：Selections from Seneca，Epictetus，and Marcus Aurelius*（Lanham，Maryland：University Press of America，1983）.

④ Ludwig von Mises. Human Action，The Scholar's Edition［M］. Auburn，Ala.：Lud-wigvon Mises Institute，1998：174-175.

利益，从长远来看，处于和谐关系当中。人们有义务以保持这样的和谐关系为目标，来评价社会体系和个人行为。社会应该追求合作、繁荣与和平之路，而非冲突、贫困和战争之路。黑兹利特将这一观点命名为“合作主义”，并对其他道德理论做出了批评。[①]

从1964年到20世纪70年代中期，黑兹利特的许多研究从经济学角度解开了福利制度的许多谜题，并预见了当下的许多热门问题。《人与福利国家》（*Man vs.The Welfare State*）[②]一书批评抑制福利制度发展的计划迟迟不见踪影，尤其是米尔顿·弗里德曼主张的负所得税（最终演变为所得税抵免）。他认为，抑制福利制度的提议经常起到了反作用，它鼓励人们变穷或者保持贫困，同时还浇灭了人们工作的动力。黑兹利特希望废除所有福利制度，因为他认为这是唯一与正确的经济学理论相符的选择。在《征服贫困》（*Conquest of Poverty*）一书中，黑兹利特证明，纵观历史，自由市场的引入总会带来生活水平的大幅提高。相反，人类历史上的贫穷问题与经济混乱，则一直是干涉主义的结果。

尽管多年来主要集中精力于著书，黑兹利特却从未放松在新闻传播上的努力。他曾担任《自由人》的合作编辑（1950–1953年），每周为《洛杉矶时报》撰写国内专栏（1966–1969年），并且在20世纪70年代和80年代早期继续为《自由人》《人事》和《国家评论》撰写专栏。他最后一篇公开发表的文章刊于《奥地利经济学评论》的创刊号。

黑兹利特以其惊人的文采，成为了资本主义和个人主义不屈不挠的捍卫者。即便这样的立场在当时十分不受欢迎，他在必要的个人牺牲上也毫不犹疑。在进入这场思想之战以前，黑兹利特在出版界身处高位——尤其考虑到他没有文凭，也没有接受过正规的高等教育，这样的成就极为难得。然而，他选择了他相信的真理之路，也因此与出版界出现隔阂。与那个时代相比，他的立场在今天更加主流。这还要归功于他为自由市场运动打下的教育宣传基础。

“当回顾自己的职业生涯时”，1964年，黑兹利特向一位读者这样倾诉：

---

① Leland Yeager 在*The Austrian Economics Newsletter*（Summer 1991）：6 中表示黑兹利特的相关写作是他社会道德理论的基础。

② Henry Hazlitt，Man vs. The Welfare State［M］. New Rochelle，N.Y.：Arlington House，1969.；Henry Hazlitl，Man vs. The Conquest of Poverty［M］.Los Angeles：Nash Publishing，1973.

我有许多理由气馁。我不曾懒惰松懈，写了许多的书。从20岁到大约70岁之间，我几乎每个工作日都在写作：新的话题、社论、专栏与文章。我粗算了我的社论、文章与专栏大约共1万篇，合计1000万字！而且都被发表了！这相当于150本一般书籍的长度！

然而，我成就了什么……今天，世界经济社会化的程度前所未有……然而，尽管如此，我仍充满希望。毕竟，我的身体仍然健康，仍然可以自由写作，书写不受欢迎的观点，而且我也一直在这样做。你们中的许多人也是如此。所以我要给你们如下建议：充满希望，精神饱满。战争暂时没有打赢，并不意味着你永远输了……即便是我这样70多岁的人，也无法忍受休息片刻，或在佛罗里达州的阳光下打瞌睡度过余生。这个时代需要勇气，这个时代需要拼搏。这样的渴求越强烈，从事这项事业的风险就越高。但是，还有什么事情比人类未来的自由更为重要？比整个人类文明的未来更为重要？①

精选阅读

[1] Henry. Hazlitt, *From Bretton Woods to World Inflation: A Study of Causes and Consequences.* Chicago: Regnery Gateway, 1984.

[2] Henry. Hazlitt, *Economics in One Lesson.* New York: Crown Trade Paperbacks, 1979.

[3] Henry. Hazlitt, *The Conquest of Poverty.*Los Angeles: Nash Publishing, 1973.

[4] Henry. Hazlitt, *Man vs.The Welfare State.*New Rochelle, N.Y: Arlington House, 1969.

[5] Henry. Hazlitt, *The Foundations of Morality.* Princeton, N.J.: D. Van Nostrand, 1964.

[6] Henry. Hazlitt, *The Failure of the "New Economics" : AnAnalysis of the Keynesian Fallacies.* Princeton, N.J.: D. Van Nostrand, 1959.

[7] Henry. Hazlitt, *The Great Idea.* New York: Appleton; reprinted as *Time*

① 见Hazlitt的*Reflections at 70*第14–15页。

Will Run Back. London：Ernest Benn，1951.

[8] Henry. Hazlitt，*A New Constitution Now.* New York：McGraw，1942.

[9] Henry. Hazlitt，*The Wisdom of Henry Hazlitt.* Irvington–on–Hudson，N.Y.：Foundation for Economic Education，1933.

[10] Henry. Hazlitt，*The Anatomy of Criticism: A Trialogue.* New York：Simon and Schuster，1933.

[11] Henry. Hazlitt，*Thinking as a Science.*New York：E.P. Dutton，1916.

[12] Henry Hazlitt，*An Appreciation.* Irvington–on–Hudson，N.Y.：Foundation for Economic Education，1989.

[13] Jeffrey，comp. Tucker，Murray Rothbard，annot. *Henry Hazlitt: A Giant of Liberty.* Auburn，Ala：Ludwig von Mises Institute，1994.

12

F.A.哈耶克：奥地利学派经济学家及社会理论家

彼得·G.克莱因

F.A.哈耶克
（1899—1992）

弗雷德里希·奥古斯特·冯·哈耶克是现代奥地利学派经济学家中的翘楚。作为弗雷德里希·冯·维塞尔的学生、米塞斯的门徒和同事，以及奥地利学派最卓越一代的成员，哈耶克对奥地利学派思想在英语世界的传播做出了卓绝的贡献。1967年，约翰·希克斯（John Hicks）写道："20世纪30年代是经济分析史的一个里程碑，而这一篇章中的代表性人物，非哈耶克教授莫属……极少有人记得，哈耶克的理论一度是凯恩斯理论的主要对手。"①不幸的是，哈耶克的经济周期理论最终被凯恩斯主义革命所埋没。即使如此，哈耶克的贡献依然获得了学界的认可。1974年，哈耶克和瑞典人冈纳·缪尔达尔（Gunnar Myrdal）共同荣获了诺贝尔经济学奖。

生平与作品

哈耶克的一生横跨20世纪，是百年间最杰出的思想者之一。1899年，哈耶

① Sir John Hicks. Critical Essays in Monetary Theory［M］. Oxford：Clarendon Press，1967：203.

克生于维也纳一个知识分子家庭。他的祖父是一名统计学家，也是庞巴维克的好友。哲学家路德维希·维特根斯坦是哈耶克的表亲。哈耶克就读于维也纳大学，并于1921年和1923年获得博士学位。他入学的时候19岁，正值第一次世界大战结束。当时维也纳大学的经济学教育能够排在全世界的前三（另两处是斯德哥尔摩大学和剑桥）。哈耶克最初的专业是法律，但他的兴趣主要集中在经济学和心理学领域。哈耶克对心理学的兴趣，来自于维塞尔和他的同事奥斯玛尔·斯潘，而后两人又受马赫的知觉理论的影响。哈耶克对经济学的兴趣，则来自于他同龄人普遍推崇的费边社会主义改革理想。

像当时及后来的许多经济学者一样，哈耶克选择这门学科并非由于知识本身，而是因为他希望改善社会现状，扭转战后维也纳穷困潦倒的景象。社会主义似乎是对症的良药。1922年，米塞斯出版了《社会主义》一书，后被译为英文。哈耶克回忆说："这本书的出版，完全改变了年轻读者的世界观。"①《社会主义》实际上是米塞斯对两年前一篇论文的深度扩展。该书论证了社会主义的经济计算，需要建立在生产资料市场产生的价格基础上。一旦市场不复存在，那么生产资料的价值就无从计算，更无从合理利用。米塞斯对中央计划经济的无情抨击影响了哈耶克，使后者转而支持自由放任的经济体系。米塞斯的著作，还转变了同时代的威廉·勒普克、莱奥内尔·罗宾斯和博蒂尔·奥林（Bertil Ohlin）等人的思想倾向。

正是在这一时期，哈耶克开始参加米塞斯著名的私人学术讨论会。在长达七年的时间里，讨论会都是维也纳经济学术圈的核心。再后来，哈耶克成为了这个圈子里第一个离开维也纳的学者。其他大多数参会人员，包括米塞斯本人，都在第二次世界大战开始后不久离开了维也纳。

米塞斯对货币和银行领域的理论研究早有涉足。他成功地将奥地利学派的边际效用原则用于货币理论，并在英国通币学派和瑞典经济学家纳特·维克赛尔的理论基础上构建了商业周期理论。哈耶克沿用了这一观念，并将其作为自己研究商业周期理论的起点。他采用银行——信贷扩张的范式解释经济周期的生成，并从不良投资的角度解释了商业周期的发展。哈耶克在这一领域的研究，最终帮他获得了伦敦政治经济学院的任职邀请。1931年，哈耶克赴

① F.A. Hayek. The Fortunes of Liberalism（Vol.4）［M］. Peter G. Klein，ed. Chicago：University of Chicago Press，1992：133.

伦敦政经学院经济与统计学系任教。在那里，哈耶克身处一群充满活力和激情的学者之中，其中不乏罗宾斯、J.R.希克斯、阿诺德·普朗特、丹尼斯·罗伯森、T.E.格里高利、阿巴·莱尔纳、肯尼斯·布尔丁、乔治·沙克尔（George Shackle）这样的天才人物。哈耶克为他们带去了充满新意的观点，并使奥地利学派的商业周期理论逐渐为人所知和接受。在伦敦政经学院，哈耶克主要教授米塞斯的商业周期理论。在此基础上，他也对理论加以完善。在凯恩斯的《通论》于1936年出版前，哈耶克理论在英美的支持者规模迅速扩张；评论家普遍认为他的理论对美国的大萧条作出了最佳的解释。

早在20世纪30年代早期，哈耶克和凯恩斯就在《经济学期刊》上围绕凯恩斯所著的《货币论》进行过论战。作为凯恩斯理论在经济圈内的激烈反对者之一，哈耶克完全有能力针对《通论》一书做出完全彻底的批判，但是他没有这样做。这部分是由于凯恩斯的个人魅力和他超凡的语言技巧，也因为哈耶克一向避免与同行发生直接的争论。在抗击战时通货膨胀上，哈耶克视凯恩斯为同盟，不希望将两人合作的重点转移到口舌之争。哈耶克没有详细地批评凯恩斯，还因为后者总是不停地修正自己的理论框架。这点哈耶克在日后有提及，他也因此对撰写《通论》的细节性批判缺乏兴趣。哈耶克认为，与其批评凯恩斯，不如全面系统地阐释庞巴维克的资本理论更有意义。于是，哈耶克将他的所有精力都投入到这一事业上来——不幸的是，直到1941年，《纯粹资本理论》才姗姗来迟，而当时凯恩斯的宏观模型已经非常完善了。①

就在这短短几年之内，奥地利学派的声誉遭到了重创。首先，作为商业周期理论的必要组成部分，奥地利学派资本理论遭到了剑桥大学意大利籍经济学家皮耶罗·施拉法和美国经济学家弗兰克·奈特的抨击。而商业周期理论本身，反而在《通论》带来的浪潮中被遗忘。其次，自从哈耶克搬去伦敦开始，直到20世纪40年代，奥地利经济学家都在陆续不断地离开维也纳。这里面有个

① 哈耶克也相信对凯恩斯的有效批判必须从全面批判集体经济，或者说从“宏观经济”开始。见 F. A. Hayek. Contra Keynes and Cambridge：Essays，Correspondence［M］. Bruce Caldwell，ed. Chicago：University of Chicago Press，1995：49–73. Brian McCormick and Mark Blaug propose an entirely different reason：Hayek couldn't respond because the Austrian capital theory，on which the cycle theory was built，was simply wrong.见Brian J. McCormick. Hayek and the Keynesian Avalanche［M］. New York：St. Martin's Press，1992：99–134.；and Mark Blaug.Hayek Revisited［J］. Critical Review 7，1993（1）：51–60.

人原因，也有政治原因；但不管怎样，奥地利学派都显现出分崩离析之势。[①]米塞斯于1934年离开维也纳前往日内瓦，之后又去了纽约，在那里独自继续研究。哈耶克则在伦敦政经学院一直工作到20世纪50年代，之后加入了芝加哥大学的社会思想委员会。在此期间，一些与哈耶克同一代的奥地利经济学家在美国崭露头角——哥特福里德·哈博勒到了哈佛，弗里茨·马赫卢普和奥斯卡·摩根斯坦去往普林斯顿，保罗·罗森斯坦·罗丹前往麻省理工大学——但是他们此后的作品，普遍失去了奥地利学派自卡尔·门格尔以来一脉相承的风格。

在芝加哥大学，哈耶克再次得以和众多大师共事。芝加哥大学的经济系独步天下，教员包括弗兰克·奈特、米尔顿·弗里德曼及之后的乔治·斯蒂格勒等。法律学院的阿伦·蒂勒克特开展了第一个法学和经济学的交叉项目[②]。与此同时，经济学理论，尤其是经济学的推理方法，经历了一场剧烈的革命：1947年，保罗·萨缪尔森的《经济分析基础》问世。萨缪尔森认为应该把物理学的研究方式运用到经济学上。1953年，弗里德曼发表了关于“实证经济学”的短文，为经济学研究建立了新的标准。与此同时，哈耶克的兴趣从经济理论转移到了心理学、哲学和政治学上。奥地利学派经济学进入了漫长的冬眠期。虽然罗斯巴德、科兹纳和拉赫曼等人在这一时期发表了一系列重要的奥派著作，但在学界同人的眼中，奥地利学派已经不再活跃。

1974年哈耶克荣获诺贝尔经济学奖后，外界对于奥地利学派的兴趣被出人意料地重新点燃。然而，这并不是所谓“奥地利学派复兴”的开端。同年早些时候在弗蒙特州南罗耶尔顿召开的奥地利经济学学术会议，是对奥派发展更具长远影响的事件。即使如此，学界对哈耶克的重新发现，仍然标志了奥地利经济学的复兴。[③]年青一代学者开始接触哈耶克的作品，哈耶克自己也开始出现在20世纪70年代中期的人文研究院学术会议上。他一直没有停止写作。1988年，

① 见 Earlene Craver. The Emigration of the Austrian Economists［J］. History of Political Economy，1986，18（1）：1–32.

② 然而，在芝加哥大学，哈耶克始终被视为一个局外人。他的职位隶属于社会思想委员会，而非经济学系。他的薪水由沃克基金（一家私人机构）支付。这家基金也支付米塞斯在纽约大学做访问教授期间的工资。

③ 南罗耶尔顿会议的纪要版于The proceedings of the South Royalton conference were published as *The Foundations of Modern Austrian Economics*（Edwin G. Dolan，ed. Kansas City：Sheed and Ward，1976）.

已是89岁高龄的哈耶克写完了《致命的自负》一书。[①]自1961年起，哈耶克一直定居在德国弗莱堡，并于1992年逝世。[②]

哈耶克留下的经济学遗产是复杂的。在主流经济学家的眼中，他主要的贡献是《通往奴役之路》[③]以及他在三四十年代关于知识的论著。商业周期理论理论家则更认可哈耶克早年在相关领域的作品。现代信息理论家则推崇哈耶克将价格视作信号的观点，虽然哈耶克在这方面的结论普遍受争议。哈耶克也以其对政治哲学、法学和心理学理论的贡献而广为人知。

对于奥地利学派经济学，哈耶克的影响之深远不容置喙，但在具体评价上，论者也多有分歧。哈耶克关于自发秩序和复杂系统的理论，对广大的奥地利学派的信奉者有着广泛的影响。其他人更强调哈耶克在技术经济学，尤其是在资本和商业周期理论上的贡献。他们乐于指出哈耶克和米塞斯在社会秩序领域上的认识分歧。米塞斯信奉理性主义和功利主义，而哈耶克更关注理性的局限，并认为资本主义的长处，恰恰在于它能利用有限的知识，通过不断试错来不断学习。

商业周期理论

哈耶克关于资本、货币和商业周期的作品，被普遍认为是他在经济学领域最重要的贡献。哈耶克的思想来源是米塞斯的《货币与信贷理论》[④]。哈耶克研究的重点是经济产出、就业和经济体结构之间的关系。在《价格与生产》[⑤]一书中，哈耶克引入了著名的“哈耶克三角”，用来解释资本品的价值和其生产阶段之间的关系。哈耶克观察到：生产是一个长期的过程；而生产要素必须在当期准备完毕，用于生产。产品的价值只有在生产和销售完成之后才能够实现。同时，资本具有异质性；随着生产过程的不断深入，资本在特定过程中扮

---

① F.A. Hayek. The Fatal Conceit：The Errors of Socialism（Vol. 1）［M］. W.W. Bartley Ⅲ, ed. Chicago：University of Chicago Press，1988.

② 需要参考传记资料的读者，请见 F.A. Hayek. Hayek.on Hayek：An Autobiographical Dialogue，［M］. Stephen Kresge and Leif Wenar，eds. Chicago：University of Chicago Press，1994.

③ F.A.Hayek. The Road to Serfdom［M］. Chicago：University of Chicago Press，1944.

④ Ludwig von Mises. The Theory of Money and Credit［M］. H.E. Batson，trans. Indianapolis，Ind.：Liberty Classics，1980.

⑤ F.A. Hayek. Prices and Production［M］. London：Routledge and Kegan Paul，1935.

演的角色也愈发具体。资本专业化的结果是，一旦最终的消费需求发生变化，资本调整很难跟上。在一个现代资本主义经济体中，宏观经济的最核心问题就是跨生产周期的资源调度问题——如何才能让当期的资源在资本和消费品二者间做到最优分配，确保消费者在当下和未来的偏好能够保持平衡？在《纯粹资本理论》[①]，这本代表了其学术野心的作品中，哈耶克指出了资本品的持续性、互补性、可替代性、特殊性等特点，并描述了经济生产结构对资本品特性的依赖。这种生产结构可以用不同的“投资时段”来描述；也就是说，不同资本品需要长短不一的时间来实现自己的价值。这是哈耶克对庞巴维克的“生产迂回程度”这一概念的发展。[②]

在《价格与生产》及《货币理论与贸易周期》[③]中，哈耶克揭示了信贷的扩张是如何通过将利率降低到“自然利率”（米塞斯和维克赛尔常用的术语）以下，从而扭曲了经济的长期生产过程。[④]直到今天，大多数理论在论及货币与物价和经济产出的关系时，都仅仅考虑到货币供给总量对物价水平和投资总产出水平的影响。与之成鲜明对比的是，奥地利学派在米塞斯和哈耶克的推动下，更加关注货币进入经济体的具体过程（也就是“注入效应”），以及这种效应对相对价格以及不同行业投资情形的影响。在哈耶克的理论框架中，用于某些生产阶段的投资属于“不良投资”。之所以会有不良投资，是由于生产结构未能正确地反映消费者的偏好。具体来说，信贷扩张导致利率下降，将资源引向资本密集的生产阶段和生产的早期阶段（这一阶段的投资需求对利率的弹性更高），进而延长了生产的周期。如果利率是由于消费者偏好改变（更倾向于期货而非现货）而下跌，那么生产结构的回应就是合理的。而信贷扩张带来

① F.A. Hayek. The Pure Theory of Capital [M]. Chicago：University of Chicago Press，1941.

② 哈耶克最终认为庞巴维克的“平均生产时间”是无用的概念，虽然在之前的《价格与生产》中，哈耶克本人就使用过这一术语。参见Hayek的Hayek on Hayek第141页。

③ F.A. Hayek. Monetary Theory and the Trade Cycle [M]. N. Kaldor and H.M. Croome，trans. New York：Harcourt，Brace，1933.

④ 哈耶克认为自然利率上升而市场利率却不变的情况，对经济的影响更为严重。然而，哈耶克在作品中更偏爱通俗易懂的例子。这也是为什么他选择了信贷扩张导致市场利率低于自然利率的例子，来解释商业周期的成因。

的利率下跌则会释放错误的信号，导致生产结构背离消费者的未来偏好。[①]由此导致的投资增长，只会带来虚假的繁荣。最后，市场的参与者意识到新的投资背后并没有足够的储蓄做保障，不得不清算不良投资。清算的结果是繁荣不再，萧条取而代之。[②]值得注意的是，信贷扩张引起的每一次虚假繁荣都具有自反性。任何由于低利率带来的不良投资，最终都将被清算。经济结构相应回收，以确保和消费者的长期偏好吻合。

作为一种发现机制的知识、价格和竞争

哈耶克关于分散知识和自发秩序的写作同样广为人知，但是更具争议。在《经济学与知识》[③]和《知识在社会中的作用》[④]中，哈耶克反驳了经济学教科书的常见说法。他认为，在不同生产目的之间进行资源分配，并不是社会经济的最关键问题。

> 更重要的问题在于如何确保资源能够用于满足社会个体的需求——这种需求只有社会中的每个个体最为了解。简而言之，人类社会的核心经济问题，是集体对个人知识的（无法）使用问题。[⑤]

哈耶克认为，经济体运行所需要的大部分知识，并不是“科学”或技术类

---

① 在他一生的绝大多数时间里，哈耶克都将部分准备金制度视为从根本上不稳定的体系，并在原则上同意政府承担稳定货币供给的角色。在其晚年作品中，哈耶克更倾向于私人货币发行者之间的竞争机制。这一转变始于《自由秩序原理》，并在《货币的非国家化》中进一步深化。*The Constitution of Liberty*（Chicago：University of Chicago Press，1960）&*Denationalization of Money：An Analysis of the Theory and Practice of Concurrent Currencies*（London：Institute of Economic Affairs，1976）.

② 通过对现代周期理论的预测，哈耶克认识到周期性的行为变化取决于对未来物价和利率变化的预期。然而哈耶克不相信经济主体能够认识到经济的真正结构，或者分辨出由于消费者长期偏好变化或者货币供给总量变化带来的利率波动。参见F.A.Hayek “Price Expectations，Monetary Disturbances，and Malinvestments，” in idem，*Profits，Interest，and Investment*（London：Routledge，1939）.

③ F. A. Hayek. Economics and Knowledge [J]. Economica，1937（4）：33 – 54.

④ F. A. Hayek. The Use of Knowledge in Society [J]. American Economic Review，1945（35）：519–530.

⑤ F. A. Hayek. The Use of knowledge in Society [J]. American Economic Review，1945（35）：520.

的知识——也就是能够解释自然和社会现象的一般规律。经济运行需要的真正信息属于“隐性知识”，这部分知识的个体性很强，分布极为分散，是对不同的“时间和空间下的不同情况”的理解。这种“隐性知识”常常处于潜意识，即使是个体本身也未必能够准确地认知，更不可能集中汇报给中央权威机构。市场通过一种“发现机制”[①]对这种隐形的知识加以运用。当每个行为个体追逐自身利益的时候，这种发现机制能够让隐性知识以经济行为为媒介，以不为人知的方式传递[②]。事实上，哈耶克将新古典学派的“竞争”概念（一系列的均衡条件，包括市场参与者的数量、产品的特性等）和传统的竞争概念（敌对性的经济行为）进行了区分，而这种区分对奥地利经济学影响深远。[③]

对哈耶克而言，市场竞争产生的是一种独特秩序，一种来源于“人类行为，而非人类设计”（亚当·弗格森语）的秩序。这种“自发秩序”来自于诸多行为个体的独立行动，却产生了行为主体意料之外，无法预知的诸多益处。[④]为了将这种“自发秩序”与有意识的计划系统加以区分，哈耶克借用了希腊语“cosmos”（和谐有序的系统）来指代自发秩序，并用“taxis”（计划安排）来指代刻意计划的系统。前者的实例包括市场、货币、普通法甚至语言等。而后者则包括人为制造并构建的体系，包括公司、政府部门等。这些机构是在“无意识合作行为的大海中的孤岛，或者说在自发体系的酪乳中凝成的小块。”[⑤]

---

① F.A. Hayek. New Studies in Philosophy, Politics, and Economics [M].Chicago: University of Chicago Press, 1978: 179–190.

② 哈耶克借用人的无知而为市场做出的辩护，是非同凡响的。现代经济学通常通过超理性的假设——包括掌握全部信息、具备理性预期、完全市场竞争等——来对自由市场的“有效”的资源分配加以辩护。在涉及信息和激励的新微观经济学论文中，包括约瑟夫·斯蒂格利茨等理论经济学家利用这一假设的推论证明了市场失败的存在，并借此为政府干预提供论据。对哈耶克而言，行为个体并非超理性的存在，但这与个人自由并不冲突，反而是反对国家计划经济和社会管制的有力论据。

③ F.A. Hayek. Individualism and Economic Order [M]. Chicago: University of Chicago Press, 1948: 92–106.

④ F.A. Hayek的*New Studies in Philosophy, Politics, and Economics*第71–97页。更早的时候，哈耶克曾经借用过米塞斯“有机体”和“组织”的名称来区分两类不同机构。经济学家罗纳德·科斯在其1937年的《公司的本质》中引用过这一称谓，请见“The Nature of the Firm,” *Economica NS*, 1937（4）: 386–405. See F. A. Hayek, “The Trend of Economic Thinking,” in idem, *The Trend of Economic Thinking*, vol. 3, *The Collected Works of F.A. Hayek*, W.W. Bartley, Ⅲ, and Stephen Kresge, eds. Chicago: University of Chicago Press, 1991: 17–134.

⑤ D.H. Robertson. 引自 Coase的*The Nature of the Firm*第35页。

哈耶克和奥地利学派经济学

奥地利学派的复兴，在很大程度上要归功于哈耶克。但是哈耶克的作品真的是“奥地利学派”吗？我们应该把哈耶克的思想看作奥地利学派的一个重要分支，还是将他的成就视为原创的、高度个人化的成果？[①]一些观察者声称哈耶克的晚期作品更多受到卡尔·波普尔的影响，而较少有门格尔和米塞斯的痕迹。其中一名评论家将哈耶克早年和晚年分野称为“哈耶克一代”和“哈耶克二代”[②]，另一位评论家则对“哈耶克转型”进行了详细讨论。

波普尔对成熟后的哈耶克思想的确有重大的影响。然而，哈耶克和米塞斯的关系，似乎更能唤起人们的兴趣。毫无疑问，在经济学上，米塞斯对哈耶克的影响之深，连哈耶克的名义导师维塞尔都望尘莫及。尽管哈耶克师从于维塞尔，但是后者在哈耶克27岁的时候就去世了。反过来，米塞斯曾经将哈耶克视为同龄人中的翘楚[③]。即使如此，根据哈耶克的回忆，他从一开始就算不上是米塞斯虔诚的信徒：

> 在我思想发展的过程中，米塞斯对我的影响是非常深刻的。十几年来，我一直受到他的激励。当我遇到米塞斯时，我早已不再是年少无知、容易将他的理论视为金科玉律的新生。当时的我已经是受过专业训练的经济学家，并精通奥地利学派经济学的平行分支（维塞尔分支）。米塞斯的理论逐渐说服了我，但始终未能令我完全折服。[④]

---

① 例如，维塞尔对奥地利学派的贡献就广泛被认为是个人化的。这一观点得到了包括哈耶克等学者的支持。

② 相关讨论请参见T.W. Hutchison，“Austrians on Philosophy and Method（since Menger），” in idem，*The Politics and Philosophy of Economics：Marxians，Keynesians，and Austrians*（New York and London：New York University Press，1984：203–232.）；for the“transformation，” see Bruce J. Caldwell，“Hayek's Transformation，” *History of Political Economy* 1988（20）：513–541.

③ 参见Margit von Mises. My Years with Ludwig von Mises［M］. 2nd enlarged ed. Cedar Falls，Iowa：Center for Futures Education，1984：133.玛吉特·米塞斯谈到自己丈夫在纽约的学术会议时回忆：“米塞斯曾面会每一个学生，希望有人能够成为下一个哈耶克。”

④ F.A. Hayek. Coping with Ignorance［J］. Imprimis 7，1978（7）：1–6.

许多人都讨论过哈耶克与米塞斯在社会主义计算问题上的论辩。[1]争论的关键在于，社会主义经济到底是如米塞斯1920年所说的那样“完全不可能”呢，还是仅仅是更加低效、更难以实现呢？哈耶克多年后仍然坚持米塞斯应该不是认为“中央计划经济完全不可行，只是无法有效地利用资源而已。他的看法是被误解了的”。[2]哈耶克的这一论断本身就极富争议性。哈耶克在此反对的是熊彼得等人对经济计算问题的标准解释。[3]在标准解释的基础上，奥斯卡·兰格、弗雷德·泰勒、阿巴·莱尔纳等人对米塞斯关于社会主义经济计算的论点进行了反驳。之后，哈耶克和罗宾斯对米塞斯的理论进行了修正，并提出社会主义经济虽然在理论上成立，但是在实际操作中并不可行，原因在于知识的分散性和社会主义国家对个体微弱的经济激励。此外，哈耶克还认为米塞斯的实际立场被夸大了。哈耶克的回应得到了著名修正主义历史学家唐·拉沃伊的支持。拉沃伊认为：

> 哈耶克和罗宾斯的中心论点并非米塞斯立场的倒退，而更接近对中央计划经济面临挑战的进一步阐释……尽管哈耶克和罗宾斯关于中央计划经济计算困难问题的陈述招致了一些误读，但事实上他们的观点和米塞斯的理论不存在矛盾。[4]

伊斯雷尔·科兹纳也认为米塞斯和哈耶克的观点应当加以结合考虑，并将其视为解释奥地利学派“企业发现”这一市场过程的早期尝试。[5]约瑟夫·萨勒诺则持不同观点。他更倾向于传统的认识：米塞斯提出的计算问题和拉沃伊和科兹纳强调的发现过程问题并不相同。[6]

此外，尽管哈耶克自发秩序理论的核心部分能够从门格尔的思想中觅到踪

---

① 哈耶克关于社会经济计算的作品可见 F. A. Hayek. Socialism and War：Essays，Documents，Reviews（Vol. 10）［M］. Bruce Caldwell，ed. Chicago：University of Chicago Press，1997.

② 见Hayek的 *The Fortunes of Liberalism*第127页。

③ Joseph A. Schumpeter. Capitalism，Socialism，and Democracy［M］. New York：Harper and Row，1942：172–186.

④ Don Lavoie. Rivalry and Central Planning：The Socialist Calculation Debate Reconsidered［M］. Cambridge：Cambridge University Press，1985：20.

⑤ Israel M. Kirzner. The Socialist Calculation Debate：Lessons for Austrians［J］. Review of Austrian Economics，1988（2）：1–18.

⑥ Joseph T. Salerno. Ludwig von Mises as Social Rationalist［J］. Review of Austrian Economics，1990（4）：26–54.

迹，但这个理论本身并没有得到米塞斯的认可。从哈耶克本人的话语中，不难看出他和米塞斯之间的这一隔阂：“米塞斯更像是启蒙时代和大陆学派理性主义的后裔，而非英语国家的自由主义者……像我这样的自由主义者。”[①]这正是哈耶克常常提起的“两种类型的自由主义”：强调理性和人改造周遭环境能力的大陆理性主义学派和功利主义学派，以及强调理性局限及社会“自发演进”的英国普通法传统学派。[②]

近来，关于米塞斯和哈耶克的关系的讨论，已经成为了一种成熟的“去同质化”辩论。一部分人认为哈耶克对知识和发现过程的强调与米塞斯对有意识的人类行为的强调是矛盾的。更有甚者，论者将现代奥地利经济学划出两个分支，共同起源于门格尔。其中一支是维塞尔——哈耶克分支，强调分散的知识及价格作为传递知识的系统。另一支则是庞巴维克——米塞斯分支，这一分支强调货币计算（或者说估价，即对未来价格的预判）。因此，争论的焦点就在于哈耶克和米塞斯之间的矛盾究竟是由于二者关注、讨论重点不一致，还是由于二者的主张存在本质上的区别。[③]

尽管如此，哈耶克的杰出地位仍然得到了学界的普遍认可。这种认可不仅仅局限在奥地利学派内部；哈耶克作为思想家的地位，在整个20世纪也鲜有出其右者。他对商业周期理论、比较经济体系、政治社会哲学、法学理论、认知

---

① 见Hayek的*Coping with Ignorance*.

② 要体会米塞斯、哈耶克之间复杂、微妙的关系，请见Peter G. Klein，“Introduction” to Hayek，*The Fortunes of Liberalism*.

③ 该观点可在不少出处见到，例如Joseph T. Salerno. Mises and Hayek Dehomogenized［J］. Review of Austrian Economics，1993，6（2）：113—146.；和 Leland B. Yeager. Mises and Hayek on Calculation and Knowledge［J］. Review of Austrian Economics 7，1994（2）：93-109. 后来，罗斯巴德在奥地利学派中分出三条分支，三条分支各有特点，并且在范式使用方面经常矛盾，这三条分支包括：

> （1）米塞斯的人类行为学；（2）哈耶克和科兹纳强调市场传播知识、协调生产计划（而非米塞斯强调的协调物价水平）；（3）路德维希·拉赫曼代表的超主观主义。

参见 Review of Bruce Caldwell and Stephan Boehm，eds.，Austrian Economics：Tensions and New Directions，*Southern Economic Journal*，1994，61（2）：559-560. 相反的意见可见 Kirzner's review of Jack Birner and Rudy Van Zijp，“Hayek，Co-ordination，and Evolution，” *Southern Economic Journal*，1995，61（4）：1243-1244：

> 米塞斯和哈耶克对于一般经济问题的理解存在许多共同点。看不到这些共同点，就会被表面上的文字差异所误导。认为“哈耶克主义”和“米塞斯主义”是对立的观点，只会在错误的泥沼里越陷越深，将语言理解不恶化为教条的噩梦。

心理学等领域的研究仍然有着深刻的影响。哈耶克的作品并不容易理解——他自称为“提问者”或“搅局者”，拒绝把自己视为某个研究领域的专家。或许正是这一点，使得人们对于他的作品有了各种不同的解读[①]。也或许由于这个原因，哈耶克仍然是当代最有趣的知识分子。

精选阅读

[1] Mark. Blaug, “Hayek Revisited.” *Critical Review* 7, No. 1, 1993.: 51–60.

[2] Bruce J. Caldwell, “Hayek's Transformation.” History of Political Economy 20 (Winter, 1988.): 513–541.

[3] Bruce J. Caldwell, “Hayek and Socialism.” *Journal of Economic Literature* 35, No. 4 (December, 1997.): 1856–1890.

[4] Earlene. Craver, “The Emigration of the Austrian Economists.” History of Political Economy 18, No. 1, 1986: 1–32.

[5] Roger W. Garrison, “Austrian Macroeconomics: A Diagrammatical Exposition.” *In New Directions in Austrian Economics.* Louis M.Spadaro, ed. Kansas City: Sheed Andrews and McMeel, 1978: 167–204.

[6] Roger W. Garrison, and Israel M.Kirzner. “Hayek, Friedrich August von.” *In The New Palgrave Dictionary of Economics.*Vol. 2. John Eatwell, Murray Milgate, and Peter Newman, eds. London: Macmillan, 1987: 609–609.

[7] John. Gray, *Hayekon Liberty.* 2nd Rev. Ed. Oxford: Basil Blackwell, 1986.

[8] F. A.Hayek, *Socialism and War: Essays, Documents, Reviews.* Vol. 10. *The Collected Works of* F. A. *Hayek.* Bruce Caldwell, ed. Chicago: University of Chicago Press, and London: Routledge, 1997.

[9] F. A. Hayek, *Contra Keynes and Cambridge: Essays, Correspondence.* Vol. 9.*The Collected Works of F. A. Hayek.* Bruce Caldwell, ed. Chicago: University of Chicago Press, and London: Routledge, 1995.

[10] F. A. Hayek, *Hayek on Hayek: An Autobiographical Dialogue.* Stephen

---

① 除自己以外，哈耶克还将维塞尔和弗兰克·奈特列为“提问者”中的代表人物，而将庞巴维克、约瑟夫·熊彼得、雅各布·维纳尔称为各自研究领域的专家。哈耶克回忆说：

> 我一切有价值的新想法，都是因为我无法像专家那样把诸多问题的答案牢记于心才产生的。那些高水平的经济学家不费吹灰之力就能想到的论点，我要挖空心思才能想清，却也能因祸得福地从中得到一点灵感。

Kresge and Leif Wenar, eds. Chicago: University of Chicago Press, and London: Rout-ledge, 1994.

[11] F. A. Hayek, *The Fortunes of Liberalism.* Vol. 4. *The Collected Works of F. A. Hayek.*Peter G. Klein, ed. Chicago: University of Chicago Press, and London: Routledge, 1992.

[12] F. A. Hayek, *Individualism and Economic Order.* Chicago: University of Chicago Press, 1948.

[13] F. A. Hayek, *The Roadto Serfdom.* Chicago: University of Chicago Press, 1944.

[14] F. A. Hayek, *The Pure Theory of Capital.* Chicago: University of Chicago Press, 1941.

[15] F. A. Hayek, *Monetary Theory and the Trade Cycle.* London: Jonathan Cape, 1933.

[16] F. A. Hayek, *Prices and Production.* 2nd Rev. Ed. London: Routledge and Kegan Paul, 1935.

[17] T.W. Hutchison, "Austrians on Philosophy and Method (since Menger)." In idem, The Politics and Philosophy of Economics: Marxians, Keynesians, and Austrians.New York: New York University Press, 1984: 203–232.

[18] Israel M. Kirzner, "The Socialist Calculation Debate: Lessons for Austrians." *Review of Austrian Economics* 2, 1988: 1–18.

[19] Don. Lavoie, *Rivalry and Central Planning: The Socialist Calculation Debate Reconsidered.* Cambridge: Cambridge University Press, 1985.

[20] Gerald P O' Driscoll, Jr. *Economicsas a Coordination Problem: The Contribution of Friedrich A.* Hayek. Kansas City: Sheed Andrews and McMeel, 1977.

[21] Murray N. Rothbard, "The Present State of Austrian Economics." In idem, *The Logic of Action.* Cheltenham, U.K.: Edward Elgar. Vol. 1, 1997: 111–172.

[22] Joseph T. Salerno, "Misesand Hayek Dehomogenized." *Review of Austrian Economics* 6, No. 2, 1993: 113–146.

[23] Viktor J. Vanberg, "Spontaneous Market Order and Social Rules: A Critical Examination of F. A. Hayek's Theory of Cultural Evolution." In idem, *Rules and Choice in Economics.* London and New York: Routledge, 1994: 75–94.

13

威廉·哈罗德·赫特："古典"奥地利经济学家

约翰·B. 艾格

威廉·哈罗德·赫特
（1899—1988）

门格尔1871年为奥地利学派阐明的若干核心概念，与早些年间塑造经济学的重要教义（比如竞争原则）十分吻合。虽然欧洲大陆的经济学家比他们的英国同行更受客观价值论的困扰，但门格尔的思想的确可以归入一个不断演化的经济学传统（排除马歇尔和帕累托这些走回头路的人）。该传统一直发展到20世纪30年代。然而，在这十年，数理方法和完全竞争概念开始统治微观经济学，而凯恩斯的宏观经济学则彻底推翻了货币理论。由此，奥地利—大陆—古典经济学传统被撕得四分五裂。能够从方法和哲学上抗拒这些新教条，并继续发展传统理论的经济学家，是那些最为接近奥地利传统的学者。从这个角度来看，正是主流经济学委身于数理微观经济学和凯恩斯宏观经济学的事实，才让奥地利学派独树一帜。

从早期学术生涯开始，威廉姆·哈罗德·赫特就发现自己身处于一个分裂的经济学世界中。要理解赫特与奥地利学派的关系，我们需要更仔细地考察他的学术思想形成期。赫特出身于伦敦的工薪阶层，1924年在伦敦政经学院拿到了贸易本科学位。学校的不少老师令他印象深刻：教授经济史的里连·诺瓦斯，教授法律的H. C. 古德里奇，教授货币与金融的T.E.格里高利与赫尔伯特·福克斯维尔，还有埃德温·凯南[①]。在福克斯维尔退休后，凯南接替他教授经济学原理和货币理论。赫特认为凯南"是我在伦敦政经学院头三年最有影响的老师，是一位非常睿智、独立的思想家"[②]。

1924年到1928年间，赫特为他十分尊敬的出版商厄恩斯特·本恩爵士工作。本恩受赫特于1925年写就的第一本出版著作《19世纪早期的工厂体系》打动，安排赫特管理他的"个人主义书店"（The Individualist Bookshop，Ltd.）。不过赫特仍然在伦敦政经继续非正式的课程，直到他本科时代的朋友阿诺德·普兰特向他推荐南非开普敦大学的高级讲师一职。赫特随之申请了这个职位。在本恩和凯南教授的强力推荐下，他赢得这份教职，并于1928年3月抵达南非（当时约翰·希克斯为了金山大学的短期教职，和赫特乘坐同一艘船到南非）。两年后，普兰特成为伦敦政经学院的教授，赫特则被任命为贸易专业教授（之后是贸易学院院长）。

赫特的学术背景很大程度上展示了他的经济学路径。他既不出生在奥地利，更不是奥地利国民，自然无从知晓米塞斯在维也纳开办的私人研讨班。赫特不懂德语，而米塞斯的《货币与信用理论》直到1934年才被翻译成英语。赫特是哈耶克同辈人（确切来说，同岁），只不过彼此所处的国家、文化及语言都截然不同。在赫特写作《工厂体系》的时候，哈耶克的作品才开始被纷纷出版；在英语世界中，哈耶克的成果要到多年后才广为人知。我们或许可以猜想赫特在伦敦政经期间了解了一些门格尔和庞巴维克，但杰文斯和马歇尔的影响（特别是经由福克斯维尔）似乎更有可能。而且哈耶克在1930年发现庞巴维克在伦敦政经的圈子里并不怎么出名。

总而言之，在1930年代早期《货币与信用理论》被翻译成英文、哈耶克也开始在伦敦政经的忙碌生涯之前，赫特对奥地利学派的经典著作并没有什么深入理解。那时，他在开普敦大学忙于履行贸易学院院长的繁重职责。从他第一篇著作就能看出，赫特是一位独立、富于创造性的学者，不过他在20世纪20年

---

① 参见 Edwin Cannan. The Paper Pound of 1797–1821［M］. London：King，1921.；和同作者的*A History of the Theories of Production and Distribution in English Political Economy from* 1776 *to* 1848（London：Percival，1917）.也可见 Alan Ebenstein. Collected Works of Edwin Cannan（Vol.8）［M］. London：Routledge，1999.

② W.H.Hutt，*unpublished memoirs*，ca. 1984，第39页。

代早中期在伦敦接受的训练，大概能解释为何他日后将自己界定为一名古典经济学家。

尽管赫特与其他凯恩斯革命的批评者（比如阿瑟·玛格特和亨利·黑兹利特）将自己归于古典传统，但随着20世纪40至50年代凯恩斯革命的影响达到顶峰，早期经济学家的货币理论愈发退居幕后。赫特和黑兹利特（玛格特在第二次世界大战后结束学术生涯，并于1962年去世）逐渐发现了自己与奥地利学派的共同点：对前凯恩斯主义货币理论的一贯坚持。他们两人似乎都不怎么对综合的、带实证主义倾向的芝加哥学派货币主义感兴趣。芝加哥学派虽然是对凯恩斯主义的反动，却部分采用了凯恩斯主义的方法路径。赫特认为，奥地利学派才是古典传统真正的继承人，他自己也愿意被归于这个传统。

赫特的《十九世纪早期的工厂体系》于1926年发表于《经济学》（*Economica*），并因被哈耶克收进《资本主义与历史学家》（1954）一书而更加知名。赫特的职业变化和他为开普敦大学打造高级商业课程的努力，令他中断了五年的学术生涯，但他回归经济学界的作品却轰动一时——《集体议价理论》[①]。部分由于父亲是家境一般的排印熟练工这个缘故，赫特毕生致力于用经济学理论来理解劳工的工资和就业。这本小书在1975年和1980年两次重印并添加了附录，不过文本未做改变。《集体议价理论》旨在质疑几种关于劳动力的流行看法：劳动力处于“不利”地位；劳动力市场天生具有双边垄断特征，从而导致工资率处于“未决定状态”等。赫特不断引用自亚当·斯密起的英美经济学家，试图纠正关于古典传统的误解并丰富其理论，再针对政府的劳工政策提出切实可行的建议。尽管这本书流传很广，可它试图传播的理念却不太跟得上得势的政治教条，因而在很大程度上被主流忽略。

当1973年赫特携《罢工威胁的体系》[②]回归本论题时，他终于可以利用自1930年来发展了40年的奥派理论来论证自己的观点。这是他尚未采用过的理论资源。奥地利学派的理论帮助他论证了工会所得是牺牲了劳工的利益（而非资本所有者），并证明这种转移支付减少了总产出。《罢工威胁的体系》引用了诸多庞巴维克、米塞斯以及哈耶克的成果。赫特认为，自己从1930年到1970

① W. H. Hutt. The Theory of Collective Bargaining［M］. London：P.S. King，1930.

② W.H. Hutt. The Strike-Threat System：The Economic Consequences of Collective Bargaining［M］. New Rochelle，N.Y.：Arlington House，1973. 在受邀为此书写作书评时，米塞斯说：“赫特教授毫无疑问是我们时代最为优秀的经济学家之一。”

年的主要进步，就在于自己“对研究资本构成与互补吸收的知识技能构成的强调”①。这直接吸收了奥地利学派对于投资计划中，劳动力和技能与资本之间的互补关系的理解。

赫特分析了有权能的利益团体（包括但不限于工会）利用政治手段，不惜牺牲总体利益来谋取私利的手段。这个思路把赫特引入了他的第二个兴趣点，即我们现在所称的公共选择理论。他在南非发表的第一篇论文，是1933年的《论贫困白人委员会报告的经济学部分》（*Economic Aspects of the Report of the Poor White Commission*）。赫特最广为人知的论文，是讨论南非社会政治体系的《种族歧视的经济学》。②他认为南非的种族隔离政策，是白人工会利用政府力量阻止非白人劳动者与其竞争。考虑到他身上所担负的院长职责，接下来的几年，赫特可谓高产。他在竞争与垄断、掠夺性定价及经济立法等领域发表了9篇论文。③

不过，真正为赫特赢得广泛声誉的是他的第二本书：《经济学家与公众》（*Economists and the Public*）。④这本书与凯恩斯的《就业、利息与货币通论》同年出版。许多经济学家认为赫特的著作理应赢得更大的关注。因其在公共选择领域的贡献而获得诺贝尔奖的詹姆斯·布坎南在1965年赫特退休后将他调入弗吉尼亚大学。布坎南认为《经济学家与公众》是“赫特最好的作品之一”。阿瑟·谢尔顿则认为，赫特只是因为对凯恩斯主义的敌意，才没能被尊列为公共选择理论的先驱。赫特自己则将这本书看作对英国古典传统的贡献，并在此

---

① W.H. Hutt. The Theory of Collective Bargaining，1930–1975 [M] San Francisco：Cato Institute，1980：xviii.

② W.H. Hutt. The Economics of the Color Bar [M] . London：Andre Deutsch for The Institute of Economic Affairs，1964.

③ 赫特在此期间的出版作品包括：“The Significance of State Interference With Interest Rates，” *South African Journal of Economics*，1933（1）：365–368；“Economic Aspects of the Report of the Poor White Commission，” *South African Journal of Economics*，1933（1）：281–290；“Economic Method and the Concept of Competition，” *South African Journal of Economics*，1934（2）：1–23；“Co-ordination and the Size of the Firm，” *South African Journal of Economics*，1934（2）：383–402；“The Nature of Aggressive Selling，” *Economica*，1935（2）：298–320；“Logical Issues in the Study of Industrial Legislation，” *South African Journal of Economics*，1935（3）：26–42；“Natural and Contrived Scarcities，” *South African Journal of Economics*，1935（3）：345–353；“Discriminating Monopoly and the Consumer，” *Economic Journal*，1936（46）：61–79；“The Price Mechanism and Economic Immobility，” *South African Journal of Economics*，1936（46）：319–330.

④ Hutt. Economists and the Public [M] . London：Jonathan Cape，1936.

书中作了许多引用。约翰·斯图亚特·穆勒在本书中占据了尤其重要的地位：赫特认为密尔的功利主义思想非常有说服力。

《经济学家与公众》一书的主要论点是，经济学家服务公众的最好方式，是采用长远的目光来关注政策。要看政策是否有助于竞争性市场，是否有助于财富创造，而不是看这些政策在当下的政治环境中是否可行。在《政治上不可行？》[①]一书中，他重复了这个论点。他担心经济学对政治可行性的关注，最终会导致经济学家沦为政治上诱人政策的辩护者，而这些政策通常服务于特殊利益集团，有害于整个社会。赫特或许感觉到这些忠告将有助于面临大萧条的世界，然而凯恩斯的《通论》——几乎与赫特的著作同时出版——却促成了诸多有政治好处却对经济具有毁灭性效果的短视决策。这种决策方式正是赫特极力反对的。由此，凯恩斯的著作统治了后几十年里的大学课堂与政府决策会议。也正因为此，赫特的著作才更不应该被束之高阁。任何熟悉奥地利学派经济学的人都不会否认：如果把凯恩斯与赫特二者学说的命运调换，我们的世界会聪明和富足得多。

有些读者恐怕无法对赫特的理念全盘接受。他的哲学理念从属于功利主义——当然，从黑兹利特和米塞斯的例子来看，功利主义本身不一定是问题。赫特认为，为人类服务最好的手段是灵活工资和价格下的竞争机制。这种看法让他不仅仅反对政府强制，也反对“私人强制与私人垄断”。上启赫特1934年的《掠夺性定价》（*Predatory Pricing*）一文，下至1977年他的作品，赫特都支持对不论是劳动者还是厂商的私人合谋采取严厉的反托拉斯措施。他认为这类合谋导致了贫困和反社会的“人为稀缺”，阻碍了市场处理“自然稀缺”的能力（这些加引号的名词都出自他1935年的论文[②]）。此外，他还提出了“消费者主权”（*consumers' sovereignty*）[③]这个概念。尽管这个概念在应对那些将商人比作封建贵族的经济学白痴时十分有价值，但其本身却在根本上具有误导性：正如罗斯巴德1962年的评论，“消费者主权”并不存在。真正存在的，其实是

---

① Hutt. Politically Impossible?［M］. London：Institute of Economic Affairs，1971.

② Cf. Hutt的The Nature of Aggressive Selling第298–320页，and idem，Naturaland Contrived Scarcities的第345–353页。

③ See W.H. Hutt. The Concept of Consumers' Sovereignty［J］. Economic Journal，1940（50）：66–77.

“个人主权”。[①]

1939年，赫特出版了《闲置资源理论》一书。这是一本才华横溢、具有独创精神的著作。写作这本书的动机，在于赫特感到当时对失业、大萧条的解释，与凯恩斯主义的流行之间存在一条鸿沟[②]。此书于1977年再版，并附上赫特撰写的拓展附录。在这部历久弥新的经典当中，赫特认为单单观察一项资源的现状，是无法判断这项资源是否处于“闲置”的状态。在这里，“闲置”一词特指该资源没能起到最理想的经济功能。赫特观察到，我们必须透过查验因果相继的经济过程，才能识别出资源的经济功能所在。在赫特看来，一些看似“闲置”的资源，其实被利用的很好。有时，“闲置”就是最佳的使用方式。比方说，找工作通常被视作失业，是劳动力资源的“闲置”。而赫特指出，在很多情况下，一个有特别技能的工人拒绝立刻能到手的做汉堡包的工作，而继续寻找适合自己的职位，显然是更有效率的行为方式。另一个例子是，如果行为人预测到需求的变化仅仅是短期现象，那么工厂或机器表面上的“闲置”就只是“伪闲置”。比起付出高昂的成本将机器转至其他用途，这种稍作等待的做法，反倒效率更高。

在《闲置资源理论》一书中，赫特继续同时谴责政府和私人的强制行为，并设想了一种只有“自然稀缺”而没有“人为稀缺”的自由市场体系。私人强制包括劳动方的工会及厂商方的卡特尔。这些行为导致的“闲置”应当、也可以被政策消除。但想要消除这些现象，必先阻止造成这些现象的行为。赫特数次警告，凯恩斯及其门徒推崇的公共建设与通胀政策是有害的。如果政策目的是为了应付强制行为导致的闲置，那么最好的手段是在法律上制止产生强制的根源。如果所谓“闲置”仅仅是类似摩擦性失业之类具备生产性的伪闲置，那么政策制定者对现实的认知首先就出了问题。无论是哪种情况，这些政策手段都会把资源从市场上最有效、最有生产力的用途中抽离。对这个米塞斯和哈耶克共同关注的问题，赫特也保持了终生的兴趣。

到20世纪50年代中期，赫特已经发表了30多篇论文，涉及多个经济学主题。布坎南对他1943年的著作《重建计划》推崇备至，而他1954年为一本米塞斯纪

---

① Murray N. Rothbard. Man，Economy，and State［M］. Auburn，Ala.: Ludwig von Mises Institute，1993: .561–563.

② W.H. Hutt. The Theory of Idle Resources: A Study in Definition［M］. Indianapolis，Ind.: Liberty Press，1977.

念文集所作的《货币持有带来的回报》[①]则被乔治·赛尔金（George Selgin）这样的杰出货币理论家赞赏。这也是赫特在他第三个主要经济学领域——货币理论——出版的第一本杰出著作。到这个时期，哈耶克与米塞斯对赫特思想的影响愈发明显；当然，他大量的早期著作本身就是和奥地利学派相容的。1955年，经济学教育基金会邀请他去宾夕法尼亚开办研讨班，这是他第一次踏上美国的土地。赫特、米塞斯和记者乔治·施瓦茨是研讨班的三位讲师。赫特对这场讨论倍加赞扬，因为会议刺激赫特写下了或许是他最著名的著作——《凯恩斯主义：回顾与展望》。[②]赫特对米塞斯的个人回忆也十分有趣：

> 在见到米塞斯之前很久，他的杰出贡献就透过文章和著作不断赋予我灵感。直到1955年，我才第一次和他面谈。他的体格比我预想中小，不过我很快就被他独特的个性吸引：那种对自由经济和制度的深沉感情所散发出的吸引力与坚韧品格。他的讲座一如他的写作一般精炼，不过他的口头表达一点也不缺乏那种随性、自然的幽默感。我们之间密切的交往一直维系到他去世。他1955年的讲座带给我的诸多灵感，直接影响了我的后续著作。[③]

几乎是宿命般的，赫特再次把他的注意力回归到凯恩斯身上。两位出生在1899年的经济学家，哈耶克与玛格特，都为了把前凯恩斯主义的古典智慧带回经济学，贡献了自己多产的壮年时光。但两人的努力完全付诸东流，随之都离开了这个领域，投身于别的事业。较为年长的黑兹利特恐怕也和赫特感受到了同样的压力。几乎与赫特的《凯恩斯主义》同时，黑兹利特出版了《“新经济学”的失败》[④]。两本书的风格截然不同，不过他们（连同玛格特颇受忽略的两卷本（1938，1942）《价格理论》）都观察到，凯恩斯《通论》中“正确的东

---

① W.H. Hutt. Plan for Reconstruction［M］. London：Kegan Paul，1943.；idem，“The Yield from Money Held，” in *On Freedom and Free Enterprise：Essays in Honor of Ludwig Von Mises*，Mary Sennholz，ed.（Princeton，N.J.：V an Nostrand，1956）.

② W.H. Hutt. Keynesianism-Retrospect and Prospect：A Critical Restatement of Basic Economic Principles［M］. Chicago：Henry Regnery，1963.

③ 见Hutt的“Memoirs，”第93页。考虑到赫特是朝圣山学社的创始成员之一，而且参加了许多次学社的全体会议，他在1955年之前没有见过米塞斯倒是件奇事。

④ Henry Hazlitt. The Failure of the“New Economics”：An Analysis of the Keynesian Fallacies［M］. New Rochelle，N. Y.：Arlington House，1959.

西并不新鲜，新鲜的东西并不正确”。

由于彼时凯恩斯主义正处于影响政策与学术的最高峰，加上赫特独特的术语系统，450页的《凯恩斯主义》在出版后对经济学专业并无明显的影响。尽管在前言中，赫特感谢了路德维希·拉赫曼宝贵的讨论及米塞斯与玛格特“勇敢、独立的著作”，《凯恩斯主义》中却很少引用米塞斯，对哈耶克则引用得更少。不过，新一代研究奥地利学派经济学传统的经济学人，还是会从这本著作中取得不少收获。《凯恩斯神话》[①]可以被视作本书美国化的升级版。在“对基本经济原理之批判性重述”这一标题下，本书描述了凯恩斯主义的教条、诉求，然后分析了市场价格所起的协调功能，以及货币、收入、储蓄、消费的本质。最后，赫特专门论述了标准的凯恩斯主义概念，比如“乘数”“加速数”还有利息的流动性偏好理论。

《凯恩斯主义》是一本奥派学者很乐意归为自己传统的著作，但一如往常，赫特自己认为本书在本质上是完全“古典”的。凯恩斯将自己理论的基础建立在对萨伊定律的否定上；他将其总结为“供给创造自己的需求”。而赫特的《凯恩斯主义》之中心主题，就是重新表述萨伊正确且切题的洞见。之后，在一本论辩性的小册子《萨伊定律的复兴》[②]中，赫特更为细致地分析了这个问题。那时，他很高兴地发现了克劳尔、莱琼霍福德及耶格等人为萨伊定律做的勇敢辩护。[③]

不熟悉赫特的人，可能是在米塞斯或哈耶克那里学到《凯恩斯主义》一书的内容的，不过赫特的理论可追溯至萨伊那里，与米塞斯和哈耶克的思想来源有所不同。对赫特来说，萧条和失业来自错误的定价，而不是想象中的总需求不足。赫特发现凯恩斯的“总需求”概念结构含混，以至于他不得不认为“这个概念既妨碍了对真实事物的理解，也妨碍了人们去谈论这些事物。”[④]他大力赞扬20世纪70和80年代杰出的青年宏观经济学家们，认为后者在被这些术语添了不少麻烦后，仍然研究出了真正的洞见。另外，赫特将凯恩斯的理论视作权力政治最卑劣的辩护状。凯恩斯理论不去盯住阻碍定价系统正常运转的机制，反倒支持政府的

---

① W.H. Hutt. The Keynesian Episode：A Reassessment［M］. Indianapolis，Ind.：Liberty Press，1979.

② W.H. Hutt. A Rehabilitation of Say's Law［M］. Athens：Ohio University Press，1974.

③ 同上，第48页。

④ 见Hutt的*Keynesianism–Retrospect and Prospect*第ix页。

货币与财政政策。赫特指出，利用宏观政策去解决微观问题最终不过是隐瞒、恶化了问题，因为这些政策把资源从不受干预的市场中本该会投入的用途转移到了别处。正如赫特在1939年指出，不管那些人怎样度量“统计数据”，他们都无法度量资源的“闲置”度。浪费资源只会导致贫困。到了20世纪70年代，赫特很乐观地看到经济学专业从“凯恩斯神话”（勒兰德·耶格更严厉地称之为“凯恩斯弯路”）①中脱离出来，并回归到前凯恩斯主义的方法与理论中。

赫特是朝圣山学社的活跃成员，也十分享受参加学社会议。哈耶克获得诺贝尔奖让他十分兴奋。赫特参加了很多奥地利学派和自由意志主义者的会议，一直到他去世前不久。许多年轻人认为他温和有礼，思想锐利，热爱自由。那些不熟悉他的人，也肯定会从阅读他的作品中收获不少乐趣。对于赫特的著作，我的推荐顺序如下：首先是《凯恩斯主义》和《闲置资源》，然后是《集体议价》与《罢工威胁》，最后是《经济学家和公众》。有人或许会好奇，如果赫特选择另一条职业道路，他对经济学的影响会不会要大很多？不管怎么说，学界和公众对奥地利传统的再发现，必将使未来的经济学家更了解威廉姆·哈罗德·赫特的著作和成就。

精选阅读

[1] William Harold. Hutt, *The Theory of Collective Bargaining* 1930–1975. San Francisco：Cato Institute，1980.

[2] William Harold. Hutt, *The Keynesian Episode: A Reassessment*. Indianapolis，Ind.：Liberty Press，1979.

[3] William Harold. Hutt, *The Theory of Idle Resources: A Study in Definition*. Indianapolis，Ind.：Liberty Press，1977.

[4] William Harold. Hutt, *A Rehabilitation of Say's Law*. Athens：Ohio University Press，1974.

[5] William Harold. Hutt, *The Strike-Threat System: The Economic Consequences of Collective Bargaining*. New Rochelle，N.Y.：Arlington House，1973.

[6] William Harold. Hutt, *Keynesianism-Retrospectand Prospect: A Critical*

① Leland B. Yeager. The Keynesian Diversion［J］. Western Economic Journal Ⅱ，1973（2）：150-163.

*Restatement of Basic Economic Principles.*Chicago：Henry Regnery，1963.

［7］William Harold. Hutt，*Economists and the Public.* London：Jonathan Cape，1936.

［8］William Harold. Hutt，*The Theory of Collective Bargaining.* London：P.S.King，1930.

14

威廉·勒普克：人文经济学家

肖恩·莱特诺

威廉·勒普克
（1899—1966）

威廉·勒普克将整个学术生涯投入到反抗经济、社会和政治理论中的集体主义。他警示政治强化的危险，强调文化与经济体系之间的联系，作为奥地利学派的学者和一员，为学派的理论结构和政治观做出了贡献。相比他那个年代的奥地利学派学者，他在探究基于市场的社会秩序的伦理基础方面独树一帜。他指出社会危机和文化衰落不是自由社会的产物，以此驳斥社会主义文化批评，捍卫了自由市场；社会衰败的主要原因，应该在国家控制、政治集中化、福利国家和通货膨胀中去寻找。勒普克影响了战后德国经济改革的方向，成为了塑造战后美国保守主义运动（尤其是其“融合派”一支）的思想引领者[①]，也是与米塞斯比肩的个人主义思想家的原型。[②]

勒普克1899年10月10日出生于德国汉诺威的施瓦姆施泰特（Schwarmstedt）。

① George H. Nash. The Conservative Intellectual Movement in America［M］.Wilmington, Del.: Intercollegiate Studies Institute, 1996: 166–167.

② W.H. Hutt. The Keynesian Episode: A Reassessment［M］. Indianapolis, Ind.: Liberty Press, 1979: 265.

他是一位医生的儿子，在古典和基督新教的传统中成长。第一次世界大战时他曾在德国军队服役，被战争的残酷所震惊，这对他的一生都造成了深远影响。用他自己的话来讲，他从此成为“一个强烈的厌恶战争者；厌恶残忍和愚蠢的民族自豪感，厌恶统治贪欲，厌恶所有违背伦理的集体行径。”[①]

勒普克最初也未能超越当时的思潮，一度谴责资本主义—帝国主义是战争的罪魁祸首，认同其唯一的替代选择，也就是社会主义。但阅读米塞斯1919年出版的《民族、国家与经济》让他改变了看法。那本书“对于一个刚从战壕出来，饱受许多问题困扰的年轻人来说，在很多方面都是挽救性的解答。”[②]社会主义经济必然是集中计划经济。这样一个体制会严重妨碍国际贸易，而后者的作用是促进国家间的合作，消除战争的可能性。勒普克从中得出结论，唯一与国际贸易相契合的社会主义形式是其民族性的变种，而这是勒普克无法赞同的。于是他认识到了社会主义的实质：通过国家赋予权力而实施的集体主义。

为了理解第一次世界大战的原因与危机，勒普克开始学习经济学与社会学。他在马尔堡（Marburg）大学学习经济学，于1921年获得学位，1922年取得大学教师资格。次年他与艾娃·芬克（Eva Finke）结婚，共同养育了3个孩子。1924年勒普克在耶拿获得了第一个学术职位。两年后，在德国社会学协会维也纳大会上，他见到了路德维希·冯·米塞斯。[③]勒普克1928年搬到格拉茨（Graz），1929年成为母校马尔堡大学的全职教授。

1932年纳粹党在政治上不断取胜。他对纳粹主义毫不妥协的反对立场很快就让他成为最早一批被迫离校的教授。勒普克离开马尔堡前往法兰克福；很快在1933年年初做了一次严厉批判纳粹的公共演说之后[④]，与家人离开了自己的祖国。然后，勒普克受聘为伊斯坦布尔大学经济学教授。

1933年到1937年，勒普克在伊斯坦布尔执教，直到他接受了瑞士日内瓦的国际研究协会（Institute of International Studies）的职位。在日内瓦他与自1934

---

① Wilhelm Röpke. International Order and Economic Integration［M］. Dordrecht，Holland：D. Reidel Publishing，1959：3.

② 引自Richard Ebeling，“Introduction”to Ludwig von Mises，*Money，Method，and the Market Process*（Norwell，Mass.：Kluwer，1990）第xxv页。

③ 在米塞斯的个人回忆录中，勒普克名列少数“使我受益匪浅”的德国学者之中。参见Ludwig von Mises，Notes and Recollections［M］. SpringMills，Penn.：Libertarian Press，1978：104–105.

④ Wilhelm Röpke. Against the Tide［M］. Chicago：Regnery，1969：79–97.

年起一直在研究所供职的米塞斯共事。米塞斯在“二战”开始后的1940年去了美国，勒普克则选择了留在研究所，直到1966年去世。为了让人们重新尽可能广泛地理解自由，勒普克与米塞斯、哈耶克一起，召集了一次国际会议，与会者是与他同样担心自由在不断被侵犯的历史学家、哲学家、经济学家和记者；1947年，这个团体组成了朝圣山学社。

借助这个学社，勒普克结识并影响了西德经济部长兼总理路德维希·艾哈德。艾哈德后来披露，“二战”期间他曾非法地获得了勒普克的著作，“如获至宝般地阅读。”[①]勒普克对艾哈德的影响，表现在“二战”后的“德国经济奇迹”。不过勒普克指出，西德经历的经济成功根本不是奇迹，而是采用培育市场经济的正确的社会、法律制度的结果。回顾西德20世纪50年代的经济政策，他叹息当初的自由市场改革走得还不够远。[②]

法西斯主义

勒普克的早期著作显现出了他整个学术生涯中不断探讨的主题：集体主义和科学主义的诅咒，以及维持自由社会的道德和社会制度的极端重要性。1931年他用笔名乌尔里希·翁弗里德（Ulrich Unfried）发表了剖析法西斯主义经济学的文章，[③]抨击了反资本主义知识分子利用世界经济大萧条为国家社会主义铺路的行径。他写道，资本主义反对者批判的“资本主义”并不是自由市场资本主义，而是国家工团主义（state corporatism），政府的不时干预及政府—企业合伙制即是其特征。

> 过去的干预已经大大损害了经济的正常运作，但为了重振经济，那些资本主义的批评者却呼喊更多的干预、更多的计划，也就是进一步损害我们的经济。这就好比是往引擎里灌沙子，然后又希望灌更多的沙子能让引擎重新运转起来。[④]

① 引自Gottfried Dietze，“Forward”to *Against the Tide*第ix页。
② Wilhelm Röpke. A Humane Economy［M］. Chicago：Henry Regnery，1960：28.
③ Reprinted as“The Intellectuals and Capitalism”in Röpke，*Against the Tide*，第25–44页。
④ Reprinted as“The Intellectuals and Capitalism”in Röpke，*Against the Tide*，第31页。

为了避免词义上的争议，勒普克没有用“资本主义”，而是用了“市场经济”一词。他也拒绝用“计划经济”表示社会主义——每个经济都有计划，他这样说道；问题在于计划的是企业家和自由的人民，还是国家。他认为用“官员经济”（office economy）来指代集体主义体系更为确切。①

勒普克认识到，法西斯主义作为一种社会和经济体系，并不是自由市场和共产主义之间的第三条道路。②它不过是极权主义的另一种形式，试图“将其整体的极权主义与社会的个人主义特征合二为一。”③这样一种中间道路的政策创造了一个极端干预主义的国家，其主要的生产人员是政府创制的垄断家。

勒普克认为，法西斯主义有一个严重的道德缺陷：它没有认识到个人是关键性的社会单位。④他说道，正确的经济学推理并不是从国家，而是从人的行动开始；而正确的社会政策必然先要认识到社会由个人组成。而法西斯主义忽视了个人，热衷于国家崇拜，因此是社会主义的近亲。⑤

20世纪30年代初，关于大萧条、其发生原因及解决办法出现了不少著述。

---

① Wilhelm Röpke，“The Problem of Economic Order，” in *Two Essays by Wilhelm Röpke*，Johannes Overbeek，ed.（Lanham，Maryland：University Press of America，1987）第1–45页。

② Wilhelm Röpke，“Fascist Economics，” *Economica*（February 1935）：85–100. 勒普克总结了他的分析：“法西斯主义经济学不论是在实践中还是在理论上，都没有提出什么新的见解。当前我们的经济体系所处状况无疑是难以维持的，但法西斯主义经济学看似提出的所谓替代办法根本不是真正的替代办法。”亦可参见Ludwig von Mises. A Critique of Interventionism［M］. New Rochelle，N.Y.：Arlington House，1977：107–138.

③ Wilhelm Röpke，“Fascist Economics，” *Economica*（February 1935）：85–100. 勒普克总结了他的分析：“法西斯主义经济学不论是在实践中还是在理论上，都没有提出什么新的见解。当前我们的经济体系所处状况无疑是难以维持的，但法西斯主义经济学看似提出的所谓替代办法根本不是真正的替代办法。”亦可参见Ludwig von Mises. A Critique of Interventionism［M］. New Rochelle，N.Y.：Arlington House，1977：91.

④ 勒普克在《人道的经济》（*A Humane Economy*）第5页解释道：

> 我所描述的人，源自古典和基督教传统的精神遗产。我将人视为上帝的相似物。我深信将人降格为手段是骇人的罪恶（无论有多么冠冕堂皇的理由）；我也深信每个人的灵魂都是独一无二、无可替代的无价之宝，其他一切与之相比都毫无价值。我信奉这样一种人文主义，它根植于这些信念，它将人看作是上帝的孩子和形象，但不是上帝本身，因而不能当作偶像，用错误的、无神论的人文主义的傲慢去崇拜。我相信，正因为这些理由，我对一切形式的集体主义才有如此强烈的怀疑。

⑤ 见Röpke的*Against the Tide*，第93–94页。他在将要离开德国前不久做的一次演讲中抗议道：“一种让别人告诉自己要做什么、让别人命令自己去做什么的欲望已经掌控了人们，人们已经陷入近乎受虐狂的病态。国家已经史无前例地成为人民的崇拜偶像。”

1936年，勒普克向英语世界奉上了他本人的贡献——《危机与周期》。①在此书中，勒普克采用了庞巴维克、米塞斯、斯特利格尔（Strigl）和哈耶克等人的货币、资本理论，支持最初的经济衰退是先前中央银行方面的信贷扩张的结果。他指出："现代贸易周期理论实际上在根本原理上没有分歧，即繁荣、萧条交替最主要的是长期投资量的改变，因而影响资本财货生产行业的活动。"②勒普克将经济衰退的存在追溯到复杂的劳动分工，以及银行业的信贷扩张。这种复杂性使"迂回"生产成为可能，而信贷扩张刺激起了较高级财货的过度投资。③

他在最初以德语出版的教科书《自由社会的经济学》中，进一步阐明了这个论点。过度投资要发生，他写道，"就需要某种强迫，放松资本财货生产与民众自愿储蓄之间的联系，并提升对消费的相对约束，使之强于民众通过储蓄自愿忍受的程度。"④简言之，景气—萧条贸易周期中的景气一环在自由市场上不会发生；它是国家干预信贷市场，扭曲投资决策的结果。⑤

他认为，计划经济中也可能存在发达的劳动分工和资本过度投资，所以社会主义对于经济衰退并无免疫。这样的体系事实上甚至更不稳定。"在社会主义社会，它（强制储蓄）会被国家推行的公开强制所取代，这就导致民众会被直接地、命令式地要求放弃消费的可能性而进行积累。"⑥此外，集体主义经济没有清洗错误投资的机制，导致经济瓦解持续发生。"经济不和谐将会成为社会主义经济的慢性病，它将与资本主义经济暂时的不和谐有显著的不同。"⑦

勒普克论述道，要避免商业周期就需要自由市场、金本位，并消除政府制

---

① Wilhelm Röpke. Crises and Cycles［M］. London：William Hodge，1936. 这是他1932年仍在德国时出版的《危机与周期》（*Krise und Konjunktur*）一书修订、扩写后的英译本。

② 见Röpke的 *Crises and Cycles*第25页。

③ 勒普克概括了他的理论：

> 在固定和流动资本中的真实投资过度，投资大量增加，增速过快以至于与维持经济均衡不相协调是经济过程大规模失衡的原因。经济体系的生产力投入生产消费财或者资本财的比例，也就是消费与积累之间的比例，在大小和速率上都只能在相对狭隘的范围内变动，否则就会导致紊乱，经济便缺乏协调。

"Socialism，Planning，and the Business Cycle，" *Journal of Political Economy*（June 1936）：325.

④ Wilhelm Röpke. Economics of the Free Society［M］. Chicago：Henry Regnery，1963：213.

⑤ 勒普克的商业周期理论在现代金融中的应用，参见James Grant，The Trouble with Prosperity［M］. New York：Times Books，1996：115–116.

⑥ Wilhelm Röpke，"Socialism，Planning，and the Business Cycle［J］. Journal of Political Economy，1936，44（3）：328–329.

⑦ 同上，第321页。

造的货币通货膨胀。与此同时，勒普克并没有排除用信贷扩张或者再通胀作为推动经济走出萧条可能具有的必要性。[①]他的这个政策建议与后来的货币非均衡理论家不无相似之处。[②]勒普克在这个问题上表现出了异乎寻常的坦率，他在日后撤回了早期这种支持凯恩斯式政策的看法。[③]

批判凯恩斯

在东方，集体主义以完全的社会主义形式出现。在德国和意大利，法西斯主义兴起而后衰落。但战后的西方对于集体主义诉求并无免疫，勒普克认为凯恩斯主义经济学即是为此铺路。他认为凯恩斯主义的方案不论是经济上还是道德上都会造成破坏性后果。

勒普克在1952年撰文批判《联合国有关国家和国际充分就业措施的报告》，警告道，如果政府按照“新经济学”的建议，持续维持低利率，持久的通货膨胀将是此政策的必然后果。[④]勒普克预见到一个充分执行的“充分就业”政策会导致“滞胀”，而美国20世纪70年代正是经历了这个病症。此外，慢性通货膨胀产生了要求抑制通货膨胀的政治压力。

由于勒普克经历过德国的恶性通货膨胀，所以他担忧不受约束的货币机构

---

① Wilhelm Röpke. Socialism, Planning, and the Business Cycle［J］. Journal of Political Economy, 1936, 44（3）: 185-198. Röpke认为信贷扩张在一场严重危机中是一种“合适的干预”。在第196-97页，他讲道：

> 不论我们是否乐意，都必须认识到，我们需要依赖企业家和他们的乐观情绪。我们定然不能让他们陷入绝望的同时惊讶于经济复苏迟迟未到……自由放任、一个适当的贸易周期政策（危机中的信贷扩张）与经济计划（价格和产品管制）之间的争议也许可以概括如下：在某些情形下，仅仅依赖经济生活自动恢复，与将之一棒子打死，然后用人造取代自然的机制都是错误的做法。毫不妥协的自由主义者和计划者，都是在对方正确的那个方面错误，而在对方错误的方面正确。

② Leland B. Yeager. The Fluttering Veil: Essays on Monetary Disequalibrium［M］. Indianapolis, Ind.: Liberty Fund, 1997: 15-17.

③ 见Röpke的*A Humane Economy*第295页。在一处脚注，Röpke写道：

> 虽然很惭愧，但我必须接受我应该接受的谴责，因为我创造了这个“功能性注资”［（functional finance）的概念（《危机与周期》（1932）和随后的英译本《危机与周期》（1936）］。我现在不得不承认，这个概念既经不起反驳，也与经验不符。

④ Wilhelm Röpke. The Critics of Keynesian Economics［M］. Henry Hazlitt, ed. New Rochelle, NY: Arlington House 1977: 370-374.

会带来不良后果。他在干预主义和奥地利学派经济计算理论的基础上，讨论了通货膨胀被抑制的情况。政府的货币机构首先膨胀货币供应，然后实施价格管制和其他经济管制，以期消除通胀带来的物价上涨。这只能让事情变得更糟，因为奥地利学派学者在社会主义经济计算的辩论中已经证明，市场价格是企业家方面进行理性经济计划的关键。这种政策导致官方价格并不反映实际的经济价值，经济也因此遭遇发展瓶颈、不断的失业及普遍的经济混乱。[①]这种通货膨胀被抑制的情况是战后欧洲各个经济体的一个主要特点。

勒普克将通胀视为转移财富的凯恩斯主义手段。当中央银行膨胀货币供应时，新的货币总是流入经济体中某些人之手。他们是第一批用新钱的人，在原来的价格水平上购买财货，为他们看似增加的财富而高兴。不过，随着新货币进入经济市场，财货需求增加导致物价上涨。后来或者根本没有收到新货币的人必须支付更高的价格，其真实财富受损。勒普克在他的道德框架下解释了这一奥地利学派洞见，指出这与合法化的盗窃和再分配相差无几。[②]

不过，在勒普克看来，凯恩斯的实证主义—科学主义方法甚至是其遗产中更有伤害力的部分。在一篇批判凯恩斯的文章中（后收入1963年《自由社会的经济学》最终修订版），勒普克戳穿了凯恩斯的一个极为危险的观念。凯恩斯和他的支持者把经济体系看作是数理—机械化的宇宙的一部分，经济活动是可计量的种种总量（如消费和投资）的产物，而不是个人行动的结果。凯恩斯把人从“人的行动”中抽出，将经济体系简化为一台机器。[③]人成了一个社会单位，只不过是按照经济本能对变动的条件作出反应。[④]

凯恩斯关注如何管理经济总量助长了现代经济学家的傲慢，他们顺理成章成了经济王国的钥匙保管者。凯恩斯主义经济学家将国民经济总产值作为他们的最高目标，鼓吹的是科学主义在经济学领域的一个变种。[⑤]根据勒普克的观

---

① Wilhelm Röpke，“‘Repressed Inflation’：The Ailment of the Modern Economy，”in Röpke，*Against the Tide*的第111–131页。

② 见Röpke的*A Humane Economy*第191页。

③ 见Röpke的*The Economics of the Free Society*第224页。在另一本书中，勒普克评价了凯恩斯主义经济政策：“实际上，经济政策会因此取得工程设计的地位，而忽视了社会从不可能变成一台机器，以及统计数据无法战胜道德，成为行为或政策之引导的事实。”“The Economics of Full Employment，”第369页。

④ F. A. Hayek. The Counter–Revolution of Science［M］. Indianapolis，Ind.：Liberty Press，1979.

⑤ 有关科学主义与集体主义的联系，参见Wilhelm Röpke. Civitas Humana［M］. London：William Hodge，1948：67–72. 亦可参见Hayek的*The Counter–Revolution of Science*第93–110页。

点，这样的经济主义导致集体主义，因为它排除了人文价值的考虑，如自由与和平，而且为政府以“发展经济”为名强制对个人征税提供了理由。[①]

国内与国际福利

战后，美国国会和杜鲁门政府通过了马歇尔计划，承诺用有史以来最大的对外援助帮助被战火摧毁的欧洲重建家园。这个计划得到了大西洋两岸知识分子和政治建制的完全拥护。但勒普克并不赞同这个常规的观点，而认为外国援助不会使欧洲经济复兴，真正的办法是重建在战争中被抑制的市场经济。他说道，经济失序问题是抑制通货膨胀的结果，“这个政策以计划为名创造混乱，以引导为名制造混淆，以进步为名导致退步和封闭，以正义为名造成大规模贫困。”[②]即便有美国的援助，

> 欧洲每个受惠国仍要决定，是否抓住这个将经济从通胀性管制中解放出来的独特契机。不过，除非它们这样做了，否则新的这笔援助资金会和以前一样打水漂。[③]

更麻烦的是，马歇尔计划可能产生阻碍市场改革的有害效果。这笔援助很有可能用于补贴和巩固现有体制，而不是去支持市场化转型。在美国负责的那部分欧洲地区——比如德国的美国占领区——美国“在两年半的时间里，实施的只能说是集体主义的经济原则。”[④]勒普克提醒他的欧洲读者，即便是美国经济，在很多方面也存在计划、通胀和集体主义。“毕竟，一整代美国经济学家

---

① 有关政府资本形成，勒普克写道：

> 我们正站在一个大十字路口上，必须做出一个几乎有无法估量后果的决定。当此之际我们必须挺身而出，才能成功扼住罪恶，抵挡无产阶级化的大众社会，抵挡其机械式的强制社会福利体系，抵挡其最终不可避免的目标——极权主义巨型国家。最首要的，这要求我们将负责人民生活重心，从国家转移回符合一切常识和历史经验的地方——回到家庭中的个人，回到自由结社，回到广大民众中去（“The Formation and Use of Capital，”in *Against the Tide*第162页）。

② Wilhelm Röpke，“Marshall Plan and Economic Policy，”in *Against the Tide*第123页。

③ 同上书，第126页。

④ 同上书，第127页。

所接受的教育告诉他们，充分就业政策所意味的持续通胀压力是理想的，而且实际上也是必要的。”①

1958年，西方各国开始用财富再分配替代直接的经济计划和价格管制。此时的勒普克撰文猛烈抨击了福利国家。他不仅引证了福利国家的成本远远高于其预期效益，而且也指出了它的社会效应。强制救济“妨害了民众照顾自己需求的意愿”，它的财政负担让人们更为依赖国家，期望从国家得到更多。“让他人买单”是福利国家的“本质”；此外，支付福利金的人是“因为国家的命令被迫这样做”——这是慈善的对立面。

> 福利国家虽然有一个诱人的名字，但它必须依靠强制。借助于国家惩罚不服从的权力，它强制推行到我们头上。一旦看清了这一点，也就同样可以看清，福利国家具有与任何限制自由的政策相同的恶。②

垄断

勒普克不遗余力地批判经济和政治生活走向垄断的倾向。他是最早指出垄断不是自由市场的产物，而像商业周期一样，是政府干预的产物的几位现代经济学家之一。③早在1936年，他便证明了自由市场在创造竞争而非垄断。他后来在为市场经济辩护时坚称市场资本主义本身绝不意味着垄断。同理，正确的法律制度应该培育真正的自由市场，而不是以效率的名义有利于“大企业”。④他

---

① Wilhelm Röpke, “Marshall Plan and Economic Policy,” in *Against the Tide*第128页。

② Wilhelm Röpke, “Robbing Peter to Pay Paul: On the Nature of the Welfare State,” *Against the Tide*（Chicago: Regnery, 1969）第212页。

③ 勒普克在这个问题上的立场似乎在不断演变。虽然他在早期的一些写作中认为垄断者在自由市场上能够维持自己的地位，因此需要有反垄断法（参见《当代社会危机》，第179页），但他后来得出结论认为长期垄断是政府特权的结果。在他倒数第二部书（《人道的经济》）第241–242页，他写道：

> 希望政府推出新的强制和新的立法于事无补，而只会加速其他方面的集中主义……有关经济集中化，尤其是税收和公司法方面，要说的事情还有许多，我之前的著作讨论得还不够充分……政府通过法律、税收体系及其经济、社会政策，本身就在不断地、不明智地促进工业集中化。这与通常人们夸大了的技术和组织上的规模优势没有任何关系。

④ 见Röpke的 *Civitas Humana*第30页。

提出，垄断者之所以能够维持在市场上的地位，是因为拥有法律特权；由此他得出结论，政府的管制不能解决经济集中问题。官员经济则与市场经济相反，是趋于集中化的。集体主义经济导致一切经济生活政治化，造成国家垄断，使中央计划者掌握所有经济决策权。①

正是在这个背景下，我们才能理解勒普克所评价的资本主义在历史上的发展所带来的负面后果。勒普克时常使用尖锐的语言，批评资本主义兴起的同时也滋生了垄断和城市化的力量。不过，这些负面后果并不能归咎于自由市场资本主义，相反应该看做是封建体系的残留。经济权力集中并不是自由市场的必然趋势，而是因为前自由主义的财产安排，在自由市场体系发展起来以后大体没有改变。封建领主对农奴享有的某些社会、法律特权没有随着资本主义兴起而被废除。穆瑞·N.罗斯巴德在苏联的去社会主义化方面也看到了类似的问题。②虽然勒普克反对工业化的某些方面，但他也用“农业民族主义”的说法批判了阻碍工业化、牺牲社会进步来保护传统生活方式的举动。③

勒普克批判所有形式的干预主义政策，而不仅仅是那些近乎社会主义的政策。干预主义制造的问题比它解决得还要多。“稳定化政策越多，就越不稳定。”④与米塞斯一样，勒普克指出，推行价格管制、贸易配额和外汇管制等干预主义政策会引发“一连串连锁反应，使得更为激进的干预政策成为必需，直到最终形成一个纯粹、简单的集体主义经济。”⑤此外，这种举措注定失败，因为“经济生活取决于无数个人的心理态度。”⑥经济行动人会做自由选择。他们不是一台国家经济大机器上的齿轮。

---

① 见Röpke的“The Problem of Economic Order，”第21页。

② 罗斯巴德在讨论向工厂职工分发股份时写道，“向工人分发股份立即会引发一个问题……管理层的领导人是否也应该分一杯羹？”他随后补充道：

> 一种……人们常常推荐的私有化途径应当立即排除：他们认为政府应该通过拍卖将资产出售给公众，出售给最高的竞价者……但是，为什么应该是政府拥有出售这些资产的收益？毕竟，去社会化的一个主要理由就是政府不应该拥有国家的生产性资产。但如果它不应该拥有资产，又到底为什么能够拥有这些资产的货币价值？

Rothbard，Murray. How and How Not to Desocialize［J］. Review of Austrian Economics，1992，6（1）：74–75.

③ Wilhelm Röpke. International Economic Disintegration［M］. Philadelphia：Porcupine Press，1978：150–161.

④ 见Röpke的*Economics of the Free Society*第219页。

⑤ 同上书，第195页。

⑥ 见Röpke的*International Economic Disintegration*第176页。

政治理论

“二战”后，勒普克专注于推动可以阻止另一场世界冲突爆发的经济和政治制度。他认为集权化和去集权化是决定社会和政治生活所有方面的两个对抗原则。在此认识上，他将精力用于分析这些原则如何影响国际政治秩序。他的同事米塞斯已经描述过古典自由主义超民族国家的构想。[①]但勒普克认识到这样一个国家不具备可实践性，因而反对任何政治整合的计划，尤其是要求建立全欧洲的管制权力的计划。

一个超民族或者多民族政府不太可能拥护自由主义的理念，因为政治体制总是将自己与其统治的人民相隔绝。于是它变得日益腐败而具有压迫性，建立福利国家，践踏私人财产。出于这个理由，决策权力集中化并不契合自由市场经济。勒普克提出的替代方案是19世纪“普世自由主义者”解决国际秩序问题的办法：政治自治的小国家，彼此之间进行蓬勃的贸易。[②]为了国际贸易能够进行，就需要一个真正国际性的货币体系。但不应该是一种世界货币，根据非政治的金本位发行的各国货币才应该是交易的手段。

关于国际贸易对于国家间和平合作的重要性，勒普克赞同其他奥地利学派传统的经济学家。保护主义妨碍劳动分工，阻滞生产力，降低收入，而且如果得到广泛实施，会将一国经济转变为庞大的企业，展露出各种垄断的缺点。此外，勒普克对国际贸易和国际政治干预做了区分。自由贸易与帝国主义非但没有联系，反而是相互对立的。有可能存在以国际贸易或者经济发展为名而牺牲经济自由的做法。比如迫使其他国家购买某个出口国的产品就不符合勒普克的理念。[③]政府管制“投资”（不论是国内还是国外投资），都不是明智的道路，对于欠发达国家而言尤其如此。这些国家需要的并非资本或者技术本身，而是有利于发展的文化和社会条件（即有道义的法律体系维护的私有财产权）。

---

① Ludwig von Mises. Omnipotent Government：The Rise of the Total State and Total War［M］. Spring Mills，Penn.：Libertarian Press，1985：265–271.；*Liberalism*（Irvington-on-Hudson，N.Y.：Foundation for Economic Education，1996：148.）

② 见Röpke的*International Order and Economic Integration*第74页。

③ 上书第84页勒普克说道：

> 帝国主义不仅不是资本主义的核心部分，而且在经济学的因果联系中，与资本主义体系无关，甚至与之对立。好战的政策绝不会促进资本主义的利益，反而是直接与这些利益相对立。依靠劳动分工和交换建立起来的经济体系需要和平的条件才能繁荣。

勒普克认为，政治过程的去集中化与大众民主不能相容。民主制度下，政客容易受有私人利益的选民大众所摆动，致使经济体系蜕变成一个分赃体系，胜者是能够集中51%选票的多数。[①]这样的体制只能导致集权并使之合法化。唯一合法的政府应当选出广受认可的有能力、有益社会的统治者。[②]如果政治体系去集中化，则那些最能干、又被认为最正直的人，会被各地方允许统治任意一段时间。[③]

社会理论

在第二次世界大战期间和之后，勒普克拓宽了他的研究兴趣，除了经济学和政治理论外，他也研究了文化乃至宗教基础的分析学。他深信科学和政治的趋势正在损害乃至摧毁个人精神的理念，取而代之的是大众人（mass man）的概念。由此他提出了对现代社会的批判。1942年起，勒普克开始更多地关注这个问题，并出版了后来翻译为英语的《当代社会危机》一书。对于他所见证的集体主义危机，他试图在思想和行动演变历程中寻找原因，想要正面驳斥各种类型的国家主义，捍卫自由。

勒普克也对经济学家担当社会工程师抱有怀疑，不论是为了促进“效率”还是“社会正义”。他沿袭米塞斯的方法，将经济行动者视为“行动人”（homo agnes），而不是“经济人”，即纯粹受物质激励驱使的人。“普通人都不是这种经济人，”他写道，“就如他既非英雄也非圣贤。驱使人们为经济成功而努力的动机与人的心灵本身一样复杂。”[④]正是因为生活不仅仅是饮食，身体不仅仅需要衣着，所以要寻找一个值得活下去的生活，就不能只把目光投向

---

① 在《人道的经济》一书第220页，勒普克写道：

> 普遍选举产生的政府决策一旦越过了自然法、牢固的规范和传统的最终界限，民主就沦为专断，成为全权国家的帮凶，而且面临解体的危险。这些界限仅仅写入宪法还是不够的；所有人都必须将它们铭记于心，这样才能抵挡所有的侵袭。

② 见Röpke的*Civitas Humana*第86页。

③ 汉斯—赫尔曼·霍普扩展了这条思路。参见Hoppe. Natural Elites，Intellectuals，and the State［M］. Auburn，Ala.：Ludwig von Mises Institute，1995.；同上，“The Political Economy of Monarchy and Democracy，and the Idea of a Natural Order，” *Journal of Libertarian Studies*，1995，11（2）：94–121。

④ 见Röpke的*A Humane Economy*第121页。

经济学。

勒普克强调了人必须面对的根本社会问题，以此反驳了左派对自由的批判：社会中相互冲突的利益如何成功地协调？拥有不同价值观的众多个人，在有机会的时候很难抵制侵占他人利益的诱惑。要和平地协调有冲突的各方面的利益，自由和自愿交换是至关重要的。而另一方面，集体主义必然意味着竞争利益之间相互强制与冲突。但是，要成为一个真正自由的人，就必须掌控自己的经济意志。一个社会如果要享受劳动分工的益处，就需要有一个制度框架来支持自由调整的价格机制，以及生产、竞争工具的私人所有权。[①]这是唯一一种维护个人品性的现代经济体系。

自由市场最大的好处，就是它在政治与社会之间竖起了一道隔离墙。商人不需要依赖于政府特权或者党派支持，便能享受财务安全。即便是最为贪婪的企业家，也只有向消费者提供有价值的服务才能获利。[②]勒普克写道："自由，经济生活免于政治干预、明了的原则，还有和平——这些都是纯粹市场经济带来的非物质成就。"[③]勒普克与米塞斯一样，将个人决定是否购买商品比作是每天的投票，选举最为成功的企业家。事实上，勒普克认为市场选举比政治选举更公平、有效，因为市场不是一种胜者为王的机制。[④]

虽然勒普克批判物质主义的伦理观，但他不支持用干预手段压制消费主义的现象。例如，勒普克反驳了将财货归类为"奢侈品"和"必需品"的可能性，因为这种做法是非常不可理喻的。

> 假定官僚比消费者更明白什么是好的和有用的……换言之，政府要求我们的喜好应该按它自己列的优先排列而定，这真是胆大妄为到令人惊讶。[⑤]

---

① 见Röpke的*A Humane Economy*第102–104页。

② 同上书，第105页。

③ 同上书，第108页。

④ Röpke在《当代社会危机》第103页写道：

> 市场经济的过程可以说是每天都在进行公民投票，消费者花费的每个货币单位代表着一票，而生产者们正尝试用他们的广告，向无数个党派（即财货）做"竞选宣传"。这一消费者的民主……巨大的好处在于它是一个完全均匀的体系：多数人不能否决少数人的意志，每一票都有自己的分量。市场民主是其结果，其不张旗鼓的准确性超越了最为完美的政治民主制。

亦可参见Ludwig von Mises，"Profit and Loss，" in *Planning for Freedom*（South Holland，Ⅲ.：Libertarian Press，1980）：108–150。

⑤ 见Röpke的*Against the Tide*第145页。

所有市场活动，不论是否国际化，都需要有一个道德、社会和制度的框架；勒普克发现在历史上，宗教信仰和自然等级是有效防范国家权力的制度。个人要重新取得自由、持续扩展劳动分工、充分享受生活，就必须拥有财产、拥护家庭和社群、参与公民组织和教会并享受某些传统带来的保障。他认为，古典自由主义文献中常常忽视了这些点。勒普克写道：

> 市场经济，以及与之相伴的社会、政治自由，只能作为一个中产阶级体系的一部分、在其保护之下才能繁盛。这意味着需要有一个尊重某些基本原则，又有整个社会关系网络填充的社会：个人努力与责任，绝对的规范与价值，所有权基础上的独立、谨慎和关怀，计算与节俭，为自己的人生计划负责，与社群保持适当的一致性，家庭感，传统和代代相传的感受，同时又对当前和未来持开明态度，牢固的道德操守，尊重货币的价值，独立于生活及其不确定性战斗的勇气，对事物自然秩序的理解，以及坚定的价值观。①

在他早年，威廉·勒普克以一个知识分子能做到的所有方法与集体主义和国家主义权力作斗争。他的思想工具不仅包括经济学理论，还有源自基督教信仰的道德观。哈耶克对他的评价恰如其分：“让我至少强调，我们，也就是他的同行，尤为钦佩他的一样特殊天赋——也许因为这在学者当中太罕见了：他的勇气，他的道德勇气。”②如果我们关注如何创建能够更人道地生活的社会，就应当细致阅读勒普克对奥地利学派经济学的贡献，以及他对良善社会的观感。

精选阅读

［1］Wilhelm. Röpke，“The Problem of Economic Order.” In *Two Essays by Wilhelm Röpke*. Johannes Overbeek，ed. Lanham，Maryland：University Press of America，1987：1–45.

［2］Wilhelm. Röpke，“The Economics of Full Employment.” In *The Critics*

---

① 见Röpke的*A Humane Economy*第98页。

② F.A. Hayek. The Fortunes of Liberalism：Essays on Austrian Economics and the Ideal of Freedom（Vol. 4）［M］. Peter G. Klein，ed. Chicago：University of Chicago Press，1992：197.

of Keynesian Economics. Henry Hazlitt, ed. New Rochelle, N.Y.: Arlington House, 1977: 370–374.

[3] Wilhelm. Röpke, *Against the Tide*. Chicago: Henry Regnery, 1969.

[4] Wilhelm. Röpke, *Welfare, Freedom, and Inflation*. Tuscaloosa: University of Alabama Press, 1964.

[5] Wilhelm. Röpke, *Economics of the Free Society*. Chicago: Henry Regnery, 1963.

[6] Wilhelm. Röpke, *A Humane Economy*. Chicago: Henry Regnery, 1960.

[7] Wilhelm. Röpke, *International Economic Disintegration*. Philadelphia: Porcupine Press, 1978.

[8] Wilhelm. Röpke, *International Order and Economic Integration*. Dordrecht, Holland: D. Reidel Publishing, 1959.

[9] Wilhelm. Röpke, *The Social Crisis of Our Time*. Chicago: University of Chicago Press, 1950.

[10] Wilhelm. Röpke, *Civitas Humone*. London: William Hodge, 1948.

[11] Wilhelm. Röpke, "Repressed Inflation." *Kyklos* 1, 1947.

[12] Wilhelm. Röpke, *Crises and Cycles*. London: William Hodge, 1936.

[13] Wilhelm. Röpke, "Socialism, Planning, and the Business Cycle." *Journal of Political Economy* 44, No. 3 (June, 1936).

[14] Wilhelm. Röpke, "Fascist Economics." *Economica* (February, 1935): 85–100.

15

穆雷·N. 罗斯巴德：经济学、科学与自由

汉斯—赫尔曼·霍普

穆雷·N. 罗斯巴德
（1926—1995）

穆雷·N. 罗斯巴德之所以在奥地利学派经济学的思想传统中取得了具有独特影响力的地位，是由三个主要的原因共同促成的。

首先，罗斯巴德是最近一位代表奥地利经济学主流的人物。[①]如同其他的思想传统一样，奥地利学派经济学内部也能区分出若干个相互联系的分支，而罗斯巴德是奥

① 从整个学界来看，目前F.A.哈耶克是最为著名的奥地利学派经济学家。所以，这里有必要强调，哈耶克并不代表奥地利学派的理性主义主流，哈耶克本人也没有对此作出其他评价。哈耶克的立场是英国经验主义和怀疑主义的思想传统，明确反对门格尔、庞巴维克、米塞斯和罗斯巴德所支持的大陆理性主义。这个话题的深入讨论，参见Joseph T. Salerno，"Ludwig von Mises as Social Rationalist，" *Review of Austrian Economics*，1990（4）：26–54；Jeffrey M. Herbener，"Introduction，" in *The Meaning of Ludwig von Mises*，Jeffrey M. Herbener，ed.（Boston：Kluwer Academic Publishers，1993）；Hans–Hermann Hoppe，"Einfuhrung：Ludwig von Mises und der Liberalismus，" in Ludwig von Mises，*Liberalismus*（St. Augustine：Academia Verlag，1993）；idem，"F. A. Hayek on Government and Social Evolution，" *Review of Austrian Economics*，1994，7（1）：67–93；idem，"Die öesterreichische Schule und ihre Bedeutung für die modern Wirtschaftswissenschaft，" in Hans Hoppe，Kurt Leube，Christian Watrin，and Joseph Salerno，*Ludwig von Mises's 'Die Gemeinwirtschaft'*（Düsseldorf：Verlag Wirtschaft und Finanzen，1996）；Murray N. Rothbard，"The Present State of Austrian Economics，" in idem，*The Logic of Action*（Cheltenham，U.K.：Edward Elgar，1997），Vol. 1。

地利学派主要的理性主义那支中最近的阐释者。这个分支从学派的创始人卡尔·门格尔开始，由欧根·冯·庞巴维克和路德维希·冯·米塞斯所延续。与门格尔、庞巴维克及米塞斯一样，罗斯巴德也是位坦率的理性主义者和各种社会相对主义变种（历史主义、经验主义、实证主义、证伪主义和怀疑主义）的批判者。像他公认的前辈一样，罗斯巴德也为这种观点辩护：经济学法则不仅存在，而且更确切地说，它是“确切的”（门格尔语）或者说“先验的”（米塞斯语）法则。（经验性的）自然科学的命题必须不断接受新数据的检验，因此永远只能具有假设的有效性；经济学的命题则与之相反，涉及的是必然的、非假设性的关系，具有先验的有效性。奥地利学派主流认为，所有经济学法则可以通过逻辑演绎，从几个自然与人的基本事实（门格尔语），或者单个公理（米塞斯语）——即“人行动”这个不陷入行为矛盾就无法反驳，因而是无可争议的真实命题——以及少数经验性的（而且是经验上可检验）的假设推导得出。与其前辈们一样，罗斯巴德认为通过研究经验数据检验经济学命题不仅没有必要，而且实际上不可能成功。经验可以展示一条经济学定理的有效性，但经验永远不可能驳斥或者证伪它，因为经济学定理最终只依赖于行动公理不可置疑的有效性，以及理性演绎和逻辑推论法则的有效性（和正确运用）。尝试用“经验检验”一条经济学法则其实是一种范畴错误（category mistake），是思路混乱的表现。此外，罗斯巴德与他之前的门格尔、庞巴维克及米塞斯一样，牢固遵循认识论和方法论上的个人主义，即只有个人才行动。因此，所有社会现象必须解释为——即逻辑重构为——有意识的个人行为的结果。各种“整体论”或者“有机论”的解释，纯属不科学的伪解释，必须被明确抛弃。与此相仿，社会现象的各种机械论的解释也是不科学的、应当被抛弃的。人类在不确定的条件下行动。社会机械均衡的理念，唯独在一种情况下有用，即可以让我们领会行动不是什么，以及行动在哪些方面与机械和机器人的运转有根本上的不同和范畴上的区别。

其次，罗斯巴德是奥地利经济学最近也是最全面的体系建构者。只有理性主义者才对体系和完整性有持续不断的追求。门格尔和庞巴维克虽然都对奥地利学派的基础有巨大贡献，但两人都未能实现这一终极的思想追求（desideratum）。这一壮举要到米塞斯出版其鸿篇巨制《人的行动》时才得以实现。[①]“最终在这

---

① Ludwig von Mises. Human Action [M]. 3rd rev. ed. Auburn, Ala.: Ludwig von Mises Institute, 1966.

本书当中”，罗斯巴德如是评价《人的行动》：“经济学再次成为整体，再次成为一个理论大厦。不仅如此——本书涵盖的是一个经济学结构，而且有米塞斯教授本人新近的诸多贡献。”自此之后，只有罗斯巴德有类似的成就，他出版了《人、经济与国家》及其姐妹篇《权力与市场》。[①]《人、经济与国家》的写作以米塞斯的代表作为典范，其内容甚至比米塞斯更广泛、更全面，因而罗斯巴德赞扬米塞斯和《人的行动》的话也同样可以用在罗斯巴德本人和《人、经济与国家》上。实际上，连米塞斯这样的权威在为《新个人主义评论》写书评时也对罗斯巴德的贡献给予高度评价。米塞斯称赞罗斯巴德的论著是：

> 对人的行动的一般科学——行动学——及其在实际当中最为重要、且迄今为止有最好阐述的部分——经济学——的划时代贡献。从今往后，在这些知识分支当中的所有核心研究，都将必须充分考虑到罗斯巴德博士所提出的理论与批判。[②]

今天，米塞斯的《人的行动》与罗斯巴德的《人、经济与国家》已经是奥地利学派的两大杰出的、具有代表性的成就。若是没有读过或者研究过《人的行动》和《人、经济与国家》，他不论是作为奥地利经济学的学者抑或是其批评者，都不可能得到严肃的对待。

最后，罗斯巴德是最近、最系统的奥地利学派政治经济学家，因为理性主义正意味着追求体系和完整性，意味着政治活动（political activism）。对于理性主义者来说，人类首先是理性动物。人类的行动，以及人类历史的进程由观念（idea）所决定（而不是自发演化和自然选择之类盲目的演化力量）。观念可以为真为假，但只有真的观念“有效”，才能带来成功和进步；而错误的观念导致失败和衰落。人类进步是发现真理及正确观念传播——启蒙——的结果，学者作为正确观念的发现者和错误观念的消除者，不仅在人类历史中发挥关键作用，并且完全控制着人类进步的进程。因为真理本质上是实践性的，认

---

① Murray N. Rothbard. Man，Economy，and State：A Treatise on Economic Principles［M］. Auburn，Ala.：Ludwig von Mises Institute，1993.；Mueeay Ⅳ.Rothbard. Power and Market［M］.Menlo Park，Calif.：Institute for Humane Studies，1970.

② Ludwig von Mises. A New Treatise on Economics［J］. The New Individualist Review，1962，2（3）：39–42.

识到一个观念是真的（或者假的），学者就只会想立即推行（或者削除）它。正因为此，门格尔在追求学术抱负以外，曾做过奥地利王储鲁道夫的私人导师，也是奥地利上议院（Herrenhaus）指定的终身议员。同样，米塞斯是维也纳商会享誉全国的首席经济学家，是奥地利第一共和国许多著名人物的顾问，后来在美国又做过国家生产者协会和其他许多组织的顾问。他也更进一步地——如同他是第一位奥地利经济学的体系建构者，他也是第一位给予奥地利学派实践活动系统表述的人——将奥地利经济学与激进—自由主义—自由至上主义—政治改革联系起来（如其1927年《自由与繁荣的国度》所论述的）。罗斯巴德同样担任过许多顾问职务，是若干教育机构的创始人和学术主管。也唯独只有罗斯巴德取得了可与米塞斯媲美的成就。他甚至比米塞斯走得更远，在其《自由的伦理》中，[①]罗斯巴德成功整合了（通过私有财产的概念）价值中立的奥地利经济学和自由至上主义政治哲学（伦理学），使之成为一个宏大而统一的社会理论的两个互补分支，以此开启了一场激进的——奥地利—自由至上主义——哲学运动。

在理论经济学领域，罗斯巴德在米塞斯的《人的行动》所设下的标杆以外又有两大重要贡献。首先，罗斯巴德系统性地阐明了边际效用理论，然后又推进了福利经济学的一次新的重构，以及米塞斯体系中完全缺失的一个有关国家的经济学理论。

罗斯巴德以米塞斯早在1912年其《货币与信用原理》[②]中便提出的严格边际效用序数论为基础，解释边际效用当中的“边际”一词并不指效用的增量（这会暗示其可测量性），而是指财货增量的效用（因此与是否可以测量无关）。效用所附着的财货，及其数目的增加能够用物理语言描述。财货及其增量在空间上延伸，因此可以用单一的数量加法进行测量和计数。与此截然相反的是，附着在一个物理财货上的效用，及其单一物理增量纯粹是一种强烈程度。它并不在空间中延伸，因此无法通过单一的计数和算术法则来测量和跟踪。基数测量效用的尝试都是无效的。效用作为强烈程度，只能采用序数来讨论；即，将之作为一个一维的个人偏好表上的排列次序（而每个经济现象，尤

① Murray N. Rothbard. The Ethics of Liberty［M］. Atlantic Highlands，N.J.：Humanities Press，1982.

② Ludwig von Mises. The Theory of Money and Credit［M］. H.E. Batson，trans. Indianapolis，Ind.：Liberty Fund，1980.

其是货币计算和“客观的”成本会计，最终都必然可以归结和解释为个人序数排序判断的简单结果）。除了它们在一维个人偏好表上的位置以外，不同财货和不同数量的同种财货之间不存在定量的关系。尤其像总效用（被想象为边际效用的叠加或者整合）之类的东西更是无稽之谈。正确地说，“总”效用是大批量的某种财货的边际效用。罗斯巴德解释道：

> 那么就是说，存在有两种效用规律，它们都遵循人的行动的不容置疑的条件：其一，给定一种财货的单位规模，每个单位的（边际）效用随着单位供给量的增加而递减；其二，一个较大单位的（边际）效用大于较小单位的（边际）效用。第一条是边际效用递减规律。第二条我们称为总效用递增规律。这两条规律之间及所涉及的对象之间的关系只是纯粹的排序关系，即序数关系。[①]

罗斯巴德用图展示了这种关系[②]：

价值排序

——3个鸡蛋

——2个鸡蛋

——1个鸡蛋

——第2个鸡蛋

——第3个鸡蛋

鸡蛋在这个个人价值表上的排序越高，价值也就越高。根据第二条规律，3个鸡蛋比2个鸡蛋更有价值，2个则比1个更有价值。根据第一条法则，第二个鸡蛋低于第一个鸡蛋在价值表上的排序，第三个又低于第二个。除了前者大于后者外，这些排列项目之间——比如3个鸡蛋的边际效用和第三个鸡蛋的边际效用——并不存在数理关系。

列奥内尔·罗宾斯在维克斯蒂德和米塞斯的影响下，率先将这一理论引入

① 见Rothbard的*Man, Economy, and State*，第270–271页；着重为原文所加。

② 见Rothbard的*The Logic of Action*第1卷第222页。

主流经济学，而效用具有序数特征的逻辑推论是，每个人际和内省的效用比较必然是不可能的（不科学的），因此每种涉及这种比较的社会福利的提议都是武断的。[①]虽然主流福利经济学一旦完全认识到这个结论便陷入一团混乱当中，但罗斯巴德却根据个人的自我所有权（self-ownership）和表现偏好（demonstrated preference）这对概念，严格按照效用论激进地重构了福利经济学。[②]

自我所有权的意思很简单：每个人都拥有（控制）自己的物质身体。“人的本质，”罗斯巴德解释道，“是‘精神’与物质的融合。”[③]每个活的人体都由单独一个独立（自主）的、有意识的心智与意志（自我）所占有和控制。据此，只要身体还活着，我们就称之为人（person，而不是躯体，corpus）。（即便并没有明确提出，主流福利经济学也接受自我所有权的概念，因为它讨论不同的个人效用最大化方法。）这个自我所有权中蕴含了展示偏好的概念。后者仅指“实际的选择揭示或者展示一个人的偏好；即，他在行动中的选择可以推导出他的偏好。”[④]每个行动都涉及一个人有意识地利用他的物质身体，因此证明他将这个身体当作财货。此外，他是这样利用而不是那样利用，通过这种选择，他用每个行动，同时展现出他所认为的这一财货具有最高价值的用途。根据效用的序数特征，行动只揭示偏好次序和排序的存在性事实（existential fact）。它们并不揭示任何有关排序的“差距”或者“距离”，抑或是偏好的“强度”之类的东西。它们也从不展示出“无差别”。事实上，排序的“差距”和“无差别”（即价值相等）都预设了序数效用。

以自我所有权和展示偏好的概念为基础，并且遵循帕累托对有意义的序

① 参见Lionel Robbins. The Nature and Significance of Economic Science［M］. London: Macmillan, 1932. 个人之间与个人内部不可能进行效用比较，当然这并不意味着两个个人或者时间段不能客观比较。事实上，每个人都能客观地决定，他的某一财货的供应量是增加了，减少了，还是保持不变。而如果他的某个财货供应增加（减少）而其他财货的供应保持不变，我们无疑可以说客观上这个人的生活变好（变坏），并在其个人价值表上达到了更高（更低）的等级。同理，每个参与货币经济的人都可以客观地决定自己资产的货币价值是增加了，减少了，还是保持不变。

② 罗斯巴德对福利经济学的贡献散布在他所有著作中。首先出现在他1956年的论文“重建效用与福利经济学”，然后在1982年《自由的伦理》中有了完整论述。亦可参见Hans-Hermann Hoppe, “Book Review of Man, Economy, and Liberty,” *Review of Austrian Economics*, 1990（4）: 257-258; Hans-Her mann Hoppe. The Economics and Ethics of Private Property［M］. Boston: Kluwer, 1993: 232-233; Jeffrey M. Herbener. The Pareto Rule and Welfare Economics［J］. Review of Austrian Economics, 1997, 10（1）: 79-106.

③ 见Rothbard的*The Ethics of Liberty*第31页。

④ 见Rothbard的*The Logic of Action*，第1卷第212页。

数福利陈述的可能性问题的限定，罗斯巴德推导出下面这套命题：如果一个人用他的身体（“劳动”）将自己的控制（占有）延伸到其他自然赋予的东西上（无主之“土地”）——即便是想要站着，他也必须这么做——那么这个行动展示这些东西对于他而言也同样是财货。所以，在占有它们时他必然取得了效用。与此同时，他的行动没有损害其他任何人，因为占有先前无人所有的资源并不意味着从他人处夺走任何东西。如果其他人认为这些东西有价值的话，他们也可以占有这些资源。不过，他们明显没有这样做。实际上，他们未能占有这些东西表明他们没有占有它们的偏好。因此，我们不可能说他们因为其他人的占有而丧失效用。在原始占有行动的基础上更进一步，任何后来的行动（不论是生产还是消费），出于展示偏好的理由，同样都是帕累托更优——只要它并不影响他人占有或用占有的手段生产的资源的物理完整性。生产者—消费者生活因此改善，而其他人则控制着与先前相同数量的财货。于是，我们不可能说有人生活变差。最终，每次由此基础开展的财货自愿交易也都使帕累托更优，因为它只有在交易双方预期从中获利的条件下发生，而他人在行动中控制（拥有）的财货供应保持不变。

在这些命题的基础上，罗斯巴德着手阐述一个全新的奥地利学派国家理论。尽管每个原始占有、生产—消费以及交换（自由市场）的行动总是也必然增进社会效用，任何征用行动却（未取得同意单边地夺取原始占有者和生产者—消费者的财货）都不可能有这种效果。显然，所有我们通常认为是犯罪的行动都符合这一点，比如对身体的攻击、侵犯、抢劫、盗窃和欺诈。罪犯掌控了更多数量的财货而改善了境遇，他的受害者控制的财货就相应减少，因此处境恶化。所以，没有犯罪行动合乎帕累托的限定、增进社会效用。人们一般也认为犯罪行动是非法的，人有权保护自己、抵御犯罪。同时，关于效用的这条结论同样适用于所有政府代理人的行动：“任何政府行动都不能增进社会效用。”[①]不过，它们却被认为是合法的，一个人并不被允许抵御这些行动。

罗斯巴德在用福利经济学理由反对政府制度方面的结论，建立在国家一词标准的、毫无争议的定义基础上：

> 国家是一个拥有以下特征之一或者两者兼具（实际上，通常几乎都是

① 见Rothbard的*The Logic of Action*第1卷第243页。

两者兼具）的组织：（1）它通过物质的强制（税收）取得收入；（2）它取得对武装力量的强制性垄断权及对特定领土范围的最终决定权力。[①]

就其第一个支柱而言，显然政府代理人从税收行动中获益，否则他们就不会这样做。同样明白的是，我们不能说税收的主体——被课税财货的原始占有者——生产者——从这种行动中获益，否则他们会自愿支付相同数量的财货，而不需要强制。

类似地，政府代理人显然在特定领土范围内实现对最终决定权（司法权）的垄断以增进他们的效用。最为重要的是，这样做就使得税是否合理的问题丧失实际意义，从一开始它的结论就倾向于政府。不过，同样明显的是，每个政府最终决定权的接受者的处境也因此而恶化。一个人的原始占有和生产的行动，展示出他偏好于排他地控制（司法）其占有和生产的财货。除非他将它们抛弃、出售或者自愿出让给其他人（在这个情况下此人展示了他偏好于获取这些财货的排他性控制），否则就不可能说他改变了这一评价。如果一反他的展示偏好（不放弃私人占有和生产的财货），国家取得领土上最终决定权（司法权）的唯一途径就是通过征收。如果政府是最终决定者，那这就意味着没有人完全控制他自己占有和生产的财货。实际上，国家攫取了所有“它的”国民所占有和生产的财货，使他们沦为租客。政府控制的范围越大，每个私人所有者对自己的占有物和产品，以及它们的价值控制范围就相应越小。最为重要的是，作为一个租客，没人能够拒绝政府使用他私人占有和生产的财货；也就是说，每个人都丧失了针对可能的政府干预或者侵犯的物理防卫手段。

于是，罗斯巴德总结道，如果所有政府行动都依赖于征收，而且征收不可能增进社会效用的话，那么福利经济学必须呼吁废除国家。从霍布斯到詹姆士·布坎南的诸多政治哲学家和经济学家，以及现代公共选择经济学家，都曾尝试将国家描绘为契约的结果（因而是一个自愿的、增进福利的制度）来避开这一结论。作为这些尝试的回应，罗斯巴德赞同约瑟夫·熊彼得的看法，即“用俱乐部会费或者购买比如说医生服务的类比来解释税收的理论，只能证明社会科学的这个部分是多么地偏离科学的思维习惯。”[②]从霍布斯到布坎南，

---

① 见Rothbard的*The Ethics of Liberty*第10卷171页。

② 见Rothbard的*The Logic of Action*第10卷第247页。

国家主义者一直在试图克服"'自愿'国家却拥有强制司法垄断和征税权力这一观念中存在的显而易见的矛盾。他们的办法是在思想上妥协，提出"隐含的"或者"概念性的"协议、契约或者宪章。罗斯巴德解释称，所有这些典型的啰嗦的尝试，最终只会得出同一个不可避免的结论——"隐含的"和"概念性的"契约恰恰与契约相对立，即不是契约。因此，为国家提供福利经济学的辩护是不可能的。不可能有人明确同意永久性地出让对自己人身和财产的司法权，除非他已经出售了或者放弃了自己当前的所有财产并随后自杀；同理，活人不可能明确地订立一个契约，许可他人——他的保护者——永远单边地决定受保护者必须为他的保护所支付的贡金，而无须受保护者持续的同意。

罗斯巴德尤其嘲讽了"有限"保护型国家的理念，认为它自相矛盾，而且与推进社会效用不相容。有限政府总有发展成为无限（全权）政府的内在倾向。鉴于政府的运作原理——司法垄断和征税权——任何约束政府权力、保障个人生命与财产的想法都是幻觉。垄断导致的倾向是正义与保护的价格上升，而正义与保护的质量却下降。以税收为资金来源的保护机构在用语上便有矛盾——征收财产的财产保护者——而且会导致税收增多而保护减少。即便政府将自己的行为完全局限于保护先前存在的财产权，进而就会产生究竟要生产多少安全保障的问题。政府代理人与其他所有人一样，受到自利和劳动的负效用激励，但他们与众不同地拥有征税的权力。所以，他们对这个问题的答案一定是相同的：保护的开支最大化——可以想象，几乎一国所有财富都可被保护的成本所消费掉——并同时实现保护的生产最小化。此外，司法垄断会导致司法和保护的质量恶化。如果人们只能向政府求取正义，正义和保护就会朝有利于政府的方向被滥用，宪法和最高法院也难辞其咎。宪法和最高法院是政府的宪法和法院，它们提出或发现的任何对政府行动的约束，都是由这个制度本身的代理人所决定的。可想而知，政府会改变财产与保护的定义，将司法管辖权扩张到有利于它自身的范围。

相反，根据"单一伦理判断"，即"即便是最严格遵循价值中立的经济学家，一直以来也乐于允许自己……（感到）可以自由地在全体同意的规则下，提议增进社会效用的变动或过程"[①]，罗斯巴德得出了与在他之前的法国—比利时经济学家居斯塔夫·德·莫里纳利（Gustave de Molinari）一样的无政府主义

① 见Rothbard的*The Logic of Action*第1卷的第244页。

结论：防卫、保护和司法服务。

> 因此应当由符合这两个条件的人或公司提供（a）自愿取得收益，而非通过强制，且（b）不像国家那样攫取警察或司法保护的强制性垄断……防卫公司应当与自由市场上其他所有财货和服务的供应者一样自由竞争，而且不强制非侵犯者。防卫服务与其他服务一样，将会是销售性的，且仅是销售性的。①

每个私有财产所有者将可以分享到劳动分工的好处，通过与其他所有者及他们的财产合作，取得比自卫更好的财产保护。也就是说，任何人都可以向其他人购买、出售或者协议保护和司法服务，且可以在任何时间单边地停止与他人的这种合作，退回到自卫状态或者更改他的保护联系。

罗斯巴德另一个重大贡献在于垄断和竞争理论。罗斯巴德在这个问题上同样唤回了让-巴蒂斯特·萨伊及其追随者（莫里纳利即属其中）的法国激进自由放任经济学的传统。罗斯巴德有关竞争和垄断的推断性理论简单明了（理论就应该这样）。他定义竞争为帕累托更优行动所描述的法则框架内的活动：原始占有，生产—消费以及自愿交换和缔约。具体到企业家行动，竞争意味着存在有不受限制的"自由准入"。每个人都可根据自己认为合适的方式利用自己的财产，进入到任何他认为有利可图的生产线。罗斯巴德的结论是，只要实现了这个自由准入的条件，所有产品价格和生产成本都趋向于最低价格和最小成本。与此截然相反的是，垄断和垄断性竞争的定义是自由准入缺失，即存在有排他性特权。由于国家的定义是领土内司法和保护的强制性垄断，因此它是垄断的原型。每个人——除了国家的代理人以外——都被禁止使用自己的财产生产自我防卫和正义，因此也就是不得与国家竞争。其他的一切垄断都要回溯到其终极来源，即这个初始的司法（立法和管制）国家垄断。其他每个垄断都涉及"国家授予的特权，将某个生产领域保留给某个特定的个人或群体。"②在法律上，对于其他现有或潜在生产者而言，进入到这个领域是受到限制的，而且由国家警察强制执行这一限制。罗斯巴德总结道，只要自由准入受限或者缺

① 见Rothbard的*Power and Market*第2页。

② 见Rothbard的*Man，Economy，and State*第591页。

失，不论是生产正义和安全，还是其他任何财货和服务，产品价格和生产成本都会比自由准入的状况更高（即过高）。（因此，在罗斯巴德看来，政府反垄断或者反托拉斯政策是自相矛盾的用语。相反，竞争正是要求国家废除其在领土内的司法垄断。）

除此之外，罗斯巴德驳斥其他理论为没有意义、没有操作性或者错误的理论。比如，某人掌控自己的价格（“觅价者”）就定义他为垄断者便是毫无意义的。每个商人对于自己的价格都有完全的掌控（而消费者在这个价格上购买多少财货毫无掌控）。因此，根据这个定义，没有人不是垄断者。同样地，定义垄断者为“任意给定财货的唯一出售者”也没有意义，因为从客观的意义上讲，每个财货的每个出售者都总是其独特产品（品牌）的唯一出售者。所以，每个人都是垄断者，对他自己的产品拥有百分之百的市场份额。不过，这个情况根本不影响每个企业家随时与其他企业家竞争、吸引消费者开支，纵使他们的财货有多么特别或者与众不同。另外，从主观的意义上讲，不可能明确地断定某个财货的出售者为垄断者。因为根据这种解释，“给定财货”一词意思是“消费者所定义的财货。”因此，某样东西的出售者是否是唯一的，还是它的市场份额有多大，其决定都取决于消费者对这个财货的定义：即取决于他们如何将特定的物理物件归入各个同质财货的群组。这种归类不仅在一直变动，而且不同的消费者对于同样的物理物件也可能有不同的归类。所以，在这个意义上，垄断者一词实际上变得既没有用，也没有操作性，任何测量产品市场份额的尝试都必须被认为是无效的。

最后，米塞斯的垄断价格理论站不住脚。米塞斯曾指出：

> 垄断是垄断价格出现的必要前提，但它不是唯一的必要前提。还需要的一个条件是需求曲线呈某种形状。就此而言，仅仅存在垄断并不能说明什么……垄断者出售一件垄断商品的价格并非都是垄断价格。垄断价格只不过是对于垄断者而言，可以超出竞争市场所允许的极限限制总产量，却比扩张销售更有利的价格。[①]

罗斯巴德阐明了这个论点的谬误。首先，应当注意到每个限制性行动，

① 见Mises的*Human Action*第359页。

根据定义，必然有补充性的扩张方面。垄断者从某条生产线上释放出来的生产要素并不是简单消失了，它们必然有其他方面的用途——或是生产另一种交换财货B，或是扩张其所有者的休闲消费者财货的生产。因此，即便垄断价格存在，也并不意味着负的社会福利效用。从垄断者不出售的这一行动来看，我们可以得知他必然相信保留（而不是出售他的财货）会使他生活得更好，没有人因为他的行动而生活变坏（因为其他人仍然控制着与之前相同数量的财货）。所以，米塞斯的垄断价格和垄断者所面对的需求曲线形状，并不能在操作上或者概念上与其他任何价格及其他任何出售者所面对的需求曲线相区别。

罗斯巴德论述道，生产先于最终产品的出售，而生产成本必然在消费者展示他们对某人的产品的偏好之前即已发生。由此可见，将垄断价格定义为一个高于边际成本的价格（或者高于边际成本的边际收益）是没有意义的，因为一方面的成本曲线及另一方面的需求和收益曲线并不同时存在。唯一与成本曲线同时存在的是企业家预估的未来需求和收益曲线。不过，在决定生产多少财货时，每个生产者（在其他条件相同的情况下）总是会将产出调整为最大化他所预期的货币收益的数量。即，在引导他做出产出决策的货币计算中，预期价格和边际收益从来不等于边际成本。除非预期财货的价格超出成本，否则没有人会进行生产；再者，除非预期边际收益高于边际成本，否则没有人会扩大自己的产出。因此，每个企业家都在自己的计算中假定，未来他将面对一条向下倾斜的需求曲线（具有弹性或者无弹性的延伸）。同理，在随后的出售点上——此时生产者已经承担了所有成本，唯一有关的需求就是消费者对于现有已生产产品存货的需求——每个企业家都会假定一条向下倾斜的需求曲线。也就是说，每个企业家都会将价格定在一个合适的高度，高于这个选定的价格就会碰上弹性需求，因而导致较低的销售收益。

一方面，如果实际选择的售价恰好等于原来的预估，又如果市场在这个价格出清，那么企业家的预测就是正确的。而另一方面，实际需求可能与最初的设想不同，各种类型的企业家预测错误就会因此显现。在销售的时点上，企业家可能会发现他错误地“过少”或者“过多”生产了。在前一种情形中，实际需求（价格和收益）高于预期，而如果先前进一步扩大生产的话，利润还可以更大。企业家一开始估计超过某个产出点外的需求为无弹性（这样的话产出增大会导致总收益减少），而现在的情况显示出来是在这个点外需求有弹性。在后一种情形中，实际需求（价格和收益）低于预期。如果企业家少生产一些，本可以避免损失。企业家预估某个产出点外的需求有弹性，所以可以出售更大的产量赚取更高的总收益；而现在的情况显示这一需求的无弹性。

但不管怎么说，每个企业家，不论他原来的预测是否正确，都必须继续做出新的产出决定。假设他们认为过去的经验（当前的需求）可以预示他们未来的经验（需求），那么有三种可能的决定存在。此前预测正确的企业家会生产与之前相同数量的财货。生产“过少”的企业家现在会生产更大数量的财货，而生产“过多”的企业家会开始限制当前销售和未来生产。罗斯巴德问道，企业家后来的这种对先前生产过度的反应，与米塞斯所说的“垄断价格”的情况该怎样区分开来呢？他的回答是两者事实上无法区分：

> 从这种减产中得到的更高的价格就一定是“垄断价格”吗？为什么它不会是一个从低于竞争性的（subcompetitive）价格向竞争性价格的移动呢？在真实世界，需求曲线不是简单地“给定”给生产者的，而是必须被预估和发现的。如果生产者在某一时期生产得太多，为了赚得更多收入而在接下来的时期生产得更少，关于该行动没有什么可以额外解释的了……因此，我们不能用“限制生产”来检验是垄断性还是竞争性价格。当然，从低于竞争性转向竞争性价格也涉及对该商品生产的“限制”，并伴随被释放的要素引起其他领域生产的扩张。不存在任何一种办法来辨识这种“限制”和所谓的“垄断价格”情况下的必然的扩张……但是，如果一个概念不可能基于现实，那么它就是空洞和虚幻的，而且也是没有意义的概念。在自由市场上没有办法将“垄断性价格”和“竞争性价格”或“低于竞争性的价格”区分开来，也无法确定从一种向另一种转变时的任何变化。无法为作出这样的区分找到任何标准。因此，当与竞争性价格区分时，垄断性价格的概念是站不住脚的。我们唯一能谈论的只是自由市场价格。[①]

在这些主要的创见以外，罗斯巴德还贡献出了许多新的理论洞察。这里仅需举两个例子。第一，罗斯巴德使用米塞斯著名的论点——社会主义下不可能进行经济计算（成本核算）——甚至比米塞斯还更具一般性地证明了自由市场上出现独大卡特尔（one big cartel）的不可能性[②]：

---

① 见Rothbard的*Man，Economy，and State*第607页和第614页；着重为原文所加。
② 同上书，第544–550页。

> 自由市场为企业规模设置了明确的限度，即市场中的可计算性的限度。为了计算每一个分支的利润和损失，对于各种要素和中间产品的每一个，一家企业内部的运行都必须能够参考外部市场。当任何这些外部市场消失时，由于全都被吸纳到了一家企业的范围之内，可计算性就会消失，企业也不再有办法理性地配置要素于特定领域。这些限度越是遭到侵犯，非理性的范围就会变得越来越大，而且也更加难以避免损失。独大卡特尔将根本无法理性地配置生产资料，因此也无法避免严重的亏损。所以，它绝不可能真正地被建立起来，就算尝试建立，也会很快分崩离析。①

第二个例子同样也是受米塞斯的启发，来自货币理论领域。米塞斯（他又是受到门格尔著作的激发）已经证明，货币作为交换媒介，最初必然是某种商品货币（如黄金）。罗斯巴德提出了一个政府摧毁或者转移货币的理论（也许可以用“渐进原理”来命名），补充了米塞斯的货币起源理论——即他著名的“回归原理”。他用最为简要的方式在《为什么我们的钱变薄了》②一书中阐明了，政府为了取得——其最终目的——伪造货币的完全自主权所采取的行动在行动学上的必然后果。由于政府必然从市场供应的商品货币（如黄金）开始着手，它首先会垄断铸币；然后，它会垄断货币替代品的发行（货币凭证，见票即付的银行券）；随后，它会参与部分准备金银行业，发行超过实际货币量的货币替代品；最后，由于银行危机（挤兑）是部分准备金银行业不可避免的结果，政府会延期偿付其纸券，切断纸券（凭证）与货币（黄金）的联系，征收所有私人拥有的货币，并发行一种纯粹的法定货币。

不过，经济学理论上的创新远远不能概括罗斯巴德的成就，甚至将这些创建整合到一个庞大、全面而且统一的奥地利经济学体系之中也远远不能。虽然罗斯巴德是职业经济学家，但是他的著作也包括了政治哲学（伦理学）与历史学。

不同于否认理性伦理学之可能性、信奉功利主义的米塞斯，罗斯巴德认识到需要建立一个伦理体系来补充价值中立的经济学，从而使支持自由市场的理论天衣无缝。罗斯巴德吸取了自然权利理论，尤其是约翰·洛克的著作，以及

---

① 见Rothbard的*Man，Economy，and State*第585页。

② Murray N. Rothbard. What Has Government Done to Our Money?［M］. Auburn，Ala.: Ludwig von Mises Institute，1990.

美国本土莱桑德·斯普纳（Lysander Spooner）和本杰明·塔克的无政府主义思想传统，阐发了一个以自我所有权和原始占有无主自然资源的原理为基础的伦理体系。他证明，任何其他的提议，或是不满足伦理体系人人适用的要求，或是不具有可行性，因为遵循它直接意味着死亡，而它要求有存活的支持者，这样就导致了行为矛盾。前者的例子是所有意味着授予A对B及B所原始占有的资源的所有权，而不赋予B针对A的相同权利的提议。后者的例子是所有鼓吹全世界（或者共同体内）所有人共同所有每个人和每样东西的提议，因为这样的话，没有征得其他每个人的同意，就无法用任何东西做任何事情。而如果一个人不是自己身体的完全（私人）所有者，他又怎能同意某件事呢？罗斯巴德在他第二部代表作《自由的伦理》中推演的整个自由主义—自由至上主义法律体系——从契约法到惩罚理论——都来自最初这几条公理；而在《为了新的自由》（*For A New Liberty*）[①]中，他运用这个伦理体系，诊断了当前这个时代，以及实现一个自由与繁荣的国度所必需的政治改革的提议与经济学分析。

此外，虽然罗斯巴德主要是一位理论家，但他也是一位富有成就的历史学家，他的著作所包含的丰富的经验信息，鲜有经验主义或者历史主义学者所与之媲美。事实上，罗斯巴德认识到经济学和政治哲学（伦理学）是纯粹的先验理论，理论推理在逻辑上先于和约束任何历史探究，这使他的经验研究优于大多数正统历史学家，使他成为一位杰出的“修正派”（revisionist）历史学家。在经济史领域尤为引人注目的是他的《美国大萧条》[②]一书。该书用米塞斯—哈耶克的商业周期理论解释了1929年证券市场崩盘及随后的经济萧条。在政治史领域，他著有4卷本殖民地时期的美国史《在自由中孕育》（*Conceived in Liberty*）[③]，而且在思想史领域，他还有在去世后出版的巨著（虽然没有完成），两卷本经济、社会和政治思想史《亚当·斯密以前的经济学思想》和《古典经济学》。[④]在各部著作和无数的论文中，罗斯巴德为美国历史上几乎

① Murray N. Rothbard. For A New Liberty［M］. New York：Macmillan，1973.

② Murray N. Rothbard. America's Great Depression［M］. New York：Richardson and Snyder，1983.

③ Murray N. Rothbard. Conceived in Liberty，（Vol. 4）［M］. New Rochelle，N.Y.：ArlingtonHouse，1975.

④ Murray N. Rothbard，An Austrian Perspective on the History of Economic Thought（Vol. 2）［M］. Cheltenham，U.K.：Edward Elgar，1995.

每个关键时刻都做了整体的经济学—社会学—政治学分析：从1819年恐慌、杰克逊时期、南方独立战争、进步主义运动、第一次世界大战和威尔逊主义、胡佛、罗斯福和第二次世界大战，直到里根经济学和克林顿主义。罗斯巴德对于历史的细节独具慧眼，不断挑战常规陈见和史学正统，将历史过程中善与恶不断斗争的图景呈献给读者：真理与谬误之间的斗争，自由的力量与盘剥民众、中饱私囊、用谎言和欺骗掩盖罪行的权力精英之间的斗争。

虽然有这些惊人的学术成就，但如果按照常规的标准，罗斯巴德的生涯和米塞斯十分相似，很难算得上成功。20世纪是社会主义和干预主义的年代，学校和大学又由政府出资、管控；因此，最为显赫的任命往往为社会主义者或者干预主义者所得，而"不妥协的""教条式的"或者"极端的"自由放任资本主义的支持者往往被挤出学界，或是被排挤到边缘。罗斯巴德对此一目了然，所以对于他的学术命运，也从未抱怨或者展露出痛苦。他的影响并不依赖于体制力量，而完全依赖于他的理念和逻辑力量所迸发出来的能量。

罗斯巴德作为一个移民家庭的独子在纽约出生、成长。其父是一位化学家，来自波兰；其母来自俄罗斯。罗斯巴德凭借奖学金读了私立学校，然后赴哥伦比亚大学深造经济学。1956年，他在经济史学家约瑟夫·多夫曼（Joseph Dorfman）的指导下完成博士论文，取得了博士学位。从1949年开始的10多年里，罗斯巴德也参加了米塞斯在纽约大学的私人研讨班。在为多个基金会工作数年（尤其是威廉·沃尔克基金会）后，罗斯巴德从1966年到1986年都在一所工科学校——布鲁克林理工学院执教。从1986年开始到他去世的这段时间，他是拉斯维加斯内华达大学杰出的经济学教授。作为布鲁克林理工大学仅有的两位经济学教授之一，罗斯巴德是社会科学部的一员，但这个学部在这所大学里的地位不高。内华达大学商业学院的经济学系并不开设博士项目。因此，罗斯巴德在整个学术生涯当中，都不能说哪一位博士是他自己的学生。

罗斯巴德存在于学术界的边缘，但这并不妨碍他在思想上影响或者吸引学生与门徒。凭借泉涌般的著述，以及他以H. L. 门肯为典范的无可匹敌的清晰写作，罗斯巴德成了当代自由至上主义运动的创始人和首屈一指的活动家。这场运动在三十年间从屈指可数的支持者，变成了一场真正的大众运动（包括建立起了一个政党——自由至上主义党——但还远远不止，一直延伸到在美国国会和许多州立法机关建立起了一个宽广、复杂的团体和组织网络）。在这场运动之中，罗斯巴德和他的理论立场并非一直没有受到挑战或者反驳。在他的生涯中，充满着他与公共团体的结盟、联合、决裂和再结盟。不过，罗斯巴德与波顿·S. 布鲁默特（Burton S. Blumert）的自由至上主义研究中心、小卢埃林·H. 罗克韦尔的路德维希·冯·米塞斯研究所合作，创立和主编了这两个机构的学术旗舰《自由至上主义研究学报》（1977）以及《奥地利经济学评论》（1987）。[①]这让他在去世后还无疑是整个自由至上主义运动中最为重要、最受尊敬的思想权威。时至今日，他的理性主义—公理演绎的奥地利—自由至上主义，不仅是自由至上主义内部界定每个人和每件事物的思想标准，而且日益在美国政治当中得到启用。

精选阅读

[1] Walter. Block, and Llewellyn H. Rockwell, Jr. eds. *Man, Economy, and Liberty: Essays in Honor of Murray N. Rothbard.* Auburn, Ala.: Ludwig von Mises Institute, 1988.

[2] Murray N. Rothbard, *The Ethics of Liberty.* New York: New York University Press, 1998.

[3] Murray N. Rothbard, 1997. The Logic of Action. 2 vols. Cheltenham, U.K.: Edward Elgar, 1995. *Economics Before Adam Smith.* Vol. 1 *An Austrian Perspective on the History of Economic Thought.* Cheltenham, U.K.: Edward Elgar.

[4] Murray N. Rothbard, *Classical Economics.* Vol. 2 *An Austrian Perspective on the History of Economic Thought.* Cheltenham, U.K.: Edward Elgar, 1995.

[5] Murray N. Rothbard, *Making Economic Sense.* Auburn, Ala.: Ludwig von Mises Institute, 1995.

[6] Murray N. Rothbard, *What Has Government Done to Our Money?* Auburn, Ala.: Ludwig von Mises Institute, 1990.

[7] Murray N. Rothbard, *America's Great Depression.* New York: Richardson and Snyder, 1973. *For a New Liberty.* New York: Macmillan, 1983.

[8] Murray N. Rothbard, *Conceived in Liberty.* 4 vols. New Rochelle, N.Y.:

---

① 1998年，罗斯巴德创刊的这份杂志更名为《奥地利经济学季刊》（*Quarterly Journal of Austrian Economics*），由Transaction Publishers出版。

Arlington House，1975.

［9］Murray N. Rothbard，*Power and Market.* Menlo Park，Calif.：Institute for Humane Studies，1970.

［10］Murray N. Rothbard，*Man, Economy, and State: A Treatise on Economics.* Princeton，N.J.：D. Van Nostrand；reprinted in 1993 by the Ludwig von Mises Institute，Auburn，Ala，1962.